Berichtspflichten gegenüber dem Deutschen Bundestag

Europäische Hochschulschriften

Publications Universitaires Européennes
European University Studies

Reihe II

Rechtswissenschaft

Série II Series II
Droit
Law

Bd./Vol. 1430

PETER LANG
Frankfurt am Main · Berlin · Bern · New York · Paris · Wien

Christian Maiwald

Berichtspflichten gegenüber dem Deutschen Bundestag

PETER LANG
Frankfurt am Main · Berlin · Bern · New York · Paris · Wien

Die Deutsche Bibliothek- CIP-Einheitsaufnahme

Maiwald, Christian:

Berichtspflichten gegenüber dem Deutschen Bundestag / Christian Maiwald. - Frankfurt am Main ; Berlin ; Bern ; New York ; Paris ; Wien : Lang, 1993
(Europäische Hochschulschriften : Reihe 2, Rechtswissenschaft ; Bd. 1430)
Zugl.: Heidelberg, Univ., Diss., 1992
ISBN 3-631-46157-7

NE: Europäische Hochschulschriften / 02

D 16
ISSN 0531-7312
ISBN 3-631-46157-7

Printed in Germany 1 2 3 4 5 6 7

Vorwort

An dieser Stelle möchte ich Herrn Professor Dr. Paul Kirchhof für die intensive, immer hilfsbereite, großzügige und schnelle Betreuung dieser Arbeit herzlich danken. Ohne seine Hilfe wäre es mir nicht möglich gewesen, die vorliegende Arbeit zu erstellen.
Ebenfalls Dank schulde ich Herrn Professor Dr. Eberhard Schmidt-Aßmann, der die Arbeit anregte und sie als Zweitkorrektor begutachtete.
Schließlich bin ich auch Herrn Dr. Gerald Kretschmer von der Parlamentsverwaltung des Deutschen Bundestages zu Dank verpflichtet. Seine praktischen Ratschläge und Hilfen haben mir die Arbeit wesentlich erleichtert.

Die vorliegende Arbeit wurde im Februar 1992 abgeschlossen.

Christian Maiwald

Inhalt

Abkürzungen

AKGG	= Wassermann(Hrsg.), Alternativkommentar zum Grundgesetz
BAnz	= Bundesanzeiger
BKGG	= Bonner Kommentar zum Grundgesetz
BR-Ds	= Drucksache des Bundesrates
BT-Ds	= Drucksache des Deutschen Bundestages
BT-StenoB	= Stenographische Berichte zu den Verhandlungen des Bundestages
GGO II	= Gemeinsame Geschäftsordnung der Bundesministerien, Besonderer Teil
GOBReg	= Geschäftsordnung der Bundesregierung
GOBT	= Geschäftsordnung des Deutschen Bundestages
GOLT	= Geschäftsordnung des (jeweiligen) Landtags
GSOBT	= Geheimschutzordnung des Bundestages
HdBDStR	= Anschütz/Thoma (Hrsg.), Handbuch des Deutschen Staatsrechts, Bd.1, 2
HdBEvF	= Hellstern/Wollmann (Hrsg.), Handbuch zur Evaluierungsforschung, Bd.1
HdBStR	= Isensee/P.Kirchhof (Hrsg.), Handbuch des Staatsrecht, Bd.1, 2, 3, 4, 6
HStatG	= Hochschulstatistikgesetz 1990
LP	= Legislaturperiode
LT-Ds	= Drucksache des (jeweiligen) Landtags
LWG	= Landwirtschaftsgesetz 1955
M/D/H/S	= Maunz/Dürig/Herzog/Scholz, Kommentar zum Grundgesetz
PVS	= Politische Vierteljahresschriften
RT-Ds	= Drucksache des Deutschen Reichstages
RT-StenoB	= Stenographische Berichte zu den Verhandlungen des Reichstages
Schneider/Zeh	= H. P.Schneider/Zeh (Hrsg.), Parlamentsrecht und Parlamentspraxis, 1989
Sess.	= Session
StabG	= Gesetz zur Förderung der Stabilität und des Wachstums in der Wirtschaft 1967

WRV	=	Weimarer Reichsverfassung von 1919
ZfdgesStR	=	Zeitschrift für das gesamte Staatsrecht
ZParl	=	Zeitschrift für Parlamentsfragen
ZRP	=	Zeitschrift für Rechtspolitik
ZustGRömV	=	Zustimmungsgesetz zu den Römischen Verträgen 1957

Hinsichtlich der übrigen Abkürzungen wird verwiesen auf *Kirchner*, Hildebert, Abkürzungsverzeichnis der Rechtssprache, 3.Aufl., 1983.

Einleitung

Berichtspflichten sind mittlerweile ein gebräuchliches Informationsmittel des Bundestages und der Länderparlamente. Insbesondere die Bundesregierung wird durch Gesetz oder "schlichten" Parlamentsbeschluß zu einmaligen oder regelmäßigen Berichten aufgefordert. Aber auch andere Organe, wie der Wehrbeauftragte oder der Bundesrechnungshof, haben Berichtspflichten nachzukommen.

In der Praxis ist festzustellen, daß Berichtsgesetze und -beschlüsse oftmals in Inhalt und Funktion identisch sind. Trotzdem weisen beide Handlungsformen erhebliche rechtliche Unterschiede hinsichtlich Verfahren, Verbindlichkeit und Grenzen auf, die bisher kaum untersucht wurden.

Berichtspflichten sind insbesondere auf dem klassischen Gebiet der Parlamentsbeteiligung an der Staatsleitung, dem Haushaltsrecht, keineswegs eine neue Erscheinung. Trotzdem hat sich damit die Literatur bisher nur sehr spärlich allgemein befaßt[1]. Einzelne Berichtspflichten hingegen sind im Rahmen der Kommentierungen der sie enthaltenden "Muttergesetze" teilweise umfangreich erörtert worden[2].

Der Gang der Untersuchung ist folgender:

Das bestehende Berichtswesen bietet bisher den Eindruck eines ungeordneten, schwer überschaubaren Gefüges, weswegen versucht werden soll, Berichtspflichten zunächst funktionsgerecht zu ordnen und Möglichkeiten für Vereinheitlichungen aufzuzeigen. Dazu ist es erforderlich, insbesondere die Funktionen von Berichtspflichten und Berichten zu untersuchen. Auf die Funktion der nachträglichen Überprüfung von Gesetzen wird wegen der an sie gestellten verfassungsrechtlichen Anforderungen und ihrer Diskussion im Rahmen der "Parlamentsreform" sowie der Feststellung, daß sich mittler-

---

1 Aus politologisch-soziologischer Sicht: Derlien, Das Berichtswesen der Bundesregierung, ZParl 1975, 42ff.; Ismayr, Berichte der Bundesregierung im Prozeß parlamentarischer Willensbildung, ZParl 1990, 553ff.; aus juristischer Sicht bisher nur: J.Linck, Berichte der Regierung an das Parlament, DÖV 1979, 116ff. Die Arbeit von Roman Loeser, Das Berichtswesen der öffentlichen Verwaltung, Baden-Baden 1991, konnte noch in den Anmerkungen berücksichtigt werde.

2 Vgl. dazu u.a. die Kommentierungen zu Art.110, 114, 115f GG, § 11 BROG, § 61 BImSchG, § 722 RVO sowie zu HGrG, BHO und StabG.

weile ein sehr großer Teil aller Berichte mit den Erfahrungen zu bestimmten Gesetzen befaßt[3], besonderer Wert gelegt.

Vor der Erörterung der Funktionen parlamentarischer Berichtspflichten sollen allerdings zunächst der Untersuchungsgegenstand eingegrenzt, ein geschichtlicher Überblick versucht, das Verfahren zur Anforderung parlamentarischer Berichte dargestellt und Berichtspflichten in die übrigen, recht zahlreichen parlamentarischen Informationsinstitute eingeordnet werden.

Nach der Behandlung der Funktionen werden die Frage der Verbindlichkeit parlamentarischer Informationsbegehren und die Probleme der Inhalte von Berichtspflichten behandelt.

Die Grenzen des Informationsaustausches zwischen Staatsorganen verdienen nach den grundlegenden Urteilen des Bundesverfassungsgerichts zum Volkszählungsgesetz 1983[4] und zum "Flick-Untersuchungsausschuß"[5] besondere Beachtung.

Untersucht werden ferner die Auswirkungen des Grundsatzes der sachlichen Diskontinuität der Parlamentsarbeit auf Berichtspflichten. Der Grundsatz hat insbesondere in der Praxis der Landtage[6] Rechtsprobleme aufgeworfen und zu Neuregelungen in deren Geschäftsordnungen geführt, während sich die Literatur bisher nur in geringem Umfang damit auseinandersetzte[7].

Nach der Untersuchung des Rechtsschutzes im Berichtswesen werden Vorschläge zu Verbesserungen im Berichtswesen gemacht.

Im Anhang folgt schließlich u.a. eine Auflistung aller periodischen Berichtspflichten gegenüber dem Bundestag.

Im Rahmen dieser Untersuchung wird ein umfassender Überblick über das parlamentarische Berichtswesen angestrebt. Vollständigkeit kann jedoch nicht erreicht werden; dies wäre bei den bisher über 600 gefaßten Berichtsgesetzen und -beschlüssen, den noch zahlreicheren Berichten und der allgemeinen Unübersichtlichkeit des Berichtswesens nicht möglich. Zwar haben die ausführlichen Auflistungen in den von Peter *Schindler* verfaßten Datenhandbüchern zur Geschichte des Deutschen Bundestages[8] die Untersuchung entscheidend erleichtert. Trotzdem können einige auf Vollständigkeit angelegte Aufzählungen und Statistiken geringfügige Ungenauigkeiten enthalten[9].

---

3 Nach Ismayr, ZParl 1990, 554 waren dies in der 8.LP 74 % aller Berichte.

4 BVerfGE 65, 1ff.

5 BVerfGE 67, 100ff.

6 V.a. Hessen, Rheinland-Pfalz, Schleswig-Holstein, Berlin.

7 J. Linck, DÖV 1979, 122f.; Wuttke in Lemke (Hrsg.), Parlamentspraxis des schleswig-holsteinischen Landtags, 1982, § 69, 2.4.

8 Datenhandbuch 1949-82, S.448ff.; 1980-84, S.443ff.; 1980-87, S.379ff.

9 Vgl. dazu auch die von Schindler, Datenhandbuch 1949-82, S.448, geäußerten Bedenken.

1.Teil: Untersuchungsgegenstand

I. Definition des parlamentarischen Berichts

Inhalt eines Berichts sind Tatsachen[1]. Werturteile stellen grundsätzlich keine Tatsachen dar und können daher in der Regel nicht Gegenstand eines Berichtes sein.

Der hier untersuchte parlamentarische Bericht kann jedoch nicht allein als die Mitteilung von Tatsachen definiert werden, sondern muß wegen seiner Eigenheiten noch eingeschränkt werden:

1. Abgrenzung von Antworten und Auskünften

Zunächst ist die Abgrenzung von Antworten und Auskünften auf parlamentarische Anfragen gem. den §§ 100ff. GOBT erforderlich. Hier untersucht werden sollen lediglich die dem Bundestag *aufgrund eines Gesetzes oder eines "schlichten" Parlamentsbeschlusses* sowie die auf eigener Initiative des Berichterstatters übermittelten Informationen.

Inhaltlich ist die Abgrenzung von Antworten und Auskünften mit Berichten kaum durchzuführen. Meist wird zwar ein Bericht umfassender und zusammenhängend[2] ein Thema behandeln als die Antwort auf eine Anfrage. Jedoch gibt es eine Anzahl von Berichten zu sehr konkreten Themen[3] und umgekehrt Antworten auf Anfragen zu weit gespannten Gebieten[4]. In beiden Fällen werden jedoch Tatsachen übermittelt. Lediglich an Äußerlichkei-

---

1 In diesem Sinne nunmehr auch Loeser, Das Berichtswesen der öffentlichen Verwaltung, S.19 m.w.N.

2 Vgl. auch § 69 Abs.1 und 2 StPO: Ein Zeuge wird dadurch vernommen, daß er zunächst *im Zusammenhang* einen *Bericht* über den jeweiligen Gegenstand abzugeben hat. Erst danach muß er nötigenfalls im Verhör *Antworten* auf weitere *Fragen* geben. Das Verhör dient der Vervollständigung des Berichts, vgl. nur Kleinknecht/Meyer, StPO, § 69 Rdnr.3ff. m.w.N.

3 Vgl. den 2-seitigen "Bericht über die Erfahrungen beim Vollzug des § 42 des Waffengesetzes", BT-Ds 9/2375. Dazu auch im 1.Teil, III. 2. c).

4 Vgl. die 44-seitige Große Anfrage der "Grünen" zum Thema "Ökologische und soziale Folgekosten der Industriegesellschaft in der Bundesrepublik Deutschland" (BT-Ds 10/5849-5853), die die Bundesregierung auf 63 Seiten beantwortete (BT-Ds 10/6569).

ten, wie der Aufsplitterung der Anfragen in viele Einzelfragen, sind die Unterschiede zu erkennen.

Um den Untersuchungsgegenstand sinnvoll einzugrenzen, soll daher das Verfahren, in dem der Bundestag zu dem jeweiligen "Bericht" gelangt, zur Abgrenzung von Antworten und Auskünften dienen. Lediglich die durch Gesetz oder "schlichten" Parlamentsbeschluß sowie die auf eigener Initiative des Berichterstatters dem Bundestag übermittelten Tatsachen zählen daher zu den "parlamentarischen Berichten".

2. *Abgrenzung vom Bericht nach Art.42 Abs.3 GG*

Der hier untersuchte parlamentarische Bericht ist nicht identisch mit dem Begriff des Berichts nach Art.42 Abs.3 GG, wonach wahrheitsgetreue *Berichte* über die öffentlichen Sitzungen des Bundestages und seiner Ausschüsse von jeder Verantwortlichkeit frei bleiben: Nach einer Entscheidung des Reichsgerichts aus dem Jahre 1888[5], die von der verfassungsrechtlichen Literatur zur Auslegung der Bestimmung herangezogen wird[6], ist ein derartiger Bericht die "erzählende Darstellung eines historischen Vorganges in seinem wesentlichen Verlaufe"[7].

Mit dem Wort "historisch" wird damit die Tatsachenübermittlung auf *vergangene*, schon abgeschlossene Ereignisse beschränkt. Damit werden aber Pläne als Mitteilungen von künftigen Vorhaben und Zielen nicht erfaßt[8]. Pläne sind Gegenstand verschiedener Mitteilungspflichten an den Bundestag, z.B. der Finanzplan gemäß § 9 StabG, der "Grüne Plan" gemäß § 5 Landwirtschaftsgesetz als Teil des Agrarberichts, die "Investitionsprogramme" gem. § 10 StabG i.V.m. § 50 Abs.5 HGrG, sowie der als Bericht bezeichnete, Pläne enthaltende "Jahreswirtschaftsbericht" nach § 2 StabG[9, 10].

---

5 RGSt 18, 207, 210 betr. Art.22 Abs.2 RV von 1871, der Art.42 Abs.3 GG im wesentlichen entspricht.

6 Maunz in: M/D/H/S, Art.42 Rdnr.30; Versteyl in: v.Münch, Art.42 Rdnr.29; v.Mangoldt/Klein, Art.42 Anm. V 4 a.

7 Ein weitere Definition ist etwa enthalten in: Der große Brockhaus, 2.Bd., 18.Aufl., 1978, S.50: "Die sachliche und folgerichtige Wiedergabe eines Vorganges oder einer Handlung in Wort, Bild oder Film auf Grund eigener oder fremder Zeugnisse."

8 Zur Zukunftsbezogenheit von Plänen vgl. etwa Hoppe in: HdBStR III, § 71 Rdnr.4f.

9 Vgl. § 2 Abs.1 Nr.2 und 3 StabG: Verlangt werden u.a. eine "Jahresprojektion" der für das laufende Jahr angestrebten wirtschafts- und finanzpolitischen Ziele (Nr.2) und eine Darlegung der für das laufende Jahr *geplanten* Wirtschafts- und Finanzpolitik (Nr.3).

10 Einen weiteren Plan enthält etwa der "Bericht über ein Bundesverkehrswegeprogramm", BT-Ds 7/1045.

Es ist nicht sachgerecht, diese Mitteilungen vom Berichtsbegriff auszuklammern. Gegenstand dieser Pläne sind ebenfalls Tatsachen, nämlich sog. "innere" Tatsachen[11], wenn die Bundesregierung erläutert, welche Politik sie auf den jeweiligen Gebieten in Zukunft zu verfolgen gedenkt und welche Mittel zur Zeit schon dafür vorgesehen sind. Außerdem bestehen zwischen Berichten im Sinne der Definition des Reichsgerichts und Plänen enge Zusammenhänge, da die zur Planaufstellung führende Tätigkeit, die Planung, u.a. auf einer analysierenden Erfassung gegenwärtiger und vergangener Zustände beruht[12]. Eine Mitteilung über künftige Vorhaben ist daher meist mit der Unterrichtung über vergangene Zustände verbunden. Lediglich den Teil der Mitteilung, der über vergangene Vorgänge informiert, als Bericht aufzufassen, spaltete die Unterrichtung künstlich auf.

Die Beschränkung auf vergangene Tatsachen findet schließlich auch in den auf parlamentarische Berichte anwendbaren Normen keine Grundlage. In § 75 Abs.1 Buchstabe e) der Geschäftsordnung des Bundestages werden sowohl Mitteilungen über vergangene Vorgänge als auch Pläne gleichbehandelt und als "Unterrichtungen" ("Berichte und Materialien") bezeichnet[13]. Statt des Begriffs der "Unterrichtung" soll hier der inzwischen eingebürgerte Begriff des Berichts verwendet werden.

3. *Abgrenzung von bundestagsinternen Berichten*

Die hier zu untersuchenden parlamentarischen Berichte sind auch von den zahlreichen bundestagsinternen Berichten abzugrenzen, insbesondere von der Ausschußberichterstattung[14] gegenüber dem Plenum. Diese Berichte weisen verfahrensrechtliche und funktionale Unterschiede zu externen Berichten auf. Von der Geschäftsordnung des Bundestages werden die Ausschußberichte in § 66 geregelt, während die externen Berichte Erwähnung in den §§ 75 Abs.1 e, 77 Abs.2, 80 Abs.3, 92, 93 und 95 finden.

Externe Berichte vermitteln dem Bundestag in der Regel zusätzliches, vorher unbekanntes Wissen. Ein interner Bericht eines Ausschusses hingegen enthält meist keine neuen Erkenntnisse, sondern empfiehlt in der Regel eine

---

11 Vgl. Herdegen in: Jescheck/Ruß/Willms (Hrsg.), Strafgesetzbuch, Leipziger Kommentar, § 185 Rdnr.1ff.

12 Schmidt-Aßmann, DÖV 1974, 541ff., 542.

13 Ohne den Haushaltsplan, der Teil eines Gesetzentwurfs gemäß § 75 Abs.1 Buchstabe a GOBT ist.

14 Vgl. dazu Schulze-Fielitz, Gesetzgebung, S.520f.

bestimmte Art und Weise des politischen Umgangs mit dem Behandlungsgegenstand.

Außer bei den Ausschußberichten handelt es sich auch bei den Berichten des Bundestagspräsidenten nach § 30 AbgG zur Anpassung der Abgeordnetenbezüge und nach § 23 Abs.5 ParteiG um bloße interne Berichte.

Schwierigkeiten bereitet die Unterscheidung bei Berichten des Petitionsausschusses nach § 112 GOBT und des Wehrbeauftragten als spezielle Petitionsinstanz[15] nach § 2 des Wehrbeauftragtengesetzes. Beide Institutionen haben einen hohen Grad an Selbständigkeit, sind aber Hilfsorgane des Bundestages (vgl. Art.45b GG für den Wehrbeauftragten)[16]. Wegen ihrer Selbständigkeit im Vergleich zu anderen Hilfsorganen, wie den Bundestagsausschüssen, sollen ihre Berichte hier jedoch untersucht werden. Das "Externum" eines Berichts ist insofern weit zu verstehen.

4. *Abgrenzung von Berichten gegenüber den Ausschüssen*

Ausgeklammert bleiben sollen jedoch andererseits die zahlreichen Berichte, die die Bundesregierung - teilweise mündlich - vor den Bundestagsausschüssen abgibt. Die Zusammenarbeit zwischen Parlament und Regierung wickelt sich in diesem Bereich - anders als die Berichterstattung gegenüber dem Plenum - ohne besondere Formalien ab[17]. Ein Großteil der Überlegungen zur Berichterstattung gegenüber dem Plenum läßt sich jedoch auch auf die Berichte der Bundesregierung gegenüber den Ausschüssen übertragen[18].

5. *Tatsachenbegriff*

Der Tatsachenbegriff der Definition des "parlamentarischen Berichts" muß in einem weiten Sinne verstanden werden. Prognosen und an Hand von Tatsachen vorgenommene Bewertungen, auch im Rahmen von Gutachten, müssen zu den Tatsachen gezählt werden. Prognosen und (subjektive) Erfolgsbe-

---

15 Schindler, Datenhandbuch 1980-87, S.812.

16 Zu beiden Institutionen vgl. Schindler, Datenhandbuch 1980-87, S.800ff., 812ff.

17 Vgl. dazu das folgende Beispiel aus der Praxis des baden-württembergischen Landtags: Während einer Besichtigung der Orthopädischen Universitätsklinik Heidelberg-Schlierbach am 4.5.1981 durch Mitglieder des Sozialausschusses des Landtags und Regierungsvertretern wurde ein jährlicher Bericht an den Ausschuß über den Neubau und die Gesamtsanierung der Klinik vereinbart, vgl. LT-Ds 9/938, S.14.

18 Zum Berichtswesen des Haushaltsausschusses vgl. Eickenboom in: Schneider/Zeh, § 44 Rdnr.38.

wertungen sind Bestandteile der zahlreichen Berichte, die sich mit den Erfahrungen zu bestimmten Gesetzen befassen. Diese Prognosen und Bewertungen werden auf der Grundlage von Tatsachen vorgenommen. Bei solchen "tatsachenbezogenen Werturteilen" handelt es sich um Tatsachen in einem hier notwendig weiten Sinne[19].

6. *Formbedürftigkeit?*

Eine besondere Form ist für einen parlamentarischen Bericht nicht erforderlich. Berichte an den Bundestag werden zwar üblicherweise schriftlich abgegeben[20]. Mündliche Berichte sind jedoch wegen des Redeprivilegs der Bundesregierung gem. Art.43 Abs.2 Satz 2 GG auch möglich[21]. Für mündliche Mitteilungen der Bundesregierung hat sich der terminus "Regierungserklärung" eingebürgert, sofern die Bundesregierung Bericht erstattet[22]. Darüberhinaus lassen sich auch noch weitere Mitteilungsformen denken, etwa die Übermittlung im Rahmen eines Films[23].

7. *Beschränkung auf Berichte staatlicher Organe*

Schließlich sollen im Rahmen dieser Arbeit nur Berichte von staatlichen Organen untersucht werden. Die Petitionen von Bürgern an den Bundestag nach Art.17 GG zählen daher ebenso wie die Rechenschaftsberichte der Parteien nach § 23 Abs.2 ParteiG nicht zu den hier untersuchten Berichten.

8. *Definition*

Nach alledem ist ein parlamentarischer Bericht gegenüber dem Bundestag *"die Mitteilung von Tatsachen durch parlamentsexterne staatliche Organe, die das Plenum des Bundestages durch Gesetz oder "schlichten" Parlaments-*

---

19 Herdegen, aaO., § 185 Rdnr.6f.

20 J.Linck, DÖV 1979, 117.

21 J.Linck, aaO.; H.Schneider in: BKGG, Erl II 5 zu Art.42.

22 Ausführlich zu "Regierungserklärungen" Schindler, Datenhandbuch 1949-82, S.425ff., 1980-87, S.367ff. m.w.N.

23 Vgl. den folgenden Beschluß des Berliner Abgeordnetenhauses: "Der Senat wird ersucht, dem Hauptausschuß des Abgeordnetenhauses Gelegenheit zu geben, sich die im Rahmen der Berlin-Werbung in seinem Auftrag hergestellten Filme nach der Fertigstellung anzusehen." (Ziffer 3 c der Drucksache 6/1626 des Berliner Abgeordnetenhauses).

beschluß angefordert oder die der Berichterstatter aufgrund eigener Initiative abgegeben hat".

9. Ergebnis

Der so verstandene Begriff des parlamentarischen Berichts deckt sich weitgehend mit dem in der Geschäftsordnung des Bundestages verwendeten Begriff der *"Unterrichtung"*, der in § 75 Abs.1 Buchstabe e GOBT als "Berichte und Materialien zur Unterrichtung des Bundestages" definiert ist. Allerdings gibt es auch Ausnahmen, wenn z.B. der Entwurf des Haushaltsplans einen Teil eines Gesetzentwurfs nach § 75 Abs.1 Buchstabe a GOBT darstellt oder die Jahreshaushaltsrechnung nach Art.114 Abs.1 GG als Antrag auf Entlastung nach § 75 Abs.1 Buchstabe d GOBT eingebracht wird.

Der in der Geschäftsordnung verwendete Begriff des Berichts wird nicht einheitlich gebraucht, vgl. §§ 66, 75 Abs.1 Buchstaben e, h, i, j, k, l, Abs.2 Buchstabe a, 77 Abs.2 Satz 1; insbesondere wird nicht zwischen Ausschußberichten und externen Berichten unterschieden.

Zu den parlamentarischen Berichten im hier verwendeten Sinn zählen durchaus verschiedenartige Mitteilungen:

Zunächst gehören dazu Berichte im Sinne der Definition des Art.42 Abs.3 GG, Berichte "im engeren Sinne", also Mitteilungen über vergangene Vorgänge.

Desweiteren sind Mitteilungen von (zukunftsbezogenen) Plänen der Bundesregierung oder anderer Berichterstatter umfaßt.

Außerdem müssen zu den "Berichten" alle anderen Mitteilungen gezählt werden, die dem Bundestag zur Kenntnisnahme übermittelt werden, worunter außer Statistiken und Gutachten auch Rechtsverordnungen fallen, die aufgrund gesetzlicher Vorschriften dem Parlament zur bloßen Kenntnisnahme übersandt werden müssen.

Derartige Rechtsverordnungen sind in der heutigen Rechtspraxis selten geworden; es überwiegt als Beteiligungsform des Parlamentes bei Rechtsverordnungen die Zustimmung oder die Möglichkeit des Aufhebungsverlangens[24], sofern dies die Ermächtigungsnorm vorschreibt. Auch solche Rechtsverordnungen gehören folgerichtig, da die Notwendigkeit eines weiteren zustimmenden Parlamentsaktes am Charakter der Vorlage als Mitteilung von Tatsachen nichts ändert, zum parlamentarischen Bericht. Die Tatsachenmitteilung besteht hier darin, daß dem Bundestag mitgeteilt wird, daß die Bundesregierung - vorbehaltlich der Zustimmung des Parlamentes - plant,

---

24 Näher dazu im 2.Teil, II.

die jeweilige Verordnung zu erlassen oder darin, daß sie die Verordnung erlassen hat und das Parlament deren Aufhebung verlangen kann.

Gesetzesvorlagen sind hingegen in der Regel keine parlamentarischen Berichte. Sofern die Bundesregierung als Initiator den Gesetzentwurf einbringt, ist die Situation zwar durchaus der bei der Vorlage einer Zustimmungsverordnung vergleichbar. Allerdings handelt im Gegensatz zu Zustimmungsverordnungen, bei denen die Regierung der Verordnungsgeber ist, bei Gesetzentwürfen das Parlament als Gesetzgeber. Der Gesetzentwurf soll daher lediglich einen Anstoß zur eigenen Tätigkeit darstellen, während eine Zustimmungsverordnung das Parlament von der Verordnungstätigkeit der Regierung informiert und lediglich den formalen parlamentarischen Bestätigungsakt benötigt. In der Praxis dürften diese grundsätzlichen Unterschiede allerdings an Bedeutung verlieren. Einen Ausnahme- und Grenzfall stellt der Haushaltsplan mit dem Haushaltsgesetzentwurf dar, für den die Bundesregierung das alleinige Gesetzesinitiativrecht hat, vgl. §§ 28, 29 BHO, und dessen Entwurf daher auch als parlamentarischer Bericht aufgefaßt werden soll[25].

II. Definition der "parlamentarischen Berichtspflicht"

Nach *Wolff/Bachof* liegt eine Rechtspflicht dann vor, "wenn durch geltenden Rechtssatz oder auf Grund eines geltenden Rechtssatzes einem Rechtssubjekt ein Verhalten (Tun, Dulden oder Unterlassen) geboten wird"[26]. Eine parlamentarische Berichtspflicht ist demzufolge dann gegeben, wenn durch einen Rechtssatz oder auf Grund eines Rechtssatzes[27] einem parlamentsexternen Staatsorgan die Verpflichtung auferlegt wird, gegenüber dem Parlament einen "parlamentarischen Bericht" im Sinne der eben entwickelten Definition zu erstatten.

III. Einteilungen der Berichte

1. Nach ihrer Anforderung

Parlamentarische Berichte beruhen entweder auf Anforderungen des Bundestages durch Gesetz oder "schlichten" Parlamentsbeschluß, oder sie werden ohne eine entsprechende Anforderung auf eigene Initiative des Bericht-

---

25 Dazu im 3.Teil, III.

26 Verwaltungsrecht I, § 40 II a m.w.N.

27 Hier kommt etwa Art.43 Abs.1 GG in Betracht, vgl. den 7.Teil, II., 7.

erstatters abgegeben[28]. Diese Einteilung findet sich seit der Novelle von 1980 auch in der Geschäftsordnung des Bundestages wieder. In § 77 Abs.2 Satz 1 GOBT heißt es:

"Bei Vorlagen gemäß § 75 Abs.1 Buchstabe e, die der Unterrichtung des Bundestages dienen (Berichte, Denkschriften, Programme, Gutachten, Nachweisungen und ähnliches), kann der Präsident, *soweit sie nicht auf gesetzlichen Vorschriften oder Beschlüssen des Bundestages beruhen,* im Benehmen mit dem Ältestenrat ganz oder teilweise von der Drucklegung und Verteilung absehen."

Die Unterscheidung zwischen Gesetzen und Parlamentsbeschlüssen ist insofern Mißverständnissen zugänglich, als auch Gesetze auf Beschlüsse des Bundestages zurückzuführen sind. Der "schlichte" Parlamentsbeschluß zur Anforderung eines parlamentarischen Berichts, der die besondere Form des Gesetzes nicht erlangt, soll deshalb im Einklang mit der Parlamentspraxis als "*Berichtsersuchen*" oder auch als "Berichtsbeschluß" im Gegensatz zum "Berichtsgesetz" bezeichnet werden[29], ohne daß damit schon über die Unverbindlichkeit des Beschlusses entschieden wäre.

§ 77 Abs.2 Satz 1 GOBT begründet die unterschiedliche Behandlung von Berichten aufgrund von Gesetzen und Berichtsersuchen auf der einen sowie aufgrund eigener Initiative des Berichterstatters auf der anderen Seite hinsichtlich ihrer Drucklegung und Verteilung. Die Einteilung ist darüberhinaus jedoch für die parlamentarischen Berichte von Bedeutung.

Berichte, die vom Bundestag angefordert werden, und Berichte, die ohne ein Ersuchen auf eigene Initiative des Berichterstatters abgegeben werden, unterscheiden sich in ihren Funktionen. Die "Auftragsberichte" dienen in erster Linie der Wahrnehmung der Parlamentsfunktionen. Zwar kann der Berichterstatter durch die Art und Weise der Berichterstattung eigene Intentionen verfolgen, die Bundesregierung etwa die öffentlichkeitswirksame Selbstdarstellung vor dem Bundestag sowie die Koordination und Planung innerhalb der einzelnen Ressorts[30]. Dies ist jedoch nur ein - möglicherweise

---

28 Vgl. Derlien, ZParl 1975, S.42ff.

29 Der "schlichte" Parlamentsbeschluß wird hier demzufolge in dem Sinne definiert, daß darunter alle Beschlüsse fallen, die die Gesetzesform nicht erlangen, ebenso Sellmann, Der schlichte Parlamentsbeschluß, 1966, S.38ff., a.A. H.H.Klein, in: HdBStR II, § 40 Rdnr.11f. und Stern, Staatsrecht II, § 26 II 2 c (S.48), die unverbindliche Parlamentsbeschlüsse mit "schlichten" Parlamentsbeschlüssen gleichsetzen. Nach deren Ansicht ist deshalb die Zwischenstufe der verbindlichen Parlamentsbeschlüsse, z.B. ein Zitierbeschluß nach Art.43 Abs.1 GG, kein "schlichter", sondern, ebenso wie der Gesetzesbeschluß, ein "echter" Parlamentsbeschluß. Das führt jedoch zu einer unnötigen terminologischen Aufspaltung.

30 Dazu im 5.Teil, II.

willkommener - Nebeneffekt[31] und entspricht nicht (sofern er sich auf die Berichterstattung auswirkt) der Berichtsanforderung des Parlaments. Bei Berichten, die auf eigener Initiative des Berichterstatters beruhen, werden die eigenen Intentionen des Berichterstatters zum Hauptzweck und dürfen sich dann auf die Gestaltung des Berichts auswirken.

Die Unterscheidung von Berichten, die der Bundestag durch Gesetz oder Beschluß anfordert, ist ebenfalls von Bedeutung. Das Gesetz- und Beschlußgebungsverfahren weist erhebliche Unterschiede auf. So sind am Gesetzgebungsverfahren noch weitere Staatsorgane beteiligt - nach Art.77f. GG der Bundesrat, gem. Art.82 GG der Bundespräsident und gem. Art.58 GG der Bundeskanzler oder der zuständige Bundesminister - während zur Fassung eines Parlamentsbeschlusses keine weiteren Institutionen erforderlich sind. Außerdem geht ein Gesetz auf eine Gesetzesvorlage gem. Art.76 Abs.1 GG zurück, während ein Beschluß einen Antrag oder eine Beschlußempfehlung eines Ausschusses gem. § 75 GOBT voraussetzt. Schließlich werden im Bundestag Gesetzesvorlagen in der Regel in drei "Lesungen" und Anträge sowie Beschlußempfehlungen in einer Beratung behandelt, vgl. § 78 Abs.1 GOBT[32].

Bedeutung könnte die Unterscheidung, wie noch zu untersuchen sein wird[33], auch für die Rechtsverbindlichkeit der Berichtsanforderungen haben. Während Berichtsgesetze wohl allgemein als verbindlich angesehen werden, gilt dies für Berichtsbeschlüsse nicht[34]. Zudem kann sich nur bei Beschlüssen der Diskontinuitätsgrundsatz auswirken[35].

Zusammenfassend stellt die Unterscheidung nach dem Verfahren der Anforderung des Berichts das grundlegende, für das Verständnis von Verfahren, Funktion, Verbindlichkeit und Grenzen wichtigste Unterscheidungskriterium der parlamentarischen Berichte dar.

---

31 Bei sog. "Jubelberichten" kann dies allerdings zum Hauptzweck werden, vgl. 5.Teil, II.

32 Vgl. zum bundestagsinternen Verfahren: §§ 75 Abs.1 Buchstabe a, 76 Abs.2, 78 Abs.1, 79, 80 Abs.1 u. 2, 81-86 GOBT für Gesetze; §§ 75 Abs.1 Buchstabe d, Abs.2 Buchstaben a u. c, 76 Abs.2, 78 Abs.2 GOBT für Beschlüsse; vgl. aber § 78 Abs.2 Satz 3: "Im übrigen gelten für Anträge sinngemäß die Vorschriften über die Beratung von Gesetzentwürfen."

33 Dazu im 7.Teil.

34 Vgl. J.Linck, DÖV 1979, S.119f.

35 Näher dazu im 9.Teil, II.

2. *Nach der Breite der Berichtsmaterie*

In der Literatur sind Berichte auch nach ihrem Inhalt eingeteilt worden. *Magiera*[36] unterteilt in einer auf *Derlien*[37] zurückgehenden Unterscheidung in *Gesamt-, Bereichs- und Maßnahmenberichte.*

Die Einteilung beruht auf den Arbeitsergebnissen einer interministeriellen Arbeitsgruppe "Berichte der Bundesregierung" aus dem Jahre 1970[38]. Nach deren Bericht sollte künftig unterschieden werden zwischen 1. *Gesamtberichten*, die einen Überblick über die Tätigkeit der Bundesregierung insgesamt geben sowie der permanenten Fortschreibung und Weiterentwicklung des politischen Gesamtprogramms dienen sollen, 2. *Schwerpunktberichten*, die größere Aufgabenbereiche umfassen, die oft nur ressortübergreifend zu lösen sind, und 3. *Spezialberichten*, die für die Gesamtpolitik der Bundesregierung wichtige Gegenstände behandeln, deren detaillierte Darstellung im Rahmen von Schwerpunktberichten aus inhaltlichen, politischen oder berichtstechnischen Gründen unzweckmäßig ist[39].

Derlien baute auf dieser Unterscheidung auf, sah das Berichtswesen jedoch nicht einseitig nur als Regierungsinstrument, sondern würdigte auch seine Funktion aus der Sicht des Bundestages. Er unterschied nunmehr "grob" in ähnlicher Weise zwischen *Gesamtberichten*, in denen mehr oder weniger über alle Politikbereiche berichtet wird[40], *Politikbereichsberichten*, die sich auf den Aufgabenbereich eines Ministeriums beziehen[41], und *Maßnahmenberichten*, die über Stand und Wirksamkeit einzelner Gesetze und Programme Auskunft geben sollen.

Diese Unterteilung ist aufschlußreich, muß jedoch aktualisiert und modifiziert werden.

---

36 In: Schneider/Zeh, § 52 Rdnr.26.; ähnlich Ismayr, ZParl 1990, 554f.: Politikbereichs- und Maßnahmenberichte; Gesamtberichte werden nach seiner Ansicht nicht mehr vorgelegt.

37 In: ZParl 1975, S.43.

38 Vgl. Derlien, ZParl 1975, S.42 FN 4, dazu ausführlich Bebermeyer, Regieren ohne Management?, 1974, S.78ff.; näher dazu 2.Teil, V., 2. und 12.Teil, I.

39 So die unveröffentlichten, inzwischen archivierten Vorschläge der Arbeitsgruppe (Arbeitsunterlage Nr.38), S.10, 12ff., die dem Verf. vom Bundeskanzleramt freundlicherweise zur Verfügung gestellt wurden, vgl. auch Bebermeyer, aaO.

40 Derlien, ZParl 1975, S.43 nennt den "Jahresbericht der Bundesregierung" und den "Bericht zur Lage der Nation im geteilten Deutschland".

41 Derlien, aaO., nennt den Jahreswirtschafts-, Sozial- und Agrarbericht.

a) Gesamtberichte

Beim von *Derlien* genannten "Jahresbericht der Bundesregierung" handelt es sich nicht um einen parlamentarischen Bericht, da er nicht dem Bundestag gegenüber erstattet wird, sondern seit 1952 vom Presse- und Informationsamt der Bundesregierung herausgegeben und in Buchform veröffentlicht wird; für den "Bericht zur Lage der Nation im geteilten Deutschland" ist mit der Wiederherstellung der deutschen Einheit die Grundlage entfallen. Im übrigen ähnelte der Bericht bis zur Wiedervereinigung eher einem "Politikbereichsbericht" des Bundesministeriums für innerdeutsche Beziehungen, wenn er auch als Regierungserklärung mündlich vom Bundeskanzler vorgetragen wird.

Als "Gesamtberichte" kommen dagegen die erwähnten Regierungserklärungen beim Amtsantritt zu Beginn jeder Wahlperiode in Betracht. In diesen umfangreichen Regierungsprogrammen wird die gesamte zukünftige Politik der Bundesregierung mündlich vom Bundeskanzler vor dem Bundestag dargestellt. Da die Mitteilung künftiger Vorhaben unter die hier vertretene Definition des parlamentarischen Berichts fällt und es auf eine schriftliche Form für Berichte nicht ankommt, ist auch die mündliche Antrittserklärung zu den parlamentarischen Berichten zu rechnen[42].

Mündliche oder schriftliche Rechenschaftsberichte im Sinne von Berichten über die bisherige gesamte Politik der Bundesregierung werden jedoch zur Zeit nicht erstattet.

b) Ressortberichte

Die Definition der "Politikbereichsberichte" als Berichte, die sich auf den Aufgabenbereich eines Ministeriums beziehen, kann dahingehend ergänzt werden, daß auch größere Teilbereiche eines Ressorts davon umfaßt werden, denen u.U. Fachabteilungen zugeordnet sind, vgl. etwa den Raumordnungs- und den Städtebaubericht des Bundesministeriums für Raumordnung, Bauwesen und Städtebau. Im übrigen ist die Bezeichnung "*Ressortbericht*" anschaulicher[43].

Die Deckungsgleichheit zwischen Berichtsauftrag und Ressortzuweisung des Ministers läßt sich in reiner Form sehr selten beobachten. Einziges Bei-

---

42 Vgl. ausführlich Schindler, Datenhandbuch 1980-87, S.372.

43 Ismayr, ZParl 1990, 554 FN 5 faßt den Typus des Politikbereichsberichts unter Einbeziehung ressortübergreifender "Querschnittsberichte" weiter.

spiel für diese neue Form der "Ministerverantwortlichkeit"[44] ist bisher § 26 Postverfassungsgesetz von 1989[45]:

"Der Bundesminister für Post und Telekommunikation legt einmal in jeder Wahlperiode dem Deutschen Bundestag und dem Bundesrat einen Bericht über die Entwicklung auf dem Gebiet des Postwesens und der Telekommunikation vor."

Die anderen von *Derlien* aufgeführten Berichte decken sich hinsichtlich Berichtsauftrag und Zuweisung des Ministerressorts nicht ganz, außerdem ist dort nicht der jeweilige Minister, sondern die Bundesregierung insgesamt Adressat der Berichtspflicht[46]. Nach dem in Art.65 Satz 2 GG festgelegten *Ressortprinzip* bearbeitet jedoch auch dann das zuständige Ministerium in der Regel den jeweiligen Bericht federführend, so daß hier ebenfalls von Ressortberichten gesprochen werden kann[47].

Als Ressortberichte werden zur Zeit außer dem Bericht nach § 26 PostVerfG folgende Berichte erstattet:

- Der *Sozialbericht* durch den Bundesminister für Arbeit und Sozialordnung gemäß einem Beschluß vom 10.Dez.1986, BT-Ds 10/6704[48],
- der *Berufsbildungsbericht* nach § 3 des Berufsbildungsförderungsgesetzes durch den Bundesminister für Bildung und Wissenschaft[49],
- der *Agrarbericht* durch den Bundesminister für Ernährung, Landwirtschaft und Forsten nach den §§ 4, 5 LWG[50] und § 41 Abs.3 Bundeswaldgesetz,
- der *Finanzbericht* nach § 31 BHO und/oder der *Finanzplan* nach § 9 StabG durch den Bundesminister der Finanzen,

---

44 Vgl. dazu K.Kröger, Ministerverantwortlichkeit, S.142ff., der Berichtspflichten als Mittel der Geltendmachung der Ministerverantwortlichkeit aber noch nicht erkannt hatte.

45 G.v.8.6.1989, BGBl.I 1026.

46 Weitere gesetzliche Berichtspflichten, die einen bestimmten Minister als Adressaten haben, sind u.a. § 37 Abs.4 BHO für den "Finanzminister", § 1383 RVO und § 141 Abs.4 SGB V für den "Arbeitsminister", § 7 Fernstraßenausbaugesetz für den "Verkehrsminister", § 3 Abs.3 Bundeswahlgesetz für den "Innenminister", § 5 Abs.2 Strahlenschutzvorsorgegesetz für den "Umweltminister"; ausführlich dazu 8.Teil, II. 1.

47 Vgl. 3.Teil, II.

48 Der Bericht wurde von 1970 bis 1986 auf eigene Initiative der Bundesregierung vorgelegt.

49 Danach besteht allerdings nur eine Berichtspflicht gegenüber der Bundesregierung. Dem Bundestag wird der Bericht auf eigene Initiative der Regierung vorgelegt.

50 Korrekt ist nach § 4 des Landwirtschaftsgesetzes die Bezeichnung "Bericht über die Lage der Landwirtschaft".

- der *Bundesbericht Forschung* nach Beschlüssen vom 23.Juni 1976, BT-Ds 7/5389, und vom 13.Okt.1983, BT-StenoB S.1825, durch den Bundesminister für Forschung und Technologie[51],
- der *Bericht über die Pflege des Kulturgutes der Vertriebenen und Flüchtlinge und die Förderung der wissenschaftlichen Forschung* nach § 96 des Bundesvertriebenengesetzes[52], der *Medienbericht* nach einem Beschluß vom 12.März 1976 zu Nr.2 des Antrags in BT-Ds 7/4770 und der auf eigene Initiative vorgelegte *Verfassungsschutzbericht*[53] durch den Bundesminister des Innern,
- der *Jugendbericht* nach § 84 SGB VIII[54] und der *Familienbericht* nach Beschlüssen vom 18.Juni 1970, BT-Ds VI/834, und vom 10.Dez.1982, BT-Ds 9/1286, durch den früheren Bundesminister für Familie, Jugend, Frauen und Gesundheit und die jetzigen Bundesminister für Jugend und Frauen sowie für Familie und Senioren,
- der *Raumordnungsbericht* nach § 11 BROG und der *Städtebaubericht* nach einem Beschluß vom 23.Jan.1976 zu Nr.2 des Antrags in BT-Ds 7/4465 durch den Bundesminister für Raumordnung, Bauwesen und Städtebau[55],
- der *Immissionsschutzbericht* nach § 61 BImSchG und der auf eigene Initative vorgelegte *Umweltbericht*[56] durch den Bundesminister für Umwelt, Naturschutz und Reaktorsicherheit,
- der *Straßenbaubericht* nach § 7 des Fernstraßenausbaugesetzes durch den Bundesminister für Verkehr[57],

---

51 Vgl. auch schon die früheren Beschlüsse vom 15.5.1963, BT-Ds IV/1247, sowie vom 30.6.1965, BT-Ds IV/3644.

52 Deutlich wird der Charakter des Berichts als Ressortbericht damit, daß der Bericht zunächst als Bericht für das später aufgelöste Ministerium für Vertriebene, Flüchtlinge und Kriegsgeschädigte gedacht war.

53 Der Bericht erscheint nicht als Bundestagsdrucksache, vgl. Schindler, Datenhandbuch 1949-82, S.493 FN 1.

54 Eingef. durch Kinder- und Jugendhilfegesetz (KJHG) v.26.6.1990, BGBl.I 1163. Die Berichtspflicht entspricht dem früheren § 25 des Jugendwohlfahrtsgesetzes. Zwar stammt der Jugendbericht von der "Jugendberichtskommission", jedoch muß die Bundesregierung auch eine Stellungnahme zu diesem Bericht abgeben, vgl. § 84 SGB VIII, so daß diese Stellungnahme als Ressortbericht gewertet werden kann.

55 Der letzte Städtebaubericht wurde jedoch schon in BT-Ds 7/3583 übermittelt. Seitdem erstattet das Ministerium "Städtebauliche Berichte" über aktuelle Teilfragen und Entwicklungstendenzen.

56 BT-Ds 11/7168.

57 Das Ministerium legte außerdem auf eigene Initiative einen "Verkehrsbericht" in BT-Ds VI/1350 sowie in 10/2695 vor.

- das auf eigene Initiative der Bundesregierung herausgegebene *Weißbuch zur Sicherheit der Bundesrepublik Deutschland und zur Entwicklung der Bundeswehr* durch den Bundesminister der Verteidigung[58],
- der *Jahreswirtschaftsbericht* nach § 2 StabG durch den Bundesminister für Wirtschaft und
- der *Bericht zur Entwicklungspolitik der Bundesregierung* nach verschiedenen Beschlüssen erstmals vom 28.April 1971[59] durch den Bundesminister für wirtschaftliche Zusammenarbeit.

Die Themen der Berichte decken sich, wie bereits dargelegt, nicht in jedem Fall genau mit der Zuständigkeit eines Ministeriums. Für den Innenminister liegt der Grund dafür darin, daß sein Ressort im Grunde ein "Misch- und Auffangressort" ist, das für viele, nicht zusammenhängende Bereiche zuständig ist[60]. Andere Ministerien erstatten lediglich auf bestimmten Teilgebieten Ressortberichte, z.B. der Bundesminister für Verkehr nur für den Straßenbau, nicht aber zur Entwicklung der Bundesbahn.

Nur das Auswärtige Amt und der Bundesminister der Justiz sowie das 1991 neu gebildete Ressort für Gesundheit[61] erstatten zur Zeit überhaupt keine Ressortberichte[62].

c) *Andere Berichte*

Die von *Derlien* angeführten "Maßnahmenberichte" sind nicht auf den Stand und die Wirksamkeit einzelner Gesetze und Programme zu beschränken[63]. Darüberhinaus können Gegenstand eines parlamentarischen Berichts auch alle nur weiter denkbaren Bereiche sein, auch ohne daß staatliche Maßnahmen untersucht werden müßten, z.B. der "Bericht über die deutsche Sprache

58 Das Weißbuch erscheint lediglich als Sonderdruck.

59 Umdruck 171.

60 Der "Jahresbericht der Bundesregierung 1989", S.83, nennt folgende Zuständigkeiten, denen Fachabteilungen zugeordnet sind: Innenpolitische Grundsatzfragen; Öffentlicher Dienst; Verwaltungsorganisation, Kommunalwesen, Statistik; Angelegenheiten der Vertriebenen, Flüchtlinge und Kriegsgeschädigten; kulturelle Angelegenheiten; Verfassung, Staatsrecht und Verwaltung; Innere Sicherheit; Polizeiangelegenheiten; Sport, Medienpolitik; Katastrophen-/Zivilschutz, Notfallvorsorge, Zivile Verteidigung.

61 In BT-Ds VI/1667 legte das frühere Ministerium für Jugend, Familie und Gesundheit auch einen *Gesundheitsbericht* vor.

62 Der Bundesminister des Auswärtigen erstattet allerdings einige speziellere regelmäßige Berichte: Die halbjährlichen Berichte über die Tätigkeit des Europarates und der Westeuropäischen Union, der jährliche "Abrüstungsbericht" und der einmal in jeder Wahlperiode vorzulegende "Bericht über die Lage der Menschenrechte", vgl. Schindler, Datenhandbuch 1980-87, S.387f. m.w.N.

63 So auch J.Linck, DÖV 1979, S.117f.

in der Welt"[64]. Im Grunde erweist sich die Kategorie der Maßnahmeberichte als eine Auffangkategorie, in die alle Berichte fallen, die nicht Gesamt- oder Ressortberichte darstellen, und die konkretere Gegenstände betreffen. Demzufolge ist die Bezeichnung als Maßnahmeberichte auch nicht treffend. Angemessener erscheint es hier, wegen der großen Verschiedenheit der Bereiche keine besondere Bezeichnung zu wählen.

3. Nach dem Berichterstatter

Als Erstatter parlamentarischer Berichte werden in dieser Arbeit nur staatliche Organe untersucht[65]. Außer der Bundesregierung, die dem Bundestag am häufigsten berichtet, übermitteln Berichte auch der Bundesrechnungshof, die Monopolkommission, das Bundeskartellamt, der Sachverständigenrat zur Begutachtung der gesamtwirtschaftlichen Entwicklung, der Rat von Sachverständigen für Umweltfragen - dem allerdings keine Berichtspflicht gegenüber dem Bundestag obliegt -, der Datenschutzbeauftragte usw. Darüberhinaus haben auch Hilfsorgane des Bundestages dem Plenum zu berichten. Zwar wurde der Großteil dieser Berichte, nämlich die Berichterstattung der Ausschüsse an das Plenum, mit der Beschränkung auf "organexterne" Berichte vom Begriff des parlamentarischen Berichts ausgeklammert[66]. Jedoch sind zumindest die Berichte des Wehrbeauftragten und des Petitionsausschusses erfaßt.

Die Frage des zulässigen Adressaten von Berichtspflichten wird noch eingehend zu untersuchen sein[67]. An dieser Stelle kann jedoch schon festgehalten werden, daß im wesentlichen drei Berichterstatter in Frage kommen:

- Berichte der Bundesregierung
- Berichte von unabhängigen Gremien
- Berichte von Hilfsorganen des Bundestages.

4. Nach der Häufigkeit des Berichts

Schließlich lassen sich Berichte auch danach unterscheiden, ob sie einmalig, mehrere, in der Anzahl begrenzte Male oder unbegrenzt und regelmäßig

---

64 BT-Ds 10/3784.
65 Vgl. 1.Teil, I. 7.
66 Vgl. 1.Teil, I. 3.
67 Im 8.Teil, II.

vorgelegt werden[68]. In der Berichtsstatistik sind am häufigsten die einmaligen Berichte vertreten. Auch regelmäßige Berichte fordert der Bundestag jedoch in großer Zahl an, nicht nur durch Gesetz, sondern auch durch - möglicherweise der Diskontinuität unterliegende[69] - Berichtsbeschlüsse. Insbesondere die Ressortberichte werden meist regelmäßig erstattet. Sehr selten sind Berichtsanforderungen, die mehrere in der Anzahl begrenzte Berichte verlangen[70].

68 Der Bericht der Arbeitsgruppe "Berichte der Bundesregierung" unterscheidet stattdessen zwischen periodischen und aperiodischen oder einmaligen Berichten. Die Kategorie der "aperiodischen Berichte" läßt sich dadurch erklären, daß in einigen Fällen der Bundestag dann, wenn ein zunächst als einmalig vorgesehener Bericht besonderen Anklang gefunden hatte, durch einen weiteren Beschluß zu einem weiteren - einmaligen - Bericht aufforderte. Im Grunde handelt es sich dabei um zwei einmalige Berichte.

69 Vgl. dazu 10.Teil, II.

70 Der "Winterbaubericht" gem. Beschluß v.14.4.1972 anläßlich der Verabschiedung des 2.Gesetzes zur Änderung und Ergänzung des Arbeitsförderungsgesetzes (§ 238), der um jährliche Berichte erstmals 1973 und letztmals 1980 ersuchte, und der "Bericht darüber, wie hoch die Kosten der Erfüllung der Ansprüche auf Hauptentschädigung für Zonenschäden (§ 15a des Lastenausgleichsgesetzes) nach den bisherigen Erfahrungen anzusetzen sind" gem. § 4 des 21.Gesetzes zur Änderung des Lastenausgleichsgesetzes v.18.8.1969, BGBl.I 1232, welches zu Berichten 1972, 1974 und 1976 verpflichtete.

2.Teil: Geschichte

I. Frühzeit des Parlamentarismus

Die Berichterstattung gegenüber den Parlamenten kann auf eine lange Tradition zurückblicken. So legte schon die griechische Volksversammlung (ekklesia) der athenischen Demokratie im 5.Jahrhundert v.Chr. Wert auf gute und korrekte Informationen und ließ sich von Beamten und Strategen "berichten"[1].

Eine geschriebene Berichtspflicht enthält bereits die Verfassung der Vereinigten Staaten von Amerika vom 17.September 1787 in Article II section 3 im ersten Halbsatz[2]:

> "He (The President) shall from time to time give to the Congress Information of the state of the Union,..."

Aufgrunddessen erstattet der amerikanische Präsident jährlich vor dem Kongreß "Berichte zur Lage der Nation". Einige Tage nach dem jeweiligen "Bericht zur Lage der Nation" wird dem Kongreß gemäß einer speziellen gesetzlichen Vorschrift der Entwurf des Haushaltsplans mitgeteilt; schließlich folgen weitere Berichte, etwa aufgrund eines Berichtsgesetzes der Wirtschaftsbericht.

Einige "Berichte zur Lage der Nation" enthielten grundlegende außenpolitische Entscheidungen, so z.B. 1823 die "Monroe-Doktrin", 1918 Wilsons "Vierzehn Punkte", 1947 die "Truman-Doktrin" und 1957 die "Eisenhower-Doktrin"[3].

---

1 Bleicken, Die athenische Demokratie, 1986, S.128ff., 139.

2 Abgedruckt u.a. bei Günther Franz, Staatsverfassungen, 2.Aufl., 1964, S.28.

3 Loewenstein, Verfassungsrecht und Verfassungspraxis der Vereinigten Staaten, 1959, S.369f.; vgl. außerdem Pritchett, The American Constitution, 3.Aufl., 1977, S.236; Bernard Schwartz, American Constitutional Law, Neudruck 1969, S.101; Raoul Berger, Executive Privilege: A Constitutional Myth, 1974, S.37f. m.w.N., der die Bestimmung über die "Berichte zur Lage der Nation" hinaus als Grundlage einer allgemeinen, umfassenden Informationspflicht der Regierung gegenüber dem Parlament heranzieht; vgl. zur Informationspflicht in den USA H.-J.Mengel, Auskunftsverweigerung der Exekutive

Die Berichte haben mit der Erfindung von Rundfunk und Fernsehen im jetzigen Jahrhundert sehr an Bedeutung gewonnen. Insbesondere seit der Präsidentschaft *Franklin D. Roosevelts* wird den "Berichten zur Lage der Nation" und anderen für die Öffentlichkeit bestimmten Berichten des Präsidenten - etwa die "Plaudereien am Kamin (fireside chats)"[4] - große Beachtung im Kongreß und noch mehr in den Massenmedien geschenkt[5]. Die Berichte waren wegen ihrer großen Publizität Vorbild für die durch Beschluß vom 28.Juni 1967[6] vom Deutschen Bundestag angeforderten "Berichte zur Lage der Nation im geteilten Deutschland"[7] und weitere Berichte[8].

Art.II sec.3 der amerikanischen Verfassung dürfte seinerseits auf die Thronrede des englischen Königs als Vorbild zurückblicken können[9]. Es ist jahrhundertealter Brauch, daß jede Session beider Häuser des englischen Parlaments mit einer Thronrede des Monarchen eröffnet wird (*speech from the Throne*). Seit den Zeiten der Glorreichen Revolution von 1688 verfaßt diese Rede von Anfang bis Ende die Regierung; der König oder die Königin darf daran keinerlei Änderungen vornehmen und trägt diese nur vor. Die Thronrede wird daher als politisches Programm der Regierung angesehen und zum Anlaß einer Generaldebatte über die neue Regierungspolitik genommen[10].

Eine kodifizierte Berichtspflicht liegt der Thronrede, wie in der englischen Verfassungsordnung auch sonst üblich, nicht zugrunde. Außerdem erfüllt die Regierung über den Monarchen mit diesem Bericht weniger eine Pflicht, sondern nutzt gerne die Gelegenheit, die Arbeit im Parlament in der neuen Legislaturperiode vorzuprägen. Ebenso bedeutet für den König selber

---

und Informationsanspruch des Kongresses in den Vereinigten Staaten von Amerika, in: JöR n.F. 33(1984), S.367ff., der aber auf Art.II sec.3, 1.HS nicht eingeht.

4 Vgl. dazu Loewenstein, Staatspolitik und Verfassungsrecht in den Vereinigten Staaten 1933 bis 1954, in: JöR n.F.4 (1955), S.1ff., 90.

5 So etwa der Bericht des Präsidenten Bush vom 30.1.1991, der sich u.a. mit dem "Golfkrieg" beschäftigte.

6 BT-Ds V/1898.

7 Schindler, Datenhandbuch 1949-82, S.426, 1980-87, S.367.

8 Vgl. die "Berichte *über die Lage* der Landwirtschaft" nach den §§ 4, 5 LWG, die "Berichte *über die Lage* der Menschenrechte in der Welt" und der "Gesamtbericht *zur Lage* der älteren Generation", angekündigt im "Jahresbericht der Bundesregierung 1989", S.471.

9 Vgl. Bernard Schwartz, American Constitutional Law, Neudruck 1969, S.101.

10 Um die Thronrede rankt sich ein schauenswertes Zeremonium, das mit einer Durchsuchung der Kellergewölbe aus Anlaß des versuchten Attentats von Guy Fawkes im Jahre 1615 beginnt und mit einem traditionell hoffnungslosen Mißtrauensvotum der Opposition endet, vgl. dazu ausführlich Hatschek, Englisches Staatsrecht, Bd.1, 1905, S. 358 ff.; Loewenstein, Staatsrecht und Staatspraxis von Großbritannien, Bd.1, 1967, S.198f.

die Thronrede weniger eine Pflicht als vielmehr sein Recht, aus diesem Anlaß die "geheiligten Bezirke" des Parlamentes betreten zu dürfen, was ihm sonst verwehrt ist[11].

Die Thronrede ist Vorbild insbesondere für die Antrittserklärungen der Regierungen auch in republikanischen Staatsformen geworden, so etwa für die Regierungserklärung des Bundeskanzlers zu Beginn jeder Legislaturperiode[12].

Die Entwicklung des parlamentarischen Berichtswesens in Deutschland beeinflußten jedoch die englische Thronrede und Art.II sec.3 der amerikanischen Verfassung anfangs nicht[13]. Trotzdem gab es schon früh verfassungsrechtliche Verpflichtungen zu parlamentarischen Berichten, allerdings zu anderen Themen. Die ersten Berichtspflichten gegenüber den landständischen Vertretungen, die nach Art.13 der Deutschen Bundesakte vom 8.Juni 1815 in den Einzelstaaten eingerichtet wurden[14], bestanden im Haushaltsrecht. Als Vorläufer des Budgetrechts - also der Feststellung des Haushaltsplans als Parlamentsgesetz - enthielten die Verfassungen einiger deutscher Einzelstaaten eine Reihe von Bestimmungen, die die Vorlage des von der Regierung einseitig beschlossenen Staatshaushaltsplanes zur bloßen "Prüfung" verlangten. Den landständischen Vertretungen sollte dies lediglich dazu dienen, das ihnen eigentlich zustehende Steuerbewilligungsrecht wahrzunehmen[15].

Hervorzuheben sind insbesondere die Bestimmungen der bayrischen Verfassungsurkunde vom 26.Mai 1818[16], die in Titel VII eine Reihe von Berichtspflichten festlegte. In § 4 hieß es:

> "Den Ständen wird daher nach ihrer Eröffnung die genaue Übersicht des Staatsbedürfnisses, sowie der gesamten Staatseinnahmen (Budget) vorgelegt werden, welche dieselbe durch einen Ausschuß prüfen und sodann über die zu erhebenden Steuern in Beratung treten."[17]

---

11 Vgl. Loewenstein, Staatsrecht und Staatspraxis von Großbritannien, S.198.

12 Vgl. Schindler, Datenhandbuch 1949-82, S.425ff., 1980-87, S.367ff.

13 Anders etwa in Norwegen: § 74 Abs.1 Satz 1 der norwegischen Verfassung vom 17.5.1814 enthält eine dem Art.II sec.3 der amerikanischen Verfassung ähnliche Berichtspflicht des Königs gegenüber dem Storting. Abgedruckt bei W.Brorsen, Die Verfassungen der Erde, 1951.

14 Abgedruckt bei Huber, Dokumente I, Nr.30: "In allen Bundesstaaten wird eine Landständische Verfassung stattfinden."

15 Vgl. Friauf, Der Staatshaushaltsplan im Spannungsfeld zwischen Parlament und Regierung, Bd.1, S.38; R.Mußgnug, Der Haushaltsplan als Gesetz, S.79ff., 93f., 125ff.

16 BayGBl.101; abgedruckt auch bei E.R.Huber, Dokumente I, Nr.53, S.155ff., 166.

17 Abgedruckt bei Huber, aaO., S.167; weitere Berichtspflichten in Tit.VII §§ 6, 8, 10, 13, 15 Abs.2, 16, 17, 18.

Derartige Berichtspflichten zur bloßen Kenntnisnahme - das sog. "bayerische System" -, die gegenüber dem in Form eines Feststellungsgesetzes wahrgenommenen Budgetrecht - das sog. "preußische System" - die als schwächer einzustufende Beteiligungsform der Landtage darstellten, enthielten auch zahlreiche Verfassungen anderer deutscher Einzelstaaten. Zu ihnen gehörten außer Bayern auch das Königreich Sachsen, die Großherzogtümer Baden und Hessen, das Kurfürstentum Hessen, das Herzogtum Nassau und die Fürstentümer Lippe, Schaumburg-Lippe und Schwarzburg-Sondershausen[18].

Die Verfassungen anderer Einzelstaaten beinhalteten hingegen schon Bestimmungen, wonach die Landtage bei der Festsetzung der Staatsausgaben durch eine bloße Zustimmung, Bewilligung etc. oder auch ein Feststellungsgesetz mitwirken konnten[19]. Auch zu diesem Zwecke mußte der Entwurf des Haushaltsplans selbstverständlich den Landtagen vorgelegt werden, allerdings nicht nur "zur Prüfung", sondern zur möglichen Änderung und zur abschließenden Feststellung durch ein Parlamentsgesetz, so daß ebenfalls berichtet wurde.

Ein weiteres Gebiet, auf dem bereits früh Berichtspflichten bestanden, war die in einigen Verfassungen der Einzelstaaten, insbesondere in Bayern[20] und Sachsen[21], festgelegte Pflicht des Königs, am Sessionsende dem Landtag einen förmlichen "*Landtagsabschied*" zu erteilen. Damit wurde der König dazu verpflichtet, die Anträge der Landtage, vor allem deren Gesetzesinitiativen aber auch "schlichte" Parlamentsbeschlüsse, gesammelt, in zustimmender oder ablehnender Weise, zu bescheiden. Diese Landtagsabschiede lassen sich auf den "Reichsabschied" im Deutschen Reich vor 1806 zurückverfolgen - eine frühe Berichts- und Auskunftspflicht, allerdings nicht gegenüber einer demokratisch gewählten Volksvertretung[22].

Eine ausdrückliche Auskunftspflicht, die die Grundlage einer allgemeinen Berichtspflicht hätte werden können, enthielt § 122 der Paulskirchenverfassung vom 28.März 1849[23]:

> "Die Reichsminister haben die Verpflichtung, auf Verlangen jedes der Häuser des Reichstags in demselben zu erscheinen *und Auskunft zu erteilen*, oder den Grund anzugeben, weshalb dieselbe nicht erteilt werden könne."

---

18 Friauf, aaO., S.55, der die Verfassungsbestimmungen im einzelnen aufführt.

19 Friauf, aaO., S.39ff., 44.

20 Vgl. Tit.VII § 29 der Verfassung von 1818.

21 Vgl. §§ 113, 119 der Verfassung vom 4.9.1831; näher dazu unten im 4.Teil, 3.

22 Vgl. Moraw in: Schneider/Zeh, § 1 Rdnr.24ff., 99ff.; R.Hoke, "Reichsabschiede" in: Handwörterbuch zur deutschen Rechtsgeschichte, IV.Band beide m.w.N.

23 Abgedruckt bei Huber, Dokumente I, Nr.108.

Die Bestimmung ist allerdings wenig ergiebig, da nach ihrem Wortlaut zunächst Bezug auf die Zitierung eines Ministers genommen wird und nur für diesen Fall eine Auskunftspflicht bestehen könnte. Dieses Ergebnis wird von der heutigen völlig überwiegenden Meinung in der Literatur auch für den Art.43 Abs.1 des Grundgesetzes angenommen, der eine solche ausdrückliche Auskunftspflicht für den Fall der Zitierung gar nicht enthält[24]. Für den eigentlichen Streitpunkt, ob nämlich Art.43 Abs.1 GG - und hier § 122 der Paulskirchenverfassung - über den Fall der Zitierung hinaus die Grundlage einer allgemeinen Informationspflicht der Regierung gegenüber dem Parlament ist, läßt sich den Bestimmungen nichts entnehmen.

Eine andere geschichtliche Entwicklung liegt den "schlichten" Parlamentsbeschlüssen zugrunde, die die Regierung zu Berichten auffordern. Berichtsersuchen durch Parlamentsbeschlüsse sind eng mit den parlamentarischen Interpellationen verwandt:

Die heutigen "Großen Anfragen" gehen direkt zurück auf die Regelung des "Interpellationsrechts" in den §§ 32 und 33 der Geschäftsordnung des Reichstages von 1876, welche wiederum preußischen Vorbildern nachgebildet waren. Das Interpellationsrecht ist zwar heute das "klassische" Fragerecht parlamentarischer Minderheiten; in seiner ersten (preußischen) Form war es jedoch noch ein bloßes Mehrheitsrecht und verlangte zunächst einen Antrag auf eine Interpellation und weiter einen Beschluß der Parlamentsmehrheit. Das Verfahren entsprach also dem bei der Fassung eines Berichtsersuchens. *Hatschek* hat dies bereits 1909 untersucht und dazu ausgeführt[25]:

> "In der provisorischen Geschäftsordnung der preußischen Nationalversammlung, wie sie vom Staatsministerium der Nationalversammlung in der Sitzung vom 22.Mai 1848 vorgelegt war und von ihr beibehalten oder modifiziert werden sollte, findet sich keine Bestimmung über Interpellationen. Aber schon in der Sitzung vom 29.Mai 1848 war ein Antrag Rietz eingebracht,
>
> 'daß alle Anträge in der Kammer tags vorher angekündigt werden und von der Kammer genehmigt werden, daß gleichfalls alle Interpellationen an den Minister zu richten, vorher angekündigt und des folgenden Tages mit der Erlaubnis der Kammer erfolgen.'
>
> Bei Beratung dieses Antrags war man sich gar nicht klar, den Antragsteller ausgenommen, daß die Interpellation etwas von dem gewöhnlichen Antrag Grundverschiedenes sei. Der Antragsteller selbst meinte, daß der wesentliche Unterschied zwischen der Interpellation und dem Antrag darin liege, daß bei dem letzteren bis zu seiner Beschlußfassung eine Diskussion stattfinde, während bei der Interpellation die Diskussion dem Beschlusse, d.i. der ministerielle, nachzufolgen habe. Die meisten Redner, unter ihnen der Minister Camphausen,

---

24 Vgl. Vogelgesang, ZRP 1988, 7 m.w.N.

25 Das Interpellationsrecht im Rahmen der modernen Ministerverantwortlichkeit, 1909, S.103f.; ebenso Rosegger, Das parlamentarische Interpellationsrecht, 1907, S.70, 72.

erblickten *keinen*[26] Unterschied zwischen Anträgen und Interpellationen, und daher wurde ein Antrag Parisius angenommen:

'Alle Interpellationen, insofern solche durch die Debatte nicht veranlaßt sind, sind gleich den Anträgen zu behandeln.'

Danach mußten auch die Interpellationen wie die Anträge an die Abteilungen zunächst zur Prüfung verwiesen werden, wenn das Haus es nicht anders bestimmte, was den Geschäftsgang der Interpellationen sehr schleppend machte und das Haus viel Zeit verschwenden ließ...."

Erst die definitve Geschäftsordnung vom 26.Juni 1848 wandelte das Interpellationsrecht zu einem Minderheitenrecht[27].

Hatschek hat zudem nachgewiesen, daß in einigen europäischen Staaten das Interpellationsrecht ebenfalls zunächst ein bloßes Mehrheitsrecht war, so u.a. in Italien[28], Spanien[29], Norwegen[30] und Holland[31].

In seinen Ursprüngen ist daher die Geschichte der Berichtsersuchen identisch mit der der Interpellationen. Das heutige Verfahren bei der Fassung eines Berichtsersuchens entspricht den frühen Verfahrensmodalitäten zur Interpellation der Regierung.

Im Laufe der weiteren Entwicklung erhielt sich jedoch trotz der nunmehr erfolgten Ausgestaltung der Interpellation als Minderheitenrecht das Bedürfnis eines Informationsinstrumentes auch für das Parlament in seiner Gesamtheit. Dazu wurde die in den Parlamentsgeschäftsordnungen zur Verfügung gestellte Möglichkeit weiter genutzt, Anträge zu stellen und Beschlüsse zu fassen. Während Interpellationen insbesondere parlamentarischen Minderheiten die Möglichkeit zur Darstellung und Auseinandersetzung ihrer Positionen boten, konnte mit Beschlüssen die Parlamentsmehrheit kontrollierend und sich informierend tätig werden und für das gesamte Parlament

---

26 Hervorhebung im Original.

27 Hatschek aaO., S.104.

28 Hatschek, aaO., S.48ff.

29 Vgl. dazu die bei Hatschek, aaO., S.67, wiedergegebene Äußerung des Abgeordneten Gomez Beccera in der Sitzung der verfassungsgebenden Cortes vom 29.12.1836:
"Wie eine Interpellation einzubringen sei, das ist nicht vorgeschrieben; vergebens suchen wir in unserem Reglement einen Artikel, der diesen Punkt enthielte....Wenn damals ein Deputierter eine Interpellation an die Regierung stellte, so brachte er einen Antrag (proposicion) ein, bei welchem man in folgender Weise vorging: Es wurde der Antrag zugelassen, er wurde diskutiert, *angenommen* und dann erst kam der Zeitpunkt, indem die Regierung erklärte, ob und wann sie auf Interpellationen antworten werde..." (nachträgliche Hervorhebung).

30 Hatschek, aaO., S.96ff.

31 Hatschek, aaO., S.85ff.

sprechen, so daß Berichtsbeschlüsse im klassischen Gegensatz von Parlament und Regierung zu sehen sind.

II. Norddeutscher Bund/Deutsches Reich von 1871

Die staatsrechtliche Literatur zur Zeit des Norddeutschen Bundes und im neu gegründeten Deutschen Reich versuchte schon früh die Tätigkeit des Reichstages systematisch zu erfassen und zu ordnen. *Laband* trennte dabei nach rein formalen Gesichtspunkten. Als Mittel der Beteiligung an Hoheitsrechten standen das Gesetz, die Genehmigung, die Kenntnisnahme und die Überweisung zur Verfügung[32]. Mit der Form der Kenntnisnahme waren nach seiner Ansicht Berichte notwendig verbunden. Es bestehe eine Form, in welcher die Zuständigkeit des Reichstages sich verwirklicht, in dem Recht desselben, Kenntnis zu erlangen[33], in welcher Weise die Regierungsorgane des Reiches tätig geworden seien. Diesem Recht entspreche "*die Pflicht der Reichsregierung zur Erstattung von Berichten an den Reichstag*. Durch die Berichterstattung wird der Reichstag in den Stand gesetzt, ein Urteil über die Tätigkeit der Reichsregierung auszusprechen, und ihm eine *Kontrolle*[34] über die letztere ermöglicht. Diese Form kann bei allen wichtigen Verwaltungsoperationen Anwendung finden, und die Regierung kann sich aus politischen Rücksichten der Berichterstattung in der Regel kaum entziehen, wenn der Reichstag sie verlangt; eine *staatsrechtliche Pflicht*[35] der Regierung zur Erstattung von periodischen Berichten besteht aber nur, wenn dieselbe durch eine besondere Gesetzesbestimmung ausdrücklich vorgeschrieben ist"[36].

---

32 Laband, Das Staatsrecht des Deutschen Reiches, 1.Bd., 1.Aufl., 1876, S.505ff., 5.Aufl., 1911, S.298ff.; v.Seydel, Der deutsche Reichstag, in: Hirths Annalen des Deutschen Reiches, 1880, S.356f.; ders., Bayerisches Staatsrecht, 1.Bd., 2.Aufl., 1896, S.352 (nennt als Beispiele für das Recht auf Kenntnisnahme Tit.VII, §§ 10, 16 der bayr. Verf.-Urk. v.26.5.1818 sowie G.v.1.7.1834 betr. die Festsetzung einer permanenten Civilliste, Art.6 Abs.2); desweiteren Georg Meyer/Anschütz, Lehrbuch des deutschen Staatsrechts, 6.Aufl., 1905, § 128 (ohne das Recht auf Kenntnisnahme); aus der Zeit der WRV: Stier-Somlo, Deutsches Reichs- und Landesstaatsrecht, 1.Bd., 1924, § 75; Stier-Somlo in Anschütz/Thoma, HdBDStR II, S.412f.; aus heutiger Sicht: Stern, Staatsrecht II, § 26 II 2 b.

33 Hervorhebung im Original.

34 Nachträgliche Hervorhebung.

35 Hervorhebung im Original.

36 Laband, aaO., 5.Aufl., 1911, S.304; vgl. auch 1.Aufl., 1876, S.518.

Damit bestand jedoch noch kein (neues) korrespondierendes "Recht auf Kenntniserlangung", etwa aus allgemeinen Verfassungsgrundsätzen; umschrieben war lediglich die Möglichkeit des Reichstages, im Rahmen seiner regulären Befugnisse die Regierung - mit Zustimmung des Bundesrates - durch Gesetz zur Berichterstattung verpflichten zu können. Die Bezeichnung als "Recht auf Kenntniserlangung" ist daher eher irreführend, da damit kein eigenes Recht bezeichnet ist. Die Funktion der Berichterstattung war nach *Laband* (allein) die Regierungskontrolle.

Laband nannte als Beispiele für derartige Berichtspflichten u.a. Art.72 der Reichsverfassung, der eine jährliche Rechnungslegungspflicht des Reichskanzlers zur Entlastung vorschrieb, sowie eine Reihe von gesetzlichen Vorschriften, die die Exekutive zum Erlaß von Rechtsverordnungen ermächtigten, die nach ihrem Erlaß dem Reichstag zur (bloßen) Kenntnisnahme vorgelegt werden mußten. Schließlich führt er auch ein sog. Enquete-Gesetz und periodische Berichtspflichten auf[37].

Laband ist insoweit nicht zuzustimmen, als er lediglich mit der Form der Kenntnisnahme Berichte verbindet. Sofern das Parlament durch verbindliche Beschlüsse oder gar Gesetze die Berichte billigen kann, ändert dies nichts am Charakter der Tatsachenmitteilung als Bericht[38].

In der Zeit von 1867 bis 1916 verabschiedeten die Gesetzgeber des Norddeutschen Bundes und des Deutschen Reiches ca. 79 Gesetze, die die Reichsregierung zu Berichten verpflichteten. Diese recht hohe Zahl läßt sich zunächst damit erklären, daß solche Gesetze enthalten sind, die die Regierung zur bloßen Mitteilung von erlassenen Verordnungen zur Kenntnisnahme oder Genehmigung des Reichstages verpflichteten, insgesamt ca. 52. Außerdem sind davon Berichtspflichten umfaßt, die das Haushaltswesen betrafen, insbesondere Art.72 der Reichsverfassung[39].

Für die mit der Aufsicht über das Schuldenwesen des Reiches betraute Reichsschuldenkommission bestand gegenüber dem Reichstag eine Berichtspflicht auf gesetzlicher Grundlage. Die Kommission war durch ein Gesetz vom 19.Juni 1868[40] gebildet worden, das das preußische Gesetz über die Preußische Staatsschuldenkommission vom 24.Februar 1850[41] für entspre-

37 Laband, aaO., 5.Aufl., 1911, S.304f. FN 4.

38 Vgl. oben 1.Teil, I. 9. und unten 3.Teil, III.

39 Entlastung betreffend den Haushalt von Elsaß-Lothringen, G.v.2.1877, § 8, RGBl.S.491; Vorlegung von Übersichten über Einnahmen und Ausgaben der dt. Schutzgebiete, G.v.30.3.1892, §§ 2, 3, RGBl.S.369; die Zahlen basieren auf dem Haupt-Sachverzeichnis zum Bundes- und Reichsgesetzblatte von 1867 bis 1916, 1917, S.1186ff.

40 BGBl.S.339.

41 Preußische Gesetzessammlung S.60f.

chend anwendbar erklärte. § 15 dieses Gesetzes forderte einen jährlichen Tätigkeitsbericht sowie einen Bericht über die Ergebnisse der unter ihre Aufsicht gestellten Verwaltung des Schuldenwesens. Diese Berichtspflicht besteht in veränderter Form heute noch[42]. Zusätzlich betraute der Reichstag die Reichsschuldenkommission später mit der Verwaltung von bestimmten Sondervermögen hinsichtlich deren Verwaltung ebenfalls jährliche Berichte zur Entlastung zu erstatten waren[43].

Ebenso wie die Reichsschuldenkommission war auch das Reichsversicherungsamt zu periodisch vorzulegenden Berichten verpflichtet[44].

Anders als heute in Art.114 Abs.2 Satz 2 GG geregelt, bestand jedoch keine Berichtspflicht des "Rechnungshofes des Deutschen Reiches" gegenüber dem Reichstag. Mit diesem Amt war die preußische Oberrechnungskammer durch Gesetz jeweils auf Zeit beauftragt worden[45]. Nach dem preußischen Gesetz vom 27.März 1872[46] war die Kammer dem König unmittelbar untergeordnet. Daraus schloß die damalige staatsrechtliche Literatur auf eine Stellung des Rechnungshofes als Verwaltungsbehörde; diskutiert wurde auch die eines obersten Gerichts; als "Parlamentsbehörde" schied der Rechnungshof nach damals herrschender Ansicht aus[47]. Demzufolge hatte der Reichstag nach damaliger Ansicht kein Recht des direkten Verkehrs mit dem Rechnungshof und nicht einmal die Befugnis, Rückfragen an ihn zu richten, zu deren Beantwortung er verpflichtet gewesen wäre[48]. Berichtspflichten schieden also ebenfalls aus. Der Reichstag versuchte mit ei-

---

42 § 35 Abs.2 Reichsschuldenordnung v.13.2.1924, RGBl.I 95, BGBl.III Nr.650-1.

43 Bestand des Reichskriegsschatzes, G.v.11.11.1871, § 3, RGBl.S.404; Verwaltung des Reichsinvaliden- und des Hinterbliebenenversicherungsfonds, G.v.23.5.1873, § 14, RGBl.S.121, G.v.8.4.1907, § 2, RGBl.S.89; Verwaltung des Reichsfestungsbaufonds, G.v.30.5.1873, Art.III, RGBl.S.124; Verwaltung des Fonds für die Errichtung des Reichstagsgebäudes, G.v.8.7.1873, § 1 Abs.2, RGBl.S.218; näher Laband, aaO., 1.Aufl., S.516ff.

44 Eingerichtet durch G.v.6.7.1884, § 87, RGBl.S.102; Berichtspflichten betreffend die Rechnungsabschlüsse der Berufsgenossenschaften und der Versicherungsanstalten in: G.v.6.7.1884, § 77, RGBl.S.99; G.v.5.5.1886, § 86, RGBl.S.162; G.v.13.7.1887, § 89, RGBl.S.362; G.v.30.6.1900, §§ 111, 119, 117, RGBl.S.627, 683, 759; G.v.19.7.1911, §§ 721, 1358, RGBl.S.646, 760; G.v.20.12.1911, § 105, RGBl.S.1008.

45 Stern, Staatsrecht II, § 34 I; G.v.28.10.1871, RGBl.S.344 entsprechend dem G.v.4.7.1868, BGBl.S.433 für den Norddt.Bd.

46 Preußische Gesetzessammlung S.278; im Wortlaut bei Stern, aaO., § 34 I 3 a.

47 Hatschek, Deutsches und preußisches Staatsrecht, 2.Bd., 1.Aufl., 1923, S.355ff.; Laband, aaO., S.409f.; dazu die Kritik von Stern, aaO., § 34 I 3 c mit Nachweisen der Mindermeinung in FN 23.

48 Hatschek, aaO., S.357.

nem Gesetzentwurf schon 1872 diesen Zustand zu ändern[49], dem der Bundesrat aber seine Zustimmung verweigerte[50].

Die weitaus größte Anzahl der dem Reichstag gegenüber abgegebenen Berichte betraf, wie bereits dargelegt, Mitteilungen über getroffene Verordnungen, Anordnungen, Bestimmungen etc. der Exekutivorgane, zu deren Erlaß sie durch Gesetz ermächtigt worden waren. Der Reichstag behielt sich in diesen Gesetzen das Recht zur Genehmigung oder bloßen Kenntnisnahme vor, um sicherzustellen, daß die Regierung von der Ermächtigung in einer dem Willen des Parlaments entsprechenden Weise Gebrauch machte[51]. Zu diesem Zwecke wurden die Genehmigungs-[52] bzw. Kenntnisverordnungen dem Reichstag zugeleitet. In der Anfangszeit des Reiches von 1871 bis in die neunziger Jahre überwogen die Genehmigungsverordnungen. Seit dieser Zeit traten an deren Stelle die Kenntnisverordnungen, da nach *Hatschek* der Bundesrat ungerne Arbeit auf sich lud, die durch die Versagung der Reichstagsgenehmigung überflüssig werden konnte und deshalb nur in geringem Maße von den Ermächtigungen Gebrauch machte[53]. Auch war aus Sicht des Parlaments das Genehmigungsverfahren durch die wie bei Gesetzen in der Regel erforderlichen drei Lesungen zeitraubend und sicherlich in vielen Fällen nicht notwendig[54]. Durch die gebräuchlichen parlamentarischen Kontrollmöglichkeiten wie den Interpellationen war auch bei bloßen Kenntnisverordnungen eine Einflußnahme möglich[55].

Ein Großteil der Genehmigungs- und Kenntnisverordnungen betraf die Sozialgesetzgebung des Reiches. Insbesondere in der Gewerbeordnung mit den darin ab 1891 enthaltenen Arbeiterschutzvorschriften[56] sind zu Geneh-

---

49 1.LP/III.Sess., RT-Ds 153; vgl. auch Entwurf in 2.Beratung v. 25.5.1872, 1.LP/III.Sess., RT-Ds 102; Äußerung des Berichterstatters Abg. Lasker, 1.LP/II.Sess., RT-StenoB, S.783; wiedergegeben auch bei Stern, aaO., § 34 I 3 FN 20.

50 1.LP/III.Sess., RT-Ds 175.

51 Mößle, Regierungsfunktionen, S.173.

52 Heutige Terminologie: Zustimmungsverordnungen; vgl. Ossenbühl in: HdBStR III, § 64 Rdnr.50ff. m.w.N.

53 AaO., 2.Bd., S.195ff., 197 m.w.N.

54 Vgl. §§ 17 bis 20 sowie 25 der GORT v.10.2.1876, abgedruckt im Anhang zu Perels, Das autonome Reichstagsrecht, 1903, S.109ff. sowie bei Huber, Dokumente II, Nr.272; vgl. außerdem Hatschek, aaO., S.59.

55 Vgl. Hatschek, aaO., S.59, 198.

56 Zu Genehmigungs- bzw. Kenntnisverordnungen ermächtigende Gesetze waren enthalten in: GewO v.21.6.1869, § 16, BGBl.S.245ff.; v.17.7.1878, §§ 139a, RGBl.S.199ff.; v.1.7.1883, § 56b, RGBl.S.159ff.; v.1.6.1891 ("Arbeiterschutzgesetz" betreffend u.a. die Zulassung von Ausnahmen vom Beschäftigungsverbot an Sonn- und Feiertagen durch den Bundesrat, die Beschäftigung von jugendlichen Arbeitern), §§ 105d, 105g, 120e, 154, RGBl.S.261ff.; v.30.6.1900, § 105e, RGBl.S.321ff.; außerdem

migungs- bzw. Kenntnisverordnungen ermächtigende Gesetze enthalten. Allerdings enthielten auch andere Gesetze derartige Vorschriften, etwa das Sozialistengesetz von 1878[57]. Gesetzestechnisch lassen sich unterschiedliche Fassungen der Regelungen beobachten:

- schlichte Mitteilung[58]
- Mitteilung sowie Veröffentlichung im Reichsgesetzblatt[59]
- Mitteilung sowie notwendige ausdrückliche Genehmigung[60]
- Mitteilung sowie Möglichkeit des Aufhebungsverlangens[61].

Gesetzliche Berichtspflichten im Zusammenhang mit der Überprüfung von Gesetzen sind selten anzutreffen. In einem Gesetz vom 26.Juni 1878 (sog. Tabakenquete-Gesetz) wurde die Regierung in § 1 verpflichtet, Ergebnisse der Erhebungen über den Tabakanbau dem Reichstag mitzuteilen:

"Über den Tabakbau, die Tabakfabrikation und den Handel mit Tabak und Tabakfabrikation im Reich sollen unter Zuziehung von Sachverständigen nach Maßgabe der vom Bundesrat festzustellenden und bekanntzumachenden Bestimmungen Erhebungen veranstaltet werden, deren Resultat dem Reichstag mitzuteilen ist."[62]

Der Zweck dieser Mitteilungen war die Vorbereitung einer Tabaksteuerreform. So führte der Abgeordnete Scipio in der dritten Lesung aus:

"..., durch die Beschlüsse des hohen Hauses in der zweiten Lesung hat der § 1 eine Gestalt bekommen, welche, wie ich glaube, zu der Hoffnung berechtigt, daß der Reichstag und die verbündeten Regierungen genügendes Material erhalten für die Beurteilung der Frage, welche Wirkung die eine oder andere Steuerart auf die beteiligte Landwirtschaft, den Tabakhandel und den Tabakbau haben wird."[63]

G.v.30.3.1903, § 4, RGBl.S.114 betr. Untersagung von Kinderarbeit; G.v.20.12.1911, §§ 3, 10, RGBl.S.977,979 betr. Hausarbeitsgesetz.

57 V.21.10.1878, § 28 Abs.2, RGBl.S.351ff.

58 Z.B. Mitteilung der Instruktion für den Rechnungshof für den Norddt.Bd., G.v. 4.7.1868, § 5 Abs.2, RGBl.434; betr. Seemannsordnung G.v.2.6.1902, §§ 4, 56, 123, 134, RGBl.176, 189, 207, 210.

59 Z.B. §§ 105d, 105g, 120e, 154 GewerbeO; G.v.9.6.1897, § 36, RGBl.470, betr. Ausstattung von Auswandererschiffen.

60 Z.B. G.v.25.12.1902, § 1, RGBl.303; G.v.10.9.1883, § 2, RGBl.304 betr. Zollermäßigungen; G.v.25.12.1902, § 10, RGBl.308 betr. Zollzuschläge; G.v.30.1.1877, § 6, RGBl.245 EinfG zur ZPO; G.v.30.5.1908, § 12, RGBl.352 betr. Maß- und Gewichtsordnung.

61 Z.B. § 139a GewerbeO; G.v.18.5.1908, § 1, RGBl.210, betr. Grenzverkehr mit Kraftfahrzeugen.

62 RGBl.129.

63 3.LP/II.Sess., RT-StenoB, S.1485.

Außer diesem Enquete-Gesetz verabschiedete der Reichstag noch weitere, etwa die sog. Börsen-Enquete[64].

Eine Mitteilungspflicht, die zu regelmäßigen Berichten verpflichtete, enthielt § 139b Abs.3 der Gewerbeordnung vom 17.Juli 1878[65]:

"Die erwähnten Beamten haben Jahresberichte über ihre amtliche Tätigkeit zu erstatten. Diese Jahresberichte oder Auszüge aus denselben sind dem Bundesrat und dem Reichstag vorzulegen."

Bei diesen Beamten handelte es sich um die damaligen Fabrikinspektoren, die späteren Gewerbeaufsichtsbeamten. Die Beamten waren ebenso wie heute Landesbeamte, die etwa in Preußen dem Regierungspräsidenten und den zuständigen Landesministern untergeordnet waren[66]. Ihre Berichte wurden von den jeweiligen Landesregierungen dem Reichstag vorgelegt. Die Berichtspflicht besteht auch heute noch[67].

Die Funktion dieser Berichtspflicht war aus der Sicht des damaligen Gesetzgebers die laufende Überprüfung der Bestimmungen der Gewerbeordnung auf ihre praktische Bewährung, eine "Evaluierung" durch das Parlament im heutigen Sinne[68].

Schließlich gab es auch noch weitere Berichtspflichten, die periodische Berichte verlangten, z.B. § 37 des Reichsmilitärgesetzes vom 8.Mai 1874[69]:

"Über die Ergebnisse des Ergänzungsgeschäfts ist dem Bundesrat und dem Reichstag alljährlich Mitteilung zu machen."

Berichtsersuchen mit den Angaben über deren Behandlung im Bundesrat finden sich in den nach § 34 der Geschäftsordnung des Reichstages von 1876 übermittelten "Übersichten der vom Bundesrat auf die Beschlüsse des Reichstages gefaßten Entschließungen"[70]. Auch vor der Einfügung der Bestimmung in die Geschäftsordnung waren jedoch Berichtsersuchen üblich, z.B. schon in der Zeit des Norddeutschen Bundes: So wurde etwa der Bun-

---

64 Nach § 4 des Börsengesetzes v.22.6.1896, RGBl.I 158 und § 3 des Börsengesetzes v.27.5.1908, RGBl.I 216; Karl Heck, Das parlamentarische Untersuchungsrecht, 1925, S.11 FN 5, nennt außerdem die "Rüstungsenquete" von 1913, ebenso Lammers in: Anschütz/Thoma, HdBDStR II, S.455ff., 457 FN 17.

65 RGBl.S.210.

66 V.Landmann/Rohmer, Kommentar zur Gewerbeordnung für das deutsche Reich, 2.Bd., 2.Teil, 8.Aufl., 1932, § 139b Anm.1 m.w.N.

67 Vgl. dazu unten 8.Teil, II. 5.

68 Näher dazu im 6.Teil.

69 RGBl.43ff.

70 Vgl. dazu ausführlich im 4.Teil, I. 3.

desrat durch einen Beschluß des Reichstages vom 6.April 1870[71] um die Vorlage einer Statistik bezüglich der Pockenschutzimpfung ersucht, um Zusammenhänge zwischen Impfungen und dem Rückgang der Erkrankungen nachzuweisen[72].

Berichte, die dem Reichstag ohne ein dahingehendes Gesetz oder einen Beschluß, also aus eigener Initiative der Regierung zugeleitet wurden, finden sich auch in der Zeit Bismarcks[73]. Vergleichsweise zahlreich sind die Berichte über die deutschen Kolonien[74]. Durch die Übertragung der "Schutzgewalt" durch Bundesrat und Reichstag auf den Kaiser, der damit eine umfassende Befugnis zur Verordnungsgebung besaß, war die Stellung der gesetzgebenden Organe hinsichtlich der Kolonien geschwächt[75], so daß die Berichte als gewisser Ausgleich zu sehen sind.

III. Weimarer Republik

Gegenüber der Reichsverfassung von 1867/71 erlangte der Reichstag nach der Weimarer Reichsverfassung zahlreiche zusätzliche Rechte: Der wie der Bundesrat der Bismarck-Zeit zur Vertretung der Länder berufene Reichsrat war nicht mehr neben dem Reichstag gleichberechtigter Gesetzgeber[76], sondern besaß lediglich ein Initiativ- (Art.69 WRV) und ein Einspruchsrecht (Art.74 WRV), so daß der Reichstag das alleinige Recht zur Gesetzgebung hatte. Außerdem war in der Weimarer Reichsverfassung in den Art.54 WRV die parlamentarische Verantwortlichkeit von Reichskanzler und den Reichsministern festgeschrieben: Die Mitglieder der Reichsregierung bedurften des Vertrauens des Reichstages; gemäß Art.59 war eine Anklage vor dem Staatsgerichtshof möglich. Der gewonnenen Stellung des Reichstages entsprachen neu hinzugekommene Informationsrechte. Art.33 WRV enthielt das den preußischen Verfassungsurkunden von 1848 und 1850 entlehnte Zitierrecht, welches nunmehr von einem bedeutenden Teil der Lehre über sei-

---

71 1.LP/I.Sess.,RT-StenoB, S.698.

72 Antrag des Abg. Götz in 1.LP/I.Sess., RT-StenoB, S.693f.

73 Z.B. Denkschrift betr. Ausgrabungen zu Olympia, 2.LP/IV.Sess., RT-Ds 18; Denkschrift betr. die Strandung des Dampfers "Deutschland", 2.LP/III.Sess., RT-Ds 146.

74 Vgl. diverse "Denkschriften": 6.LP/II.Sess., RT-Ds 44, 307; 9.LP/IV.Sess., RT-Ds 88; 11.LP/I.Sess., RT-Ds 54, 354; weitere im Generalregister zu den Verhandlungen des Reichstages, aaO., S.272ff.

75 G.v.17.4.1886 betr. die Rechtsverhältnisse der deutschen Schutzgebiete, RGBl.75 und vom 25.7.1900, RGBl.809.

76 Vgl. Art.5 Abs.1 Satz 1 RV v.1871: "Die Reichsgesetzgebung wird ausgeübt durch den Bundesrat und den Reichstag."

nen Wortlaut hinaus als die verfassungsrechtliche Gewährleistung der parlamentarischen Fragerechte angesehen wurde[77]. Gemäß Art.34 WRV konnte der Reichstag parlamentarische Untersuchungsausschüsse mit strafprozessualen Befugnissen einsetzen.

In der Anfangszeit der Weimarer Republik findet sich noch bei einzelnen Autoren die von *Laband* entwickelte systematische Ordnung der Zuständigkeit des Reichstages anhand formaler Kriterien[78], die auch das "Recht auf Kenntniserlangung"[79] durch parlamentarische Berichte enthielt. Dazu wurden die folgenden Berichtspflichten der Weimarer Reichsverfassung gezählt:

- Art.86 mit der Pflicht zur Rechnungslegung über die Einnahmen und Ausgaben des Reiches,
- die Pflicht aus Art.48 Abs.3 WRV, dem Reichstag Kenntnis von allen aufgrund von Art.48 Abs.1 und Abs.2 erlassenen Notverordnungen des Reichspräsidenten zu geben, worauf der Reichstag nach Art.48 Abs.3 WRV die Aufhebung der Verordnungen verlangen konnte.

Umfassendere Berichtspflichten enthielt die Verfassung nicht. Zwar wurde in der 1.Beratung des Verfassungsentwurfs in der Weimarer Nationalversammlung vom Abgeordneten Cohn (USPD) angeregt, entsprechend Art.II sec.3 der amerikanischen Verfassung eine Verpflichtung des Reichspräsidenten in die neue deutsche Verfassung aufzunehmen, jährlich dem Reichstag einen Rechenschaftsbericht zu erstatten[80]. Der Vorschlag führte aber nicht zum Erfolg.

Die vom Kaiserreich stammenden Institute der Kenntnis- und Genehmigungsverordnungen wurden jedoch weiter ausgebaut. In der jeweiligen Ermächtigungsnorm legte der Reichstag seine Mitwirkungsmöglichkeiten fest; beteiligt waren dabei nicht nur der Reichstag in seiner Gesamtheit durch das Plenum sondern auch Parlamentsausschüsse[81]. Zu den im Kaiserreich vorhandenen Mitwirkungsformen kamen weitere hinzu, z.B. die Möglichkeit der vorherigen Anhörung des Reichstages oder seiner Ausschüsse[82].

Ebenso wie in der Zeit des Bismarck-Reiches übermittelte die Reichsregierung dem Reichstag Übersichten über die Behandlung der Reichstagsbe-

---

77 Vgl. Anschütz, WRV, Art.33 Anm.1; näher dazu im 4. Teil, II.1.; 7. Teil, III.1. und 7.

78 Stier-Somlo, Deutsches Reichs- und Landesstaatsrecht I, § 75.

79 in: Das Staatsrecht des Deutschen Reiches, 1.Bd., 1.Aufl., 1876, S.505ff.

80 Vgl. Heilfron (Hrsg.), Die Deutsche Nationalversammlung im Jahre 1919 in ihrer Arbeit für den Aufbau des neuen deutschen Volksstaates, 2. Bd., 17.Sitz.d.Nat.-Vers. v. 28.2.1919, S.1001f.

81 Grupp, Zur Mitwirkung des Bundestages bei dem Erlaß von Rechtsverordnungen, DVBl. 1974, S.177ff., 177.

82 Grupp, aaO., S.177 m.w.N.; z.B. § 11 Futtermittelgesetz v.22.12.1926, RGBl.I 525; § 2 Brotgesetz v.17.7.1930, RGBl.I 299; § 52 Milchgesetz v.31.7.1930, RGBl.I 421.

schlüsse[83]. Darin sind auch die damals gefaßten Berichtsbeschlüsse unter Abdruck ihres Wortlautes enthalten[84].

Mit der Reichshaushaltsordnung vom 31.Dezember 1922[85] kam eine große Anzahl von gesetzlichen Berichtspflichten hinzu, die sich teilweise in kaum veränderter Form in der heutigen Bundeshaushaltsordnung wiederfinden:

- Nach § 22 RHO in Verbindung mit Art.85 WRV war der Reichshaushaltsplan bis zum 5.Januar vor Beginn jeden Rechnungsjahres vorzulegen[86].
- Gemäß § 33 Abs.1 Satz 3 RHO waren über- und außerplanmäßige Ausgaben im Betrage von 10.000 Reichsmark und darüber dem Reichstag vierteljährlich mitzuteilen[87].
- Die §§ 45, 14 RHO sicherten dem Reichstag ein Zustimmungsrecht bei der Ausführung von öffentlichen Bauten, sofern von den Feststellungen im Haushaltsplan abgewichen wurde.
- Nach § 47 Abs.2 bis 5 RHO bedurfte die Veräußerung von Grundstücken von erheblicher materieller usw. Bedeutung sowie die Veräußerung oder Belastung von "gesellschaftlichen Unternehmungen" der Zustimmung des Reichstages[88].
- Nach § 48 Satz 3 RHO war dem Reichstag Kenntnis von der Beteiligung des Reiches an Unternehmen zu geben.
- Nach § 80 RHO waren über- und außerplanmäßige Ausgaben (zusätzlich) in einer Anlage zu der dem Reichstag vorzulegenden Haushaltsrechnung zu begründen. Gemäß § 83 RHO war für diese Ausgaben eine Genehmigung u.a. des Reichstages erforderlich, ohne daß damit der Entlastung vorgegriffen worden wäre[89].
- Nach § 82 RHO war u.a. dem Reichstag alljährlich von den Veränderungen im Grundbesitze des Reichs Kenntnis zu geben.
- Nach § 84 Abs.2 RHO bestand eine Berichtspflicht für den Fall, daß über- und außerplanmäßige Ausgaben nicht genehmigt wurden, und versucht wurde, diese von den verantwortlichen Personen einzuziehen.

---

83 Übersichten sind u.a. enthalten in Bd.368 Ds-Nr.2361; Bd.371 Ds-Nr.3500; Bd.376 Ds-Nr.5506; Bd.380 Ds-Nr.6497; Bd.451 Ds-Nr.1069; Bd.452 Ds-Nr.1428; näher dazu im 4.Teil, I. 3.

84 Z.B. die Entschließung vom 3.7.1920 bei der Beratung eines vorläufigen Reichshaushaltsgesetzes zu § 2 Abs.3, "die Reichsregierung (Reichsverkehrsministerium) zu ersuchen, dem Reichstag darüber Auskunft zu erteilen, in welchen Ländern und mit welchen Beträgen Erhöhungen von Gehältern von Eisenbahnangestellten und Beamten nach Einleitung der Verhandlung über die sogenannte 'Verreichlichung' der Eisenbahnen erfolgt sind."

85 RGBl.1923 II 17.

86 Vgl. § 30 BHO.

87 Eingefügt durch Gesetz zur Änderung der RHO v.8.3.1930, RGBl.II 31; vgl. § 37 Abs.4 BHO.

88 Vgl. §§ 64, 65 BHO.

89 Vgl. § 85 Nr.1 BHO.

- Nach § 101 RHO hatte sich der Rechnungshof auf Ersuchen des Reichstages über Fragen gutachtlich zu äußern, deren Beantwortung für die Bewirtschaftung durch die Behörden von Bedeutung war. Damit war eine Bindung des Rechnungshofes auch an "schlichte" Parlamentsbeschlüsse festgeschrieben[90].
- Nach § 108 Abs.1 RHO hatte der Finanzminister die Bemerkungen des Rechnungshofes zur Reichshaushaltsrechnung u.a. dem Reichstag vorzulegen[91].
- Nach § 108 Abs.3 RHO waren die Rechnungen des Rechnungshofes von dessen Präsidenten u.a. dem Reichstag zur Prüfung und Entlastung mitzuteilen[92].
- Nach § 109 Abs.2 RHO hatte der Rechnungshof unter bestimmten Voraussetzungen einen Bericht über die Mängel in der Verwaltung etc. abzugeben. Dieser Bericht war teilweise auch dem Reichstag zuzuleiten.

Die Reichshaushaltsordnung enthielt mit diesen Berichtspflichten für den Reichstag verschiedene Beteiligungsmöglichkeiten am Haushalt des Reiches zusätzlich zu den in der Verfassung vorgesehenen Befugnissen der Verabschiedung des Haushaltsplanes als Gesetz und der Entlastung aufgrund der vorzulegenden Haushaltsrechnung. Hervorzuheben ist insbesondere die Bestimmung des § 108 Abs.1 RHO, durch die der Reichstag nunmehr auch einen indirekten Zugang zu den Prüfungsbemerkungen des Rechnungshofes erhielt.

Trotz dieser umfassenden Befugnisse trat die rechtsetzende Tätigkeit des Reichstages am Ende der Weimarer Republik - aber auch schon zu deren Beginn[93] - gegenüber der der Reichsregierung stark in den Hintergrund. Nur in der Zeit von 1925 bis 1930 kann von einer regulären Gesetzgebungstätigkeit gesprochen werden[94]. Wegen des Notverordnungsrechts nach Art.48 Abs.2 WRV dominierte die Regierung. Dem zersplitterten Reichstag konnte sie die von der Verfassung eröffneten Befugnisse entgegensetzen, nämlich den Reichstag gemäß Art.25 WRV ohne besondere Gründe auflösen, die Mitglieder der Reichsregierung gemäß Art.53 WRV ernennen und entlassen sowie gemäß Art.74 WRV bei Meinungsverschiedenheiten zwischen Reichstag und Reichsrat einen Volksentscheid herbeiführen zu können. Dem Reichstag wurden die erlassenen Verordnungen zwar vom Reichspräsidenten gemäß Art.48 Abs.3 Satz 1 WRV zur Kenntnisnahme vorgelegt, womit es jedoch sein Bewenden hatte. Von der Möglichkeit,

---

90 Vgl. jetzt anders § 88 Abs.2 BHO.

91 Vgl. jetzt anders Art.114 Abs.2 Satz 2 GG; § 114 Abs.1 BHO.

92 Vgl. § 101 BHO.

93 Allein Reichspräsident Ebert erließ in seiner Amtszeit bis 1923 136 Notverordnungen aufgrund Art.48 Abs.3 WRV.

94 Apelt, Geschichte der Weimarer Verfassung, S.262.

gemäß Art.48 Abs.3 Satz 2 die Aufhebung der Verordnungen zu verlangen, machte der Reichstag lediglich in drei Fällen Gebrauch[95].

IV. 1933-45

Nach der Ernennung Hitlers zum Reichskanzler am 30.Januar 1933 fand der Reichstag der Weimarer Republik in der von der Verfassung vorgesehenen Form sein Ende. Nachdem durch die "Reichstagsbrandverordnungen"[96] u.a. die wichtigsten Grundrechte außer Kraft gesetzt wurden, die Landesregierungen entmachtet und die Todesstrafe für eine größere Anzahl von Delikten eingeführt wurde, übertrug der Reichstag der Regierung im Ermächtigungsgesetz vom 24.März 1933[97] das Gesetzgebungsrecht. Die gemäß Art.76 WRV erforderliche verfassungsändernde Zweidrittelmehrheit beschaffte sich Hitler durch die Stimmen des "Zentrums" und Geschäftsordnungsmanipulationen[98]. Als schließlich im "Gesetz gegen die Neubildung von Parteien" vom 14.Juli 1933[99] alle Parteien bis auf die NSDAP für verboten erklärt wurden, existierte auch formal-rechtlich keine parlamentarische Opposition mehr.

---

95 Vgl. Bracher, Die Auflösung der Weimarer Republik, 5.Aufl., 1971, S.55 FN 122.

96 V.28.2.1933, RGBl.I 83.

97 "Gesetz zur Behebung der Not von Volk und Reich", RGBl.I 141.

98 Um einen Widerstand der Sozialdemokraten und der aufgrund der Notverordnungen schon verhafteten Kommunisten durch ein Fernbleiben von der Verhandlung zu verhindern, was zur Beschlußunfähigkeit geführt hätte, änderte die Reichstagsmehrheit in der Sitzung vom 24.3.1933 (RT-Ds Nr.5 Bd.357) die Geschäftsordnung und führte eine "Fiktion der Anwesenheit" ein:
Neuer § 2a:
"Wer ohne Urlaub oder infolge einer Erkrankung, die dem Abgeordneten die Teilnahme nicht tatsächlich unmöglich macht, an Vollsitzungen, Ausschußsitzungen oder Abstimmungen nicht teilnimmt, kann durch den Präsidenten bis zu sechzig Sitzungstagen von der Teilnahme an den Verhandlungen ausgeschlossen werden. Der Präsident gibt den Ausschluß in der Vollsitzung bekannt und teilt ihn dem Ausgeschlossenen schriftlich mit. § 91 Abs.1 Satz 2 und Abs.4 und § 92 finden Anwendung."
Neuer § 98 Abs.3:
"Als anwesend gelten auch die Mitglieder, die nach § 2a ausgeschlossen werden können."
In seiner Sitzung vom 15.9.1935 setzte der Reichstag seine Geschäftsordnung außer Kraft und gab dem Reichstagspräsidenten (Göring) die Befugnis zum Führen der Geschäfte, RT-StenoB Bd.458, S.57.; vgl. H.Schneider, Das Ermächtigungsgesetz vom 24.März 1933, in: Vierteljahreshefte für Zeitgeschichte 1953, S.197ff., 204f.

99 RGBl.I 479f.; vgl. dazu Bracher, Die nationalsozialistische Machtergreifung, 1960, S.214.

Die dem Reichstag gegenüber bestehenden Berichtspflichten wurden teilweise ausdrücklich aufgehoben, so insbesondere die Rechnungslegungspflicht in Art.86 WRV und die Berichtspflichten in der Reichshaushaltsordnung durch das eher unscheinbare "Gesetz über die zweite Änderung der Reichshaushaltsordnung und die zehnte Änderung des Besoldungsgesetzes" vom 13.Dezember 1933[100], in dem es in Art.II hieß:

"(2) Für die Dauer des Gesetzes zur Behebung der Not von Volk und Reich vom 24.März 1933 (RGBl.I 141) werden die Bemerkungen des Rechnungshofs zu den Reichshaushaltsrechnungen dem Reichsrat zur Kenntnisnahme vorgelegt.

(5) Für die in Abs.2 bezeichneten Rechnungsjahre finden die Vorschriften des Artikels 86 der Reichsverfassung und § 108 sowie diejenigen Vorschriften der Reichshaushaltsordnung keine Anwendung, in denen sonst Rechte und Pflichten für den Reichsrat oder den Reichstag begründet sind."[101]

Trotzdem bestand der Reichstag formal weiter und auch dem nationalsozialistischen Regime waren vor dem Reichstag abgegebene Berichte der Regierung, also Hitlers als "Führer", bekannt. Deren Funktionen änderten sich jedoch grundlegend von einem Informationsmittel des Parlaments zu einem Propagandainstrument Hitlers, was sich allein daran ablesen läßt, daß die Berichte nie vom Reichstag durch Gesetz oder Beschluß angefordert, sondern als "Regierungserklärungen" auf Regierungsinitiative mündlich vorgetragen wurden. Dazu schrieb die damalige Literatur:

"Der Reichstag ist kein Kontrollorgan - und damit kein Organ der Opposition mehr -, sondern er ist eine Einrichtung, die dazu dient, die politische Übereinstimmung von Volk und Regierung öffentlich zum Ausdruck zu bringen....Der Reichstag ist besonders geeignet als öffentliches Forum...für die Abgabe umfassender Berichte über die politische Gesamtlage....Der Reichstag ist damit zu einer Plattform...(von) Proklamationen, die für die Weltöffentlichkeit bestimmt sind, geworden."[102]

Der Reichstag bildete damit die notwendige Staffage begeisterter Claqueure, um der "Weltöffentlichkeit" mit Hilfe von Rundfunk, Wochen-

---

100 RGBl.II 1007.

101 Die Aufhebung der Verfassungsnorm des Art.86 WRV durch das einfache Gesetz war - formal-positivistisch argumentiert - zulässig, da nach Art.2 des Ermächtigungsgesetzes die Reichsregierung auch von der Verfassung abweichende Gesetze beschließen konnte, soweit sie nicht die Einrichtung des Reichstages zum Gegenstand hatten. Daß vom Parlament damit nur eine leere Hülse übrigblieb, war nach dieser Argumentation irrelevant.

102 E.R.Huber, Verfassungsrecht des Großdeutschen Reiches, 2.Aufl., 1939, S.208; aus heutiger Sicht etwa Grawert in: HdBStR I, § 4 Rdnr.25.

schauen etc. die Zustimmung der angeblichen "Volksvertretung" zu demonstrieren[103].

V. Die Entwicklung des parlamentarischen Berichtswesens unter dem Grundgesetz

1. 1949-69

Das Grundgesetz vom 23.Mai 1949[104] enthielt zunächst die hergebrachten Berichtspflichten in Art.110 (Entwurf des Haushaltsplanes) und Art.114 Abs.1 (Haushaltsrechnung). Außerdem wurde die vorher nur in der Reichshaushaltsordnung enthaltene Berichtspflicht des Rechnungshofes in Art.114 Abs.2 GG aufgenommen. Bis zur Haushaltsreform 1969 hatte der Bundesrechungshof jedoch nicht unmittelbar dem Bundestag zu berichten. Vielmehr waren die Prüfungsbemerkungen zusammen mit der Haushaltsrechnung vom Finanzminister vorzulegen[105].

Das später an Umfang immer mehr zunehmende parlamentarische Berichtswesen entwickelte sich in den ersten Jahren der Bundesrepublik nur allmählich. In der ersten Legislaturperiode von 1949 bis 1953 wurden keine gesetzlichen Berichtspflichten verabschiedet; der Bundestag faßte lediglich 8 Beschlüsse, die um einen einmaligen Bericht ersuchten, sowie 2 Beschlüsse, die eine regelmäßige Berichterstattung bewirken sollten. Auf der anderen Seite gab die Bundesregierung vor dem Bundestag auf eigene Initiative 27 Regierungserklärungen ab. In den folgenden Jahren nahmen die Berichtsanforderungen des Bundestages dann jedoch kontinuierlich zu. Die auch heute noch bestehenden gesetzlichen Berichtspflichten, die die Bundesregierung zu regelmäßigen Berichten verpflichteten, wurden zu einem großen Teil Ende der 50er und insbesondere in den 60er Jahren verabschiedet:

Hervorzuheben sind als erste periodische gesetzliche Berichtspflichten die §§ 4 und 5 LWG vom 5.Sept.1955[106] ("Bericht über die Lage der Landwirtschaft" oder auch "Grüner Bericht" (§ 4) und "Grüner Plan" (§ 5), der heu-

---

103 Nach Huber, aaO., S.208 gab Hitler vor dem Reichtag u.a. folgende Berichte ab: 17.5.1933: Grundsätze nationalsozialistischer Außenpolitik; 13.7.1934: Abrechnung mit innenpolitischen Gegnern ("Röhm-Putsch"); 21.5.1935: Grundlagen der deutschen Wehrpolitik; 15.9.1935: Zur Rassenpolitik; 7.3.1936: Europäischer "Friedensplan"; 20.2.1938: Übersicht über Wirtschaftsentwicklung und Außenpolitik.

104 BGBl.1.

105 Zur Entwickung vgl. etwa Maunz in: M/D/H/S, Art.114 Rdnr.9.

106 BGBl.I 565.

tige "Agrarbericht")[107]; die durch die Arbeiter- bzw. Angestelltenversicherungs-Neuregelungsgesetze vom 23.Febr.1957[108] eingefügten §§ 1273 RVO und 50 AVG ("Rentenanpassungsbericht"); der Art.2 des Zustimmungsgesetzes zu den Römischen Verträgen vom 27.Juli 1957[109] ("EG-Vorlagen"); der durch das Unfallversicherungs-Neuregelungsgesetz vom 30.April 1963[110] eingefügte § 722 RVO ("Unfallverhütungsbericht") und § 11 des Raumordnungsgesetzes vom 8.April 1965[111] ("Raumordnungsbericht"). Mit dem Stabilitätsgesetz vom 8.Juni 1967[112] kamen dann zunächst weitere drei Berichtspflichten (§ 2: "Jahreswirtschaftsbericht"; § 9: "Finanzplan"; § 12: "Subventionsbericht"), später sogar noch eine vierte Berichtspflicht (§ 10 StabG i.V.m. § 50 Abs.5 des Haushaltsgrundsätzegesetzes vom 19.Aug. 1969[113]: "Investitionsprogramme") hinzu. All diese Vorschriften verpflichteten die Bundesregierung zu regelmäßigen umfassenden Berichten und sind bis auf die §§ 1273 RVO, 50 AVG (abgelöst durch § 154 SGB VI: Rentenversicherungsbericht) heute noch in Kraft.

Demgegenüber wurden auch Berichtsgesetze verabschiedet, die die Bundesregierung zu einem einmaligen Bericht verpflichteten (u.a. Art.VI des Gesetzes über Maßnahmen zur Förderung der ganzjährigen Beschäftigung in der Bauwirtschaft... vom 7.Dez.1959[114]; § 6 des Gesetzes über eine Untersuchung der Konzentration in der Wirtschaft vom 31.Dez.1960[115]; § 4 des Gesetzes über eine Untersuchung von Maßnahmen zur Verbesserung der Verkehrsverhältnisse der Gemeinden vom 1.Aug.1961[116]).

Mit der Bundeshaushaltsordnung und dem Haushaltsgrundsätzegesetz jeweils vom 19.August 1969[117] wurden die zahlreichen Berichtspflichten aus der Reichshaushaltsordnung, nach der bis dahin verfahren wurde, übernommen oder geändert. Außerdem kamen neue Berichtspflichten hinzu, u.a. nach § 31 BHO der Finanzbericht[118] zusätzlich zum Finanzplan nach § 9 StabG.

107 Dazu Curt Puvogel, Der Weg zum Landwirtschaftsgesetz, 1957.
108 BGBl.I 45 bzw. 88.
109 BGBl.II 753.
110 BGBl.I 241.
111 BGBl.I 306.
112 BGBl.I 582.
113 BGBl.I 1273.
114 BGBl.I 705.
115 BGBl.I 1961, 9.
116 BGBl.I 1109.
117 BGBl.I 1284 bzw. 1273.
118 Vgl. auch § 10 Abs.1 und Abs.2 BHO; § 50 HGrG.

Auch in das Grundgesetz nahm der Gesetzgeber in dieser Zeit einige neue Berichtspflichten auf: Nach Art.76 Abs.3 Satz 2 GG[119] muß die Bundesregierung zu Gesetzesvorlagen des Bundesrates eine eigene Stellungnahme abgeben, ebenso muß sie Stellung nehmen im Falle des Art.113 Abs.1 Satz 4 GG[120]. Außerdem wurde der Bundesrechnungshof nach Art.114 Abs.2 Satz 2 GG[121] nunmehr zu unmittelbaren Berichten an den Bundestag verpflichtet.

Schon zuvor gelangte durch die Notstandsgesetzgebung 1968[122] Art.115f Abs.2 in das Grundgesetz, der die Bundesregierung zur Unterrichtung u.a. des Bundestages im Verteidigungsfall verpflichtet, wenn sie den Bundesgrenzschutz im gesamten Bundesgebiet einsetzt, Weisungen an die Landesregierungen und -behörden erteilt und "Kommissare" in den Ländern bestellt.

Noch wesentlich zahlreicher sind Berichtsbeschlüsse gefaßt worden. Allein in der vierten Legislaturperiode (1961-65) stieg die Zahl der Berichtsbeschlüsse, die zu einmaligen Berichten aufforderten, schon auf 50. Aufgrund von 8 Beschlüssen sollten regelmäßige Berichte vorgelegt werden.

Insgesamt faßte in der Zeit von 1949 bis 1969 der Bundestag 47 "schlichte" Beschlüsse oder verabschiedete Gesetze, die zu regelmäßigen Berichten verpflichteten und damit, sofern sie nicht ausdrücklich aufgehoben wurden, auf eine unbegrenzte Geltung angelegt waren[123]. Als Beispiele für derartige Beschlüsse können die Entschließungen vom 4.Nov.1949[124] ("Übersicht über die Beschäftigung Schwerbehinderter bei den Bundesdienststellen"), vom 4.Juli 1958[125] ("Jahresbericht über die Beteiligungen des Bundes"), vom 8.Dez.1966[126] ("Bericht über die Anwendung des Artikels 119 EWG-Vertrag"), sowie vom 28.Juni 1967[127] ("Bericht zur Lage der Nation im geteilten Deutschland")[128] genannt werden, die jeweils eine langandauernde, regelmäßige Berichterstattung bis in die heutige Zeit zur Folge hatten.

---

119 Eingefügt durch Gesetz v.17.7.1969, BGBl.I 817.

120 Eingefügt durch Gesetz v.12.5.1969, BGBl.I 357.

121 Neu gefaßt durch Gesetz v.12.5.1969, BGBl.I 357.

122 V.24.6.1968, BGBl.I 709.

123 Alle Berichtsgesetze, -ersuchen und Berichte von 1949 bis 1987 sind aufgeführt bei Schindler, Datenhandbuch 1949-82, S.449ff.; 1980-87, S.381ff.

124 BT-Ds I/131.

125 Umdruck 156.

126 BT-Ds V/1177.

127 BT-Ds V/1898.

128 Vgl. dazu Art.II sec.3 der amerik. Verfassung von 1787, näher dazu oben im 2.Teil, I.

2. *Reformbestrebungen Anfang der siebziger Jahre*

Nach dem Amtsantritt der sozial-liberalen Koalition 1969 begannen auf Regierungsseite Überlegungen zur Reform des Berichtswesens. Bundeskanzler *Brandt* hatte zuvor in seiner Regierungserklärung am 28.Oktober 1969 versprochen[129]:

> "Die Bundesregierung wird im kommenden Jahr, dem ersten des neuen Jahrzehnts, in Ergänzung dieser Erklärung ihre Pläne und Vorhaben auf dem Gebiet der inneren Reform unseres Landes dem Parlament und der Öffentlichkeit in Einzelberichten unterbreiten. Sie wird im Januar 1970 den Bericht zur Lage der Nation erstatten, im Februar den Jahreswirtschaftsbericht zur Diskussion stellen. Im März wird die Bundesregierung den Bericht über die Lage der Landwirtschaft, im April den Sozialbericht vertreten. Im Mai wird die Bildungs- und Wissenschaftspolitik der Bundesregierung, im Juni das Weißbuch zur Verteidigungspolitik vorgetragen werden. Nach den Parlamentsferien werden Berichte über die Verkehrspolitik und die Gesundheitspolitik, über Raumordnung und Städtebau, über die Vermögensbildung und über die Steuerreform folgen. Damit werden das Parlament und die Öffentlichkeit im ersten der 70er Jahre ein umfassendes Bild über die Reformpolitik der Bundesregierung gewinnen können."

Die Bundesregierung griff damit zur Darstellung ihrer Reformpolitik zunächst auf die vorhandenen Berichte zurück. Darüberhinaus versprach *Brandt* jedoch auch weitere Berichte, die vom Bundestag nicht angefordert worden waren, so den Sozial-, Bildungs-, Verkehrs-, Gesundheits-, Städtebau-, Vermögensbildungs-, und den Steuerreformbericht sowie das Verteidigungsweißbuch. All diese Berichte bis auf den Vermögensbildungsbericht wurden dem Bundestag später auch vorgelegt[130]. Jedoch blieb es bei allen Berichten bis auf den Sozialbericht und dem Weißbuch zur Verteidigungspolitik bei einem oder einigen wenigen Berichten, so daß keine neue durchgängige Praxis geschaffen wurde. Erst die Regierung unter Bundeskanzler *Kohl* nahm ab 1983 zur Darstellung ihrer (neuen) Politik die Praxis der auf

---

129 BT-StenoB VI/5/28.10.69, S.30.

130 Die jeweiligen Berichte sind enthalten in: Sozialbericht: BT-Ds VI/643, 2155, 3432; 7/1167, 4953; 8/1805, 4327; kein Bericht in der 9.LP; 10/842, 5810. Bericht zur Bildungspolitik: BT-Ds VI/925. Verkehrsbericht 1970: BT-Ds VI/1350. Gesundheitsbericht: BT-Ds VI/1667. Städtebaubericht: BT-Ds VI/1497; 7/3583. Bericht über den Stand der Steuerreform: BT-Ds VI/1152. Weißbuch zur Verteidigungspolitik: BT-Ds V/4100; VI/765, 2920; 7/1505, 4554; 8/3568, seitdem erscheint das Weißbuch nur noch als Sonderdruck. Die Sozial- und der Städtebauberichte fanden im Bundestag so großen Anklang, daß die Bundesregierung in Beschlüssen zu weiteren Berichten aufgefordert wurde, vgl. für den Sozialbericht Beschl.v.10.12.1986, BT-Ds 10/6704, für den Städtebaubericht Beschl.v.23.1.1976, BT-Ds 7/4665.

eigene Initiative dem Parlament vorgelegten Berichte, allerdings in geringerem und vom Thema her begrenzterem Umfange, wieder auf[131].

Das so 1969 in den Dienst der sozial-liberalen Reformbestrebungen gestellte Berichtswesen erwies sich aber in der damaligen Form nicht als tauglich zur systematischen Darstellung der neuen Regierungspolitik. Deshalb regte schon in der ersten Sitzung der neu geschaffenen "Planungsbeautragten" der Chef des Bundeskanzleramtes, Bundesminister *Ehmke*, an, die Berichte der Bundesregierung "in Aufbau, Darstellungsweise und Inhalt aufeinander abzustimmen"[132]. Daraufhin beauftragten die Planungsbeauftragten am 5.Februar 1970 eine interministerielle Arbeitsgruppe "Vorstellungen und Vorschläge zur Verbesserung der Berichte der Bundesregierung sowie Ansätze zur Aufstellung eines integrierten Berichtssystems zu entwickeln".

Die Vorschläge der Arbeitsgruppe zielten auf eine Vereinheitlichung von Inhalt und Form der Berichte, ihre gegenseitige Abstimmung und Koordinierung[133]. Sie wurden zwar nicht veröffentlicht, beeinflußten jedoch Theorie und Praxis. So sind seitdem Fortschritte bei der äußeren Gestaltung der Berichte festzustellen; ein Inhaltsverzeichnis und eine Zusammenfassung enthalten nunmehr die meisten Berichte. Inhaltlich übernahmen aber nur wenige Berichte die Vorstellungen der Arbeitsgruppe[134]. In der Literatur beeinflußten sie u.a. die grundlegende Arbeit von *Derlien*[135].

In der Praxis von Bundestag und Bundesregierung sind bis auf wenige Ausnahmen jedoch keine weiteren Bemühungen um eine Systematisierung und Vereinheitlichung des Berichtswesens zu erkennen. Die bis 1970 beste-

---

131 Folgende neue Berichte wurden in der 10.LP auf eigene Initiative der Bundesregierung erstattet: "Bericht über die deutsche Sprache in der Welt", BT-Ds 10/3784; "Bericht zur Sicherung der Zukunftschancen der Jugend in Ausbildung und Beruf", BT-Ds 10/1716; "Programm 'Umweltforschung und Umwelttechnologie' 1984 bis 1987", BT-Ds 10/1280; "Konzeption der Bundesregierung zur Förderung der Mikroelektronik, der Informations- und Kommunikationstechniken", BT-Ds 10/1281; "Programm der Bundesregierung 'Angewandte Biologie und Biotechnologie'", BT-Ds 10/3724; "Bericht über die Bevölkerungsentwicklung in der Bundesrepublik Deutschland", BT-Ds 10/863; "Formaldehyd-Bericht", BT-Ds 10/2602; "Programmatische Schwerpunkte der Raumordnung", BT-Ds 10/3146; "Verkehrsbericht" (!), BT-Ds 10/2695; "Energiebericht", BT-Ds 10/6073.

132 Ausführlich dazu Bebermeyer, Regieren ohne Management?, S.78ff.; vgl. auch Ehmke, Planung im Regierungsbereich - Aufgaben und Widerstände, in: Bulletin des Presse- und Informationsamts der Bundesregierung 1971, Nr.187, S.2026ff.

133 Ausführlich dazu im 12.Teil, I.

134 So die Agrarberichte des Landwirtschaftsministeriums, vgl. Bebermeyer, aaO., S.81, 108 FN 88.

135 Das Berichtswesen der Bundesregierung - Ein Mittel der Kontrolle und Planung, ZParl 1975, 42ff. FN 4.

hende Übung, Berichtspflichten in den verschiedensten Gesetzen unterzubringen oder im Einzelfall Beschlüsse zu fassen, wurde beibehalten und sogar ausgebaut. Mittlerweile hat die Bundesregierung 78 Berichtspflichten nachzukommen, die regelmäßige Berichte verlangen[136], hinzu kommen die Berichtspflichten, die einmalige Berichte verlangen; in der 10. Legislaturperiode etwa wurden 83 derartige Berichtsbeschlüsse gefaßt[137].

Im Laufe der weiteren Entwicklung wurde die schon von der Arbeitsgruppe "Berichte der Bundesregierung" gesehene Planungsfunktion der Berichtspflichten immer mehr erkannt. Deutlich wurde dies insbesondere in den von 1971 bis 1973 auf Bundes- und Länderebene vorgelegten Entwürfen der "Planungskontrollgesetze"[138], zu deren Verabschiedung es jedoch nicht kam. Darin nahmen Berichtspflichten eine dominierende Rolle ein. Sie sollten der turnusmäßigen und laufenden Unterrichtung der Parlamente über den Stand der Planung, des Planungsvollzugs und der Planfortschreibung dienen. Die Planungsfunktionen der Berichtspflichten als Mittel zur Kontrolle der Regierungsplanung, aber auch als Instrument, um die Regierung erst zur Aufstellung von Plänen anzuhalten, trat darin zu Tage[139].

3. *Die weitere Entwicklung*

Mitte der siebziger Jahre schließlich entwickelten insbesondere die Sozialwissenschaften ein lebhaftes Interesse an Berichtspflichten gegenüber den Parlamenten. Angeregt durch amerikanische Forschungen widmete man sich in der zunehmenden leistenden Verwaltung dem Problem der "Evaluation" staatlicher Maßnahmen[140]. Auch die Parlamente als Gesetzgeber sind nunmehr in die Diskussion einbezogen. Als Mittel der Erfolgsbewertung von Gesetzen erkannte man das vom Bundestag praktizierte Verfahren, der Bundesregierung bei der Verabschiedung des jeweiligen Gesetzes in der Regel

---

136 Bis zum Anfang der 12.LP. Zusammengefaßt sind Berichtsgesetze und -beschlüsse; zu letzteren werden nur solche Beschlüsse gezählt, denen die Bundesregierung auch tatsächlich nachkommt.

137 Vgl. Anhang.

138 Vgl. dazu Walter P.Becker, Synopse der bisherigen Planungskontrollgesetzentwürfe, ZParl 1974, 184ff., sowie ders., Möglichkeiten einer Beteiligung der Parlamente an der staatlichen Planung, ZParl 1974, 167ff., 179ff.

139 Näher dazu im 5.Teil, I. 4.

140 Einen guten geschichtlichen Überblick geben Hellstern/ Wollmann in: HdBEvF, S.17ff.m.w.N., zu parlamentarischen Berichten vgl. S.58ff.

durch Beschluß die Berichtspflicht aufzuerlegen, die mit dem Gesetz in der Praxis gemachten Erfahrungen später mitzuteilen[141]. Dabei werden jedoch die Berichtspflichten recht einseitig nur in einer bestimmten Funktion gesehen und außerdem andere parlamentarische Informationsmöglichkeiten, die dem gleichen Zweck dienen können, oft übersehen.

Auf Seiten des Bundestages begannen zur Erfolgsbewertung von Gesetzen aber auch von "schlichten" Parlamentsbeschlüssen durch Berichtspflichten im Zuge der Initiativen zur Parlamentsreform in der 11.Legislaturperiode Überlegungen. So schlug Bundestagspräsident *Jenninger* ein generelle Berichtspflicht für jedes neu verabschiedete Gesetz vor. Die Bundesregierung habe "obligatorisch nach einer bestimmten Zeit (z.B. zwei oder drei Jahre) über Erfahrungen beim Vollzug, Grad der Zielerreichung und Wirkungsweise der Normen zu berichten. Die Beschlußempfehlung des Ausschusses zum Gesetz enthält regelmäßig - entweder als Vorschrift im Gesetz selbst oder als gesonderte Entschließung - den Zeitpunkt, zu dem der Bericht vorzulegen ist." An Hand dessen sollten die Ausschüsse "Vollzugshearings" durchführen[142]. Ebenso beantragte die "Interfraktionelle Initiative Parlamentsreform" mit der Abgeordneten *Hamm-Brücher* die Wiedereinführung der §§ 115, 116 GOBT a.F.[143]. Bisher sind diese Initiativen allerdings nicht mit Erfolg beschieden worden.

---

141 Näher dazu im 6.Teil.

142 Vorschläge und Überlegungen zur Verbesserungen der parlamentarischen Arbeit vom 11.9.1987 und 18.2.1988, wiedergegeben bei Ismayr, ZParl 1990, 557.

143 BT-Ds 11/2206 unter Nr.14, näher dazu im 4.Teil, I. 3.

3. Teil: Verfahrensgänge

Parlamentarische Berichte können durch "schlichte" Parlamentsbeschlüsse oder formelle Gesetze auf "einfachgesetzlicher" oder Verfassungsebene angefordert werden. Außerdem werden Berichte auch aufgrund eigener Initiative des Berichterstatters ohne einen entsprechenden Wunsch des Bundestages übermittelt. Über diese formalen Wege hinaus kommt es im Berichtswesen in manchen Fällen auch zu Berichten aufgrund einseitiger Zusagen der Regierung oder Absprachen in Ausschüssen. Die von Bundeskanzler *Brandt* in seiner Antrittserklärung vom 28.Oktober 1969 angekündigten Berichte[1] beruhen etwa auf einer solchen einseitigen Erklärung.

Die Parlamentsverwaltungen des Bundestages und der meisten Landtage führen, um die Einhaltung von Berichtspflichten und derartigen Zusagen sicherzustellen, nicht veröffentlichte "Überwachungslisten", in denen außer den Berichtspflichten durch Gesetz oder Beschluß auch oft diese Ankündigungen festgehalten werden[2].

Im folgenden werden 1. die verschiedenen Verfahrensgänge bei der Anforderung von Berichten durch den Bundestag, 2. die Behandlung der Berichtswünsche durch die Bundesregierung als hauptsächlich[3] in Anspruch genommenem Berichterstatter sowie 3. die Behandlung der erstatteten Berichte im Bundestag untersucht.

I. Die Anforderung parlamentarischer Berichte durch den Bundestag

1. Berichtsgesetze

Berichtsgesetze werden im Gesetzgebungsverfahren nach den Art.76ff. GG sowie den Bestimmungen der Geschäftsordnung des Bundestages gefaßt. Dabei kann der jeweilige Berichtspflichttatbestand als einfaches Gesetz oder

---

1 Vgl. dazu oben im 2.Teil, V. 2.

2 So etwa beim baden-württembergischen Landtag, vgl. Lothar Gaa, Evaluierung - ein Stück Parlamentsreform, Anhang, in: HdBEvF, S.449ff., 457; vgl. außerdem bad.-württ. LT-Ds 9/938.

3 Zu anderen Berichterstattern vgl. den 8.Teil, II.

aber im qualifizierten Gesetzgebungsverfahren als Verfassungsnorm verabschiedet werden.

Grundsätzlich sind nach § 78 Abs.1 GOBT zur Beratung des Gesetzes drei Lesungen vorgeschrieben; außerdem wird in der Regel die Gesetzesvorlage nach der ersten Lesung einem Ausschuß überwiesen. Berichtspflichttatbestände sind meist in "Muttergesetzen" enthalten, deren Regelungsgegenstand sich oft mit dem Berichtsthema deckt. Bei Gesetzesvorlagen, die auf einer Regierungsinitiative beruhen[4], wird in der Praxis häufig das entsprechende Berichtsgesetz erst nach den Ausschußberatungen in das jeweilige "Muttergesetz" aufgenommen, so daß der eigentliche Berichtspflichttatbestand nur 2 Lesungen erfährt. Oft geschieht die Aufnahme auf Anregung der Oppositionsfraktionen, denen im Rahmen eines Kompromisses von der Ausschußmehrheit das Berichtsgesetz zugestanden wird[5], da meist auch diese ein Interesse an der Einfügung der Berichtspflicht hat, etwa um bei den von anderen politischen Mehrheiten regierten Bundesländern die Ausführung der Bundesgesetze zu überprüfen[6]. Der jeweilige Tatbestand ist dann in der Beschlußempfehlung des federführenden Ausschusses, der die Annahme des jeweiligen "Muttergesetzes" zusammen mit dem neuen Berichtspflichttatbestand empfiehlt, enthalten.

Wenn der Berichtspflichttatbestand mit Verfassungsrang versehen werden soll[7], muß gemäß Art.79 GG verfahren werden.

Nach Art.77 GG ist im weiteren Gesetzgebungsverfahren auch der Bundesrat zu beteiligen. Sofern das jeweilige Gesetz der Zustimmung des Bundesrates bedarf, bezieht sich dies auch auf die Berichtspflicht. Dies ist zunächst verwunderlich, da letztlich einem anderen Staatsorgan ein Mitentscheidungsrecht über die bloße Information des Bundestages eingeräumt wird. Im Vergleich zu anderen parlamentarischen Informationsrechten ist dies einmalig. So wäre es völlig systemfremd, dem Bundesrat etwa ein Mitentscheidungsrecht über die Einsetzung eines parlamentarischen Untersuchungsausschusses einzuräumen. Für Berichtsgesetze muß an der Beteiligung des Bundesrates jedoch als Konsequenz der Wahl des Parlamentsgesetzes als Informationsbeschaffungsmittel festgehalten werden. Dem Bundestag ist es aber möglich, den Berichtspflichttatbestand vom "Muttergesetz" zu isolieren

---

4 In der 10.Legislaturperiode waren dies 53,6 % aller eingebrachten und 74,1 % aller verabschiedeten Gesetzentwürfe; vgl. Schindler, Datenhandbuch 1980-87, S.547.

5 So kam es etwa zu § 722 RVO (Unfallverhütungsbericht), der aufgrund eines Antrags der SPD-Minderheit in den Ausschußbericht der Mehrheit aufgenommen wurde, vgl. dazu BT-Ds IV/938, S.23; Gitter in: Aye/Bley/Göbelsmann, RVO, Bd.6, § 722.

6 Vgl. auch Ismayr, ZParl 1990, 556f.

7 Vgl. Art.76 Abs.3 Satz 2, 110, 113 Abs.1 Satz 4, 114 Abs.1 und 2 GG.

und als selbständiges Informationsgesetz zu verabschieden[8]. In diesem Fall bedarf das Gesetz nicht der Zustimmung des Bundesrates, selbst wenn das Berichtsthema einen zustimmungsbedürftigen Regelungsgegenstand betrifft, da mit dem Informationsgesetz der jeweilige Gegenstand noch nicht abschließend geregelt wird[9]. In der Praxis spielt sich die Beteiligung des Bundesrates an Informationsgesetzen weitgehend problemlos ab. In einigen Fällen legt die Ländervertretung aber Wert darauf, daß ihr ebenfalls die Berichte vorgelegt werden und sie auch als Adressat der Berichtspflicht genannt wird.

Der Bundespräsident, der gemäß Art.82 GG die Bundesgesetze ausfertigt und verkündet, legte bisher nicht Wert darauf, ebenfalls als Adressat aufgeführt zu werden - vermutlich wegen der ihm gegenüber bestehenden umfassenden Berichtspflicht nach § 5 der Geschäftsordnung der Bundesregierung.

2. *Berichtsbeschlüsse*

Berichtsersuchen, also "schlichte" Parlamentsbeschlüsse, die zu Berichten auffordern, können mittels selbständiger Anträge, Entschließungsanträgen oder Beschlußempfehlungen der Ausschüsse, die jeweils Vorlagen im Sinne des § 75 der Geschäftsordnung des Bundestages sind, herbeigeführt werden.

Entschließungsanträge sind im Gegensatz zu selbständigen Anträgen gemäß § 75 Abs.1 Buchstabe d GOBT akzessorischer Natur und stehen im Zusammenhang mit in § 75 Abs.2 Buchstabe c GOBT beispielhaft aufgezählten Gesetzentwürfen, Unterrichtungen, Regierungserklärungen, Großen Anfragen, Entschließungen des Europäischen Parlaments, EG-Vorlagen, Stabilitätsvorlagen und Rechtsverordnungen. Beide Formen von Anträgen sind nach § 76 Abs.1 GOBT von einer Fraktion oder von 5 % der Mitglieder des Bundestages zu stellen. Anträge sind also Minderheitenrechte.

In der Praxis enthalten der selbständige oder unselbständige Antrag, aber auch die Beschlußempfehlungen der Ausschüsse, zunächst die Formel: "Der Bundestag wolle beschließen". Sodann folgt wie im späteren Beschluß die weitere Eingangsformel: "Die Bundesregierung wird ersucht, bis zum ... über ... zu berichten. " Eine ausdrückliche Vorschrift existiert dafür jedoch nicht, wie auch sonst die Berichtsanforderungen des Bundestages im Gegensatz zu den Berichten selbst keine besondere Regelung in der Geschäftsordnung gefunden haben.

---

8 Vgl. Herzog in: HdBStR II, § 45 Rdnr.15 m.w.N.

9 Vgl. z.B. die Formulierungen in Art.106 Abs.3 Satz 3, Abs.4 Satz 2 GG.

Die Vorlage ist damit in der Regel zulässig und muß vom Parlamentspräsidenten entgegengenommen werden.

In der Praxis werden weitaus die meisten Berichtsbeschlüsse nach Beschlußempfehlungen der Ausschüsse gefaßt. Vereinzelt geschieht dies auch aufgrund von Entschließungsanträgen. Äußerst selten sind selbständige Anträge, die zu Berichtsbeschlüssen führen[10].

Beschlußempfehlungen der Ausschüsse wurden bis zur Geschäftsordnungsänderung 1980 ebenfalls als Anträge der Ausschüsse bezeichnet, vgl. § 74 Abs.2 Satz 1 GOBT a.F.[11] Im Gegensatz zu den heutigen Anträgen können Beschlußempfehlungen nur Ausschußmehrheiten fassen.

Die Beschlußempfehlung, die auf ein Berichtsersuchen gerichtet ist, ist im Gegensatz zu den in Gesetzen enthaltenen Berichtspflichttatbeständen hier zusätzlich zu der Empfehlung enthalten, das Gesetz in der jeweiligen Form zu verabschieden. Im Gegensatz zu den Berichtsgesetzen handelt es sich dabei also um zwei Beschlußempfehlungen. Mit dem Berichtsersuchen wird eine "Entschließung", ein "schlichter" Parlamentsbeschluß, beantragt. Ein Beispiel für eine große Anzahl weiterer Beschlußempfehlungen ist die folgende Empfehlung:

"Der Bundestag wolle beschließen,

1. den von den Fraktionen der SPD und FDP eingebrachten Entwurf eines Gesetzes über die Sozialversicherung der selbständigen Künstler und Publizisten (Künstlersozialversicherungsgesetz - KSVG) - Drucksache 9/26 - in der aus der anliegenden Zusammenstellung ersichtlichen Fassung anzunehmen.

2. *folgende Entschließung anzunehmen:*

Die Bundesregierung wird ersucht, dem Bundestag bis zum 30.Juni 1987 über die mit dem Künstlersozialversicherungsgesetz gewonnenen praktischen Erfahrungen zu berichten und gegebenfalls für notwendig angesehene Änderungsvorschläge zu unterbreiten."

Inhaltlich ist der Gegenstand der Beratung des Antrags oder der Beschlußempfehlung nach § 78 Abs.1 GOBT begrenzt allein auf den Antrag auf das Berichtsersuchen[12]. Demzufolge kann hier nur beraten werden, ob für die Mehrheit des Hauses ein durch den Antrag beschriebenes Informati-

---

10 Ein Beispiel für einen selbständigen Antrag ist der Antrag der Fraktion der Föderalistischen Union in BT-Ds I/2976 betreffend Verhandlungen über den deutschen Verteidigungsbeitrag, der zu einem Berichtsbeschluß am 24.1.1952, BT-StenoB I/188/24.1.1952, S.8008 (8017) führte. Ein weiteres Beispiel ist der selbständige Antrag auf eine "Berichtspflicht der Bundesregierung über die Vereinten Nationen" v.7.3.1990, BT-Ds 11/6604.

11 Dazu Kabel in: Schneider/Zeh, § 31 Rdnr.3f.; Ritzel/Bücker, § 75, S.3.

12 Vgl. Äußerung des GO-Ausschusses, wiedergegeben bei Witte-Wegmann, Recht und Kontrollfunktion, S.49 FN 28.

onsbedürfnis besteht, ob die erbetenen Tatsachen nicht schon bekannt sind, ob der Bericht zur Wahrnehmung der parlamentarischen Aufgaben notwendig ist etc. Gegenstand ist also nicht der Meinungsstand des Plenums zum angesprochenen Thema, so daß eine umfassende Diskussion über diesen Umweg nicht herbeigeführt werden darf.

Nach Schluß der Aussprache und möglichen kurzen Erklärungen nach § 31 GOBT findet die Abstimmung statt. Bei Annahme des Antrags liegt der erforderliche Berichtsbeschluß vor. Er bedarf nur der Abstimmungsmehrheit[13]. Der Beschluß wird der Bundesregierung vom Bundestagspräsidenten zugeleitet. Auch dafür existiert allerdings keine besondere Vorschrift der Geschäftsordnung.

II. Die Behandlung der Berichtsanforderungen durch die Bundesregierung

Für das Verfahren zur Erstattung parlamentarischer Berichte durch die Bundesregierung gilt nach Art.65 Satz 2 GG das *Ressortprinzip*. Aus der selbständigen Leitung der Geschäftsbereiche durch die Bundesminister folgt, daß grundsätzlich diese die Berichte abzufassen haben[14]. Für Berichtsbeschlüsse, nicht aber für -gesetze, ist dies in § 11 GGO II konkretisiert: Danach erteilt bei Ersuchen an die Bundesregierung der federführende Minister, der Parlamentarische Staatssekretär oder der Staatssekretär die Antwort.

Für die Gesamt- und Ressortberichte erfährt das Ressortprinzip jedoch eine Ausnahme. In der Regel betreffen diese Berichte die Richtlinien der Politik, so daß der Bundeskanzler nach Art.65 Satz 1 GG (vgl. § 11 Satz 5 i.V.m. § 6 Abs.1 GGO II) auch selber berichten kann. Dies geschah bisher insbesondere beim "Bericht zur Lage der Nation im geteilten Deutschland", der vom Bundestag durch Beschluß angefordert wurde, sowie bei vielen Regierungserklärungen auf eigene Initiative der Regierung.

Ebenso betreffen Gesamt- und Ressortberichte "Angelegenheiten von allgemeiner innen- oder außenpolitischer, wirtschaftlicher, sozialer, finanzieller oder kultureller Bedeutung". Sie sind deshalb nach § 15 Abs.1 GOBReg der Bundesregierung - dem Kabinett - "zur Beratung und Beschlußfassung" zu unterbreiten. Gesamt- und Ressortberichte sind zwar in der Aufzählung in § 15 Abs.1 a bis f und Abs.2 GOBReg nicht aufgeführt. Lediglich bei

---

13 Vgl. Versteyl in: v.Münch, Art.42 Rdnr.20ff.

14 Ausführlich zur inneren Ordnung der Bundesregierung vgl. etwa Achterberg in: HdBStR II, § 52 m.w.N.

Meinungsverschiedenheiten zwischen verschiedenen Ministerien "über die Entwürfe der Finanzplanung...und des Haushaltsplanes, wenn es sich um Angelegenheiten von grundsätzlicher Bedeutung für den betroffenen Bundesminister oder erheblicher finanzieller Bedeutung handelt", ist dies ausdrücklich vorgeschrieben. Da jedoch Gesamt- und Ressortberichte in der Regel allgemeine Bedeutung haben[15], ist für diese Berichte nach § 15 Abs.1 GOBReg ein billigender Kabinettsbeschluß erforderlich, so etwa für den die prognostizierten "Eckdaten der Konjunktur" enthaltenden Jahreswirtschaftsbericht und den Sozialbericht, die vom Kabinett beschlossen werden. Gefordert wird dies allerdings nicht von Art.65 Satz 3 GG, da danach nur bei Meinungsverschiedenheiten zwischen den Bundesministern eine Beteiligung des Kabinetts notwendig ist[16]. In § 9 Abs.2 StabG ist für den Finanzplan ein Kabinettsbeschluß ausdrücklich angeordnet[17].

Gewisse Probleme bereitet das Verfahren innerhalb der Bundesregierung bei (gesetzlichen) Berichtspflichten, die einen bestimmten Minister als Adressaten nennen[18]. Die jeweilige Berichtsanforderung muß hier verfassungskonform so ausgelegt werden, daß statt des jeweiligen Ministers auch der Bundeskanzler berichten kann, wenn Richtlinien der Politik betroffen sind. Zulässig wäre etwa, daß wegen der gegenwärtig besonders wichtigen Verkehrspolitik beim Aufbau der fünf neuen Bundesländer statt des nach § 7 des Fernstraßenausbaugesetzes an sich vorgesehenen Bundesministers für Verkehr der Bundeskanzler "über den Fortgang des Bundesfernstraßenbaus" berichtet.

Eine Beteiligung des Kabinetts ist aber auch in diesen Fällen verfassungsrechtlich nur bei Meinungsverschiedenheiten zwischen den Bundesministern geboten.

III. Die Kenntnisnahme des Bundestages von parlamentarischen Berichten

Die Behandlung der dem Bundestag erstatteten Berichte ist in der Geschäftsordnung des Bundestages in einer Reihe von Vorschriften geregelt.

---

15 Vgl. 1.Teil, III. 2. a) und b).

16 Vgl. dazu Achterberg, aaO., Rdnr.58ff.

17 "Der Finanzplan ist vom Bundesminister der Finanzen aufzustellen und zu begründen. Er wird von der Bundesregierung *beschlossen* und Bundestag und Bundesrat vorgelegt."

18 Näher dazu im 8.Teil, II. 1.

Der Bericht ist in der Regel eine selbständige Vorlage nach § 75 Abs.1 Buchstabe e GOBT in Form einer "Unterrichtung".

Allerdings gibt es davon auch Ausnahmen, was mit dem hier vertretenen weiten Berichtsbegriff[19] zusammenhängt:

Rechtsverordnungen, die dem Bundestag zur Kenntnisnahme oder auch zur Zustimmung etc. zuzuleiten sind, stellen Vorlagen gemäß § 75 Abs.1 Buchstabe m GOBT dar.

Der Entwurf des Haushaltsplans ist Teil einer Gesetzesvorlage nach § 75 Abs.1 Buchstabe a GOBT.

Die Jahresrechnung des Finanzministers gemäß Art.114 Abs.1 GG wird in Form eines Antrags auf Entlastung als Vorlage gemäß § 75 Abs.1 Buchstabe d GOBT eingebracht[20].

Alle Vorlagen müssen grundsätzlich nach § 77 Abs.1 GOBT gedruckt und an die Mitglieder des Bundestages verteilt werden. Auf Drucklegung und Verteilung kann bei Berichten, die auf eigener Initiative der Bundesregierung beruhen, also nicht vom Bundestag angefordert wurden, aber gem. § 77 Abs.2 GOBT verzichtet werden.

1. *Allgemeine Regelung: § 80 Abs.3 GOBT*

Nach § 80 Abs.3 GOBT kann der Bundestagspräsident "Unterrichtungen" (Vorlagen nach § 75 Abs.1 Buchstabe e GOBT) auf die Tagesordnung setzen oder nach Vereinbarung im Ältestenrat einem Ausschuß überweisen. Eine Zustimmung des Plenums ist nach der Geschäftsordnungsnovelle von 1980 nicht mehr vorgesehen. Der jeweilige Ausschuß verfährt dann nach den §§ 54ff. GOBT und erstattet gem. § 66 Abs.1 GOBT dem Plenum "Bericht über den Bericht", allerdings nur, sofern er einen über die Kenntnisnahme hinausgehenden Beschluß empfehlen will, vgl. § 80 Abs.3 Satz 2 GOBT. Die Beschlußemfehlung kann über einen weiteren Bundestagsbeschluß zu einem neuen Berichtsersuchen führen.

2. *Sonderregelungen*

Für eine Reihe von besonders häufig vorzulegenden Berichten bestehen in der Geschäftsordnung des Bundestages in den §§ 92ff. Sonderregelungen, die deren rationelle parlamentarische Behandlung sicherstellen sollen:

---

19 Vgl. oben 1.Teil, I.

20 Vgl. Sachregister zu den Verhandlungen des Bundestages.

a) Rechtsverordnungen: § 92 GOBT

Rechtsverordnungen, auf deren Bestand der Bundestag durch Zustimmung oder ein mögliches Aufhebungsverlangen Einfluß nehmen kann, werden in § 92 GOBT einem besonderen Verfahren zugeführt. Der Präsident hat sie unmittelbar den zuständigen Ausschüssen zu überweisen, ohne sie, wie in der allgemeinen Norm des § 80 Abs.3 GOBT, auf die Tagesordnung setzen zu können. Außerdem hat er eine Frist zu bestimmen, bis zu der der federführende Ausschuß dem Plenum zu berichten hat (vgl. auch § 92 Sätze 3 u.4). Durch letzteres Verfahren soll eine schnelle Behandlung der Rechtsverordnungen gewährleistet werden[21]. Für die wenigen Rechtsverordnungen, die dem Bundestag zur bloßen Kenntnisnahme vorgelegt werden müssen, gilt § 92 GOBT nach seinem Wortlaut nicht. Die Regelung sollte jedoch entsprechend angewandt werden[22].

b) EG-Vorlagen: § 93 GOBT

Eine weitere Sonderbehandlung erfahren nach § 93 GOBT Berichte, die gemäß Art.2 des Gesetzes zu den Verträgen vom 25.März 1957 zur Gründung der Europäischen Wirtschaftsgemeinschaft und der Europäischen Atomgemeinschaft[23] (ZustGRömV) von der Bundesregierung erstattet werden (sog. "EG-Vorlagen"[24]).

Die Vorschrift des Art.2 dient dazu, noch vor Erlaß von EG-Verordnungen, Richtlinen und Entscheidungen dem Bundestag über einen (unverbindlichen) Parlamentsbeschluß (Entschließung) eine Einflußnahme insbesondere auf die im Ministerrat der EG vertretene Bundesregierung zu ermöglichen, sowie nach Erlaß bei den nicht unmittelbar verbindlichen EG-Richtlinien die

---

21 Ausführlich zum Verfahren Ritzel/Bücker, § 92.

22 Eine Liste aller Gesetze, die die Bundesregierung zum Erlaß von Rechtsverordnungen ermächtigen, aber an einen Mitwirkungsvorbehalt des Bundestages binden, enthält: Schindler, Datenhandbuch 1980-87, S.586ff.

23 V.27.7.1957, BGBl.II 753:
"Die Bundesregierung hat Bundestag und Bundesrat über die Entwicklungen im Rat der Europäischen Wirtschaftsgemeinschaft und im Rat der Europäischen Atomgemeinschaft laufend zu unterrichten. Soweit durch den Beschluß eines Rats innerdeutsche Gesetze erforderlich werden oder in der Bundesrepublik Deutschland unmittelbar geltendes Recht geschaffen wird, soll die Unterrichtung vor der Beschlußfassung des Rats erfolgen."
Monograghisch dazu: Oetting, Bundestag und Bundesrat im Willensbildungsprozeß der Europäischen Gemeinschaften. Die Unterrichtung der gesetzgebenden Körperschaften nach Art.2 des Zustimmungsgesetzes zu den Römischen Verträgen, 1973.

24 Die Bezeichnung ist irreführend, da Berichterstatter die Bundesregierung ist.

Umsetzung in nationales Recht zu gewährleisten. In der Praxis werden diese Vorlagen, sofern sie bei der zentralen Eingangsstelle der Bundesregierung, dem Bundeswirtschaftsministerium, eingehen, schon vor der eigentlichen formellen Zustellung durch den Chef des Bundeskanzleramtes oder dem Bundeskanzler auf dem "kleinen Dienstweg" den zuständigen Ausschüssen übermittelt, so daß eine schnelle Behandlung der Vorlagen gewährleistet ist[25].

Nach § 93 Satz 1 GOBT *hat* der Bundestagspräsident die EG-Vorlagen den zuständigen Ausschüssen zu überweisen. Gegenüber der allgemeinen Norm des § 80 Abs.3 GOBT ist es bei EG-Vorlagen daher grundsätzlich nicht möglich, diese auf die Tagesordnung zu setzen[26]. Die Drucklegungspflicht des § 77 Abs.1 GOBT wird durch § 93 Satz 3 GOBT eingeschränkt.

Der Grund für die etwas "stiefmütterliche" Behandlung der EG-Vorlagen durch die Geschäftsordnung liegt in der großen Zahl der Vorlagen, die etwa in der 7.Legislaturperiode schon 1.189 betrug[27]. Unterrichtungen nach Art.2 ZustGRömV sind damit die zahlenmäßig bedeutendsten Berichte.

Nach Ansicht des Geschäftsordnungsausschusses hat sich die Bestimmung des § 93 GOBT als unzureichend erwiesen, da sie die ebenfalls sehr zahlreichen Vorlagen des Europäischen Parlaments nicht erfaßt[28], was allerdings nicht an § 93 GOBT liegt, sondern an der Berichtspflicht in Art.2 ZustGRömV selbst.

c) *Haushaltsvorlagen: § 95 GOBT*

Schließlich gilt nach § 95 GOBT eine Sonderregelung für Haushaltsvorlagen. Auch sie werden direkt dem zuständigen Ausschuß überwiesen - hier ausschließlich dem Haushaltsausschuß[29], dem damit unter den Bundestagsausschüssen eine hervorgehobene Rolle zukommt. Unter die Haushaltsvorlagen fallen einige besonders wichtige Berichte:

Zunächst sind der Entwurf des Haushaltsplans nach Art.110 GG, Ergänzungs- und Nachtragsvorlagen nach den §§ 32, 33 BHO sowie die Haushaltsrechnung nach Art.114 Abs.1 GG und die Bemerkungen des Bundesrechnungshofes nach Art.114 Abs.2 GG zu nennen. Außerdem muß nach § 95 GOBT beim Finanzplan gemäß § 9 StabG und dem Subventionsbericht nach

---

25 Vgl. Oetting, aaO., S.52ff.; Troßmann/Roll, § 93 Rdnr.5.

26 Nach § 126 GOBT kann davon allerdings mit Zweidrittelmehrheit abgewichen werden.

27 Näher dazu Ritzel/Bücker, § 93.

28 BT-Ds 11/7987, S.8. Danach soll die Vorschrift in der 12.Legislaturperiode überarbeitet werden.

29 Ausführlich dazu etwa Ritzel/Bücker, § 95.

§ 12 StabG verfahren werden[30]. Quantitativ wichtig sind die Berichte gemäß § 37 Abs.4 BHO über über- und außerplanmäßige Ausgaben als "sonstige den Haushalt betreffende Vorlagen", vgl. § 95 Abs.1 Satz 1 GOBT. Außerdem zählen zu letzteren die Berichte gemäß den §§ 64, 65 BHO über die Veräußerung bundeseigener Grundstücke und Unternehmen zur Einwilligung des Bundestages[31].

d) Berichte des Wehrbeauftragten und des Petitionsausschusses: §§ 115, 112 GOBT

Bei den Berichten des Wehrbeauftragten gemäß § 2 Wehrbeauftragtengesetz wird nach § 115 GOBT verfahren. Für die Berichtspflichten des Petitionsausschusses nach § 112 Abs.1 GOBT gilt § 112 Abs.2 GOBT.

Die weiteren Möglichkeiten des Parlamentes, auf die Berichte Einfluß zu nehmen, bestimmen sich nach der zugrundeliegenden Berichtspflicht. Sofern die Berichtspflicht keine weitere Beteiligung des Bundestages vorsieht, kann das Parlament den Bericht grundsätzlich nur zur Kenntnis nehmen und unverbindliche Entschließungen fassen. Dem Adressaten der Entschließung ist deren Berücksichtigung rechtlich freigestellt. Sieht ein Berichts*gesetz* hingegen eine erforderliche Zustimmung oder die Möglichkeit eines Aufhebungsverlangens vor, kann das Parlament auf den jeweiligen Bericht, insbesondere bei Plänen, Einfluß nehmen. Für die Zustimmung kann die Form eines verbindlichen Parlamentsbeschlusses oder sogar eines formellen Gesetzes vorgeschrieben sein. Ein verbindlicher Parlamentsbeschluß ist etwa zur Entlastung der Bundesregierung nach Art.114 Abs.1 GG erforderlich; durch Gesetz wird gem. Art.110 Abs.2 GG der Haushaltsplan festgestellt.

Entgegen *Laband* sind Berichte nicht auf Mitteilungen zu beschränken, die das Parlament lediglich zur Kenntnis nehmen kann[32]. Die Möglichkeit, den Bericht verbindlich durch einen Parlamentsbeschluß oder ein Gesetz genehmigen zu können, berührt seinen Charakter als Bericht nicht, da auch mit der Mitteilung zur Zustimmung Tatsachen übermittelt werden. Änderte etwa der Gesetzgeber § 9 StabG dahingehend, daß der Finanzplan zu seiner Wirksamkeit nunmehr der Zustimmung des Parlaments bedürfte, wäre der Charakter des nunmehrigen Entwurfs des Finanzplans als "Bericht" nicht

---

30 Troßmann, § 94 Rdnr.1.2.

31 Zu weiteren Berichtspflichten im Haushaltsrecht vgl. unten im 5.Teil, I. 5.

32 Das Staatsrecht des Deutschen Reiches, 1.Bd., 5.Aufl., 1911, S.298ff., vgl. dazu auch oben 2.Teil, II.

betroffen, da auch hier die Bundesregierung dem Parlament Tatsachen mitteilt.

Allerdings müssen wegen der mitunter vorhandenen Befugnis des Parlamentes, den Bericht *nach* der Mitteilung durch den Berichterstatter aber *vor* der Genehmigung auch ändern zu können, streng die Berichte vor und nach der Genehmigung auseinandergehalten werden. So stellt etwa lediglich der *Entwurf* des Haushaltsplanes den parlamentarischen Bericht dar, nicht aber der Haushaltsplan in seiner endgültigen (Gesetzes-)Form.

4. Teil: Überblick über die weiteren Informationsmittel des Bundestages

Die Informationsmittel des Bundestages lassen sich grob in folgender Weise einteilen: Große und Kleine Anfragen verlangen von der Bundesregierung die Ermittlung und Mitteilung bestimmter, durchaus umfangreicher Gegenstände. Die Befragung anläßlich einer Zitierung, die Fragestunde, die Aktuelle Stunde sowie die "Befragung der Bundesregierung" sind hingegen Instrumente, um "ad hoc" bestimmte Dinge in Erfahrung zu bringen. Oft soll lediglich das momentane Wissen der befragten Person erfahren werden. Tatsachenermittlungen werden von ihr damit nicht verlangt. Diese Informationsmittel dienen der "Fremdinformation" des Parlamentes[1].

Informationsmittel zur "Selbstinformation" sind demgegenüber die Einsetzung eines Untersuchungsausschusses oder einer Enquete-Kommission sowie die Durchführung einer öffentlichen Anhörung eines Ausschusses ("Hearing"). Mit den letzteren Instrumenten wird nicht die Bundesregierung als Informationsquelle "genutzt"; vielmehr verschafft sich der Bundestag die benötigten Auskünfte durch eigene "Ermittlungstätigkeit".

Im folgenden soll ein summarischer Überblick über diese Informationsmittel gegeben werden. Auf Vollständigkeit kann es dabei nicht ankommen. Vielmehr wird versucht, die Gemeinsamkeiten und Unterschiede der Instrumente mit dem parlamentarischen Berichtswesen herauszuarbeiten, um dadurch Rückschlüsse auf dessen Funktionen und Eigenheiten zu gewinnen.

I. Große und Kleine Anfragen; die §§ 115, 116 GOBT a.F.

1. Große Anfragen

Große Anfragen sind die klassischen Frage- und Informationsmöglichkeiten parlamentarischer Minderheiten. Die jetzt im Bundestag praktizierte Form der Großen Anfrage geht auf Vorgänger in den deutschen Parlamentsgeschäftsordnungen bis zu der des preußischen Abgeordnetenhauses von 1848 zurück[2].

---

1 Vgl. M.Schröder in: BKGG, Art.43, Rdnr.17 m.w.N.

2 Dazu auch oben im 2.Teil, I.

Die Bezeichnung "Große Anfrage" gab der Bundestag den früheren "Interpellationen" mit seiner ersten Geschäftsordnung vom 1.Januar 1952. Mit dem neugeschaffenen § 103 GOBT von 1952 sollte lediglich das Fremdwort durch eine deutsche Bezeichnung ersetzt werden, eine sachliche Änderung war nicht beabsichtigt[3].

Nach der nunmehr geltenden Geschäftsordnung des Bundestages vom 2.Juli 1980 sind Große Anfragen selbständige Vorlagen gem. § 75 Abs.1 Buchstabe f GOBT. Auch für sie müssen deshalb die allgemeinen Voraussetzungen für Vorlagen gem. § 76 GOBT erfüllt sein, insbesondere müssen sie also von einer Fraktion oder von 5 % der Mitglieder des Bundestages unterzeichnet worden sein. Nach § 100 Satz 1 GOBT sind sie an die Bundesregierung zu richten, allerdings zuerst beim Präsidenten des Bundestages einzureichen. Daraufhin teilt der Präsident der Bundesregierung gem. § 101 GOBT die Große Anfrage mit und fordert zur Erklärung auf, ob und wann sie antworten werde.

Ein weiterer Parlamentsakt ist im Gegensatz zu den oben beschriebenen[4] Anträgen zur Fassung eines Berichtsersuchens nicht notwendig. Darin liegt der maßgebende verfahrensmäßige Unterschied zwischen Berichtsersuchen und Großen Anfragen. Während selbständige oder Entschließungsanträge sowie Beschlußempfehlungen der Ausschüsse zunächst auf einen Mehrheitsbeschluß des Bundestages gerichtet sind, wenden sich Große Anfragen direkt an die Bundesregierung. Äußerlich ist der Unterschied an der üblichen Eingangsformel für Anträge und Beschlußempfehlungen "Der Bundestag wolle beschließen..." sowie der bei Großen Anfragen gebrauchten Form von mehreren Einzelfragen zu erkennen. Inhaltlich ist jedoch die Unterscheidung zwischen Anfragen und Anträgen auf Berichtsbeschlüsse für die Abgeordneten mitunter schwierig. Er war Gegenstand einer Kontroverse im Bundestag anläßlich eines Antrags der "Föderalistischen Union" (Vereinigung von Bayernpartei und Zentrum) vom 9.Januar 1952[5]:

> "Der Bundestag wolle beschließen:
> Die Bundesregierung wird aufgefordert, den Bundestag über die Grundsätze und Richtlinien zu unterrichten, nach denen über die Frage des deutschen Verteidigungsbeitrages und dessen Kosten zur Zeit verhandelt wird."

---

3 Vgl. Abg.Mende als Mitberichterstatter des GO-Ausschusses BT-StenoB I/179/6.12.1951/S.7449B.

4 Vgl. 3.Teil, I. 2.

5 Zitiert bei Witte-Wegmann, Recht und Kontrollfunktion, S.48 FN 28; BT-Ds I/2976, vgl. auch BT-StenoB I/188/24.1.1952, S.8008ff.

Darin sah der Abgeordnete der "Deutschen Partei" Ewers eine Große Anfrage, auf die eine sofortige Beratung, wie es nach § 99 Abs.1 GOBT a.F. für Anträge vorgesehen war, nicht zulässig sei. Die Antwort der Bundesregierung sei zuerst abzuwarten. Schon an der Formulierung erkennbar wurde jedoch damit ein Beschluß, ein Berichtsersuchen, angestrebt, so daß die Bestimmungen für Anträge anwendbar waren.

Antwortet die Bundesregierung auf eine Große Anfrage, so kann auf ihrer Grundlage eine politische Auseinandersetzung über den Fragegegenstand herbeigeführt werden, da diese auf die Tagesordnung gesetzt werden müssen, vgl. § 101 Sätze 2 und 3 GOBT. Die Antworten auf Große Anfragen sind deshalb vergleichbar mit Gesamt- und Ressortberichten, die ebenfalls die Tatsachengrundlage für eine politische Kontroverse zwischen der Bundesregierung und der sie stützenden Fraktionen sowie der Opposition darstellen können. Somit besteht auch für parlamentarische Minderheiten die Möglichkeit, den parlamentarischen Berichten vergleichbare Informationen einzuholen, was natürlich mit der engen historischen Verwandtschaft von Berichtsersuchen und Interpellationen zu erklären ist[6]. Gegenüber parlamentarischen Berichten sind allerdings die Antworten auf Große - und auch auf Kleine - Anfragen durch die darin enthaltenen vielen Einzelfragen zersplittert und weniger umfassend und einheitlich aufgebaut.

2. *Kleine Anfragen*

Kleine Anfragen sind nach der Geschäftsordnung des Bundestages sog. "unechte" Vorlagen nach § 75 Abs.3 GOBT. Nur die auch für alle anderen Vorlagen geltende Norm des § 76 GOBT wird angewandt. Danach bedürfen Kleine Anfragen der Unterstützung einer Fraktion oder von 5 % der Mitglieder des Bundestages. Sie sind demnach ebenfalls Minderheitenrechte. Ebenso wie Große Anfragen sind sie an die Bundesregierung zu richten und beim Bundestagspräsidenten einzureichen, § 104 Abs.1 GOBT.

Die Beantwortung einer Kleinen Anfrage erfolgt ausschließlich schriftlich, da nach § 76 Abs.3 GOBT die Beantwortung einer Kleinen Anfrage nicht auf die Tagesordnung gesetzt und damit grundsätzlich auch nicht im Plenum beraten wird. Die Antwort wird lediglich als Bundestagsdrucksache verteilt.

Die Antwort kann im Plenum nur mit den anderen von der Geschäftsordnung vorgegebenen Möglichkeiten zur Sprache gebracht werden, z.B. als Große Anfrage oder in der Fragestunde gem. § 105 GOBT i.V.m. Anl.4.

---

6 Vgl. oben 2.Teil, I.

Der in einer Kleinen Anfrage angesprochene Themenkreis ist in der Regel begrenzter als der bei Großen Anfragen; außerdem wickeln sich durch die Schriftlichkeit des Verfahrens Kleine Anfragen oft unbemerkt von der Öffentlichkeit ab. Kleine Anfragen werden daher nicht in dem Maße wie Große Anfragen als Mittel der parteipolitischen Auseinandersetzung benutzt. Vielmehr ermöglichen sie eine sachbezogene Einflußnahme auf die Regierung oft hinsichtlich einzelner eng begrenzter Themen[7]. Vergleichbar in Inhalt und Funktion sind Kleine Anfragen insbesondere mit den Berichtsersuchen, die die Bundesregierung auffordern, über ihre Erfahrungen mit bestimmten Gesetzen zu berichten[8]. Beide Informationsmittel werden hier zum gleichen Zweck eingesetzt. Damit besteht auch für parlamentarische Minderheiten grundsätzlich die Möglichkeit, Gesetze von der Bundesregierung überprüfen zu lassen. Allerdings verfallen Kleine ebenso wie Große Anfragen der Diskontinuität, so daß eine langfristige, begleitende Gesetzesüberprüfung durch Kleine Anfragen allenfalls bei einer Erneuerung der Anfrage in der neuen Wahlperiode möglich ist.

3. Historischer Exkurs: Die §§ 115, 116 GOBT a.F.

a) Inhalt

Bis zur Novelle 1980 enthielt die Geschäftsordnung des Bundestages im Anschluß an die Regelungen der parlamentarischen Anfragen in den §§ 115, 116, eine Auskunftspflicht der Bundesregierung über die Ausführung von Beschlüssen des Bundestages, also eine Berichtspflicht zur Erfolgsbewertung von Parlamentsbeschlüssen. Die Erfolgskontrolle von Parlamentsbeschlüssen schien damit "institutionalisiert" gewesen zu sein. In den §§ 115 und 116 GOBT a.F. hieß es:

"§ 115

(1) Die Bundesregierung gibt dem Bundestag über die Ausführung seiner Beschlüsse schriftlich Auskunft. Ist die Ausführung der Beschlüsse in angemessener Frist nicht möglich, dann erstattet die Bundesregierung einen Zwischenbericht.

(2) Der Bundestag kann die Auskunft binnen einer von ihm zu bestimmenden Frist verlangen.

---

7 Witte-Wegmann, Recht und Kontrollfunktion, S.202.

8 Kretschmer in: HdBEvF, S.411.

§ 116

(1) Binnen zwei Wochen nach der Verteilung der Drucksachen kann beanstandet werden, daß die Auskunft unvollständig ist oder bestimmt bezeichnete Beschlüsse nicht erledigt seien.

(2) Die Bemerkungen teilt der Präsident zur schriftlichen Beantwortung der Bundesregierung mit.

(3) Die Antworten werden den Unterzeichnern der Bemerkungen bekanntgegeben. Sie werden auf die Tagesordnung gesetzt, wenn es soviel Mitglieder des Bundestages, wie einer Fraktionsstärke entspricht, binnen einer Woche, nachdem die Antwort bekanntgegeben ist, schriftlich verlangen. Antwortet die Bundesregierung nicht binnen vier Wochen, so können soviel Mitglieder des Bundestages, wie einer Fraktionsstärke entspricht, innerhalb einer weiteren Woche schriftlich verlangen, daß die Bemerkungen auf die Tagesordnung kommen. Bei ihrer Beratung können Anträge zur Sache gestellt werden."

Ähnliche Bestimmungen enthalten auch heute noch die meisten Geschäftsordnungen der Landtage der Bundesländer[9].

Grund für die Streichung der Vorschriften in der GOBT war, daß "diese Bestimmungen durch die Einfügung vieler Möglichkeiten, an die Regierung Fragen zu stellen, überflüssig geworden" waren[10]. Über die Wiedereinführung der Vorschriften ist wiederholt diskutiert worden. Mit einem Antrag der "Interfraktionellen Initiative Parlamentsreform" vom 27.April 1988[11] sollten die Vorschriften in einem neuen § 122a GOBT "zur Stärkung des politischen Gewichts des Parlaments und seiner Kontrollaufgaben gegenüber der Exekutive" wiedereingeführt werden[12]. Der federführende Ausschuß für Wahlprüfung, Immunität und Geschäftsordnung empfahl jedoch die Ablehnung des Antrags in diesem Punkt, "weil die dort vorgeschlagenen For-

9 Vgl. § 37 bad.-württ. GOLT; § 78f. bayr.GOLT; § 46 GO Berl.Abg.-H.; § 80 hamb. GOBürg. (vgl. Art.32 LV); § 35 hess. GOLT; § 40 nieders. GOLT; § 74 GOLT NRW; §§ 105f. GOLT Rh.-Pf.; § 68 GOLT Schl.-Holst.; keine derartige Bestimmung enthalten nur die GO des saarländischen Landtages und der Bremischen Bürgerschaft. In den neuen Bundesländern hat bisher Meckl.-Vorp. in § 64 GOLT die Bestimmung übernommen. In der Weimarer Zeit enthielten ebenfalls die Geschäftsordnungen fast aller Länder derartige Bestimmungen, vgl. O.Th.L.Zschucke, Die Geschäftsordnungen der deutschen Parlamente, 1928: Preußen (§ 46), Bayern (§ 45), Württemberg (§ 24, Vorgänger von § 37 bad.-württ.GOLT), Baden (§ 84 Abs.2), Hessen (Art.79), Thüringen (§ 59), Oldenburg (§ 89 Abs.2), Braunschweig (§ 49), Mecklenburg-Strelitz (§ 62f.).

10 BT-Ds 8/3460, S.112 nach einem Vorschlag des Geschäftsordnungsausschusses.

11 BT-Ds 11/2206.

12 Die §§ 115, 116 GOBT a.F. wurden in § 122a (neu) in vier Absätzen zusammengefaßt. In Abs.3 schlich sich ein Übertragungsfehler ein; dort wurde statt des Wortes "beanstandet" (§ 116 Abs.1 GOBT a.F.) das Wort "beantragt" gewählt, was keinen Sinn ergibt. § 116 Abs.2 GOBT a.F. wurde in § 122a Abs.4 (neu) gekürzt.

mulierungen die geschäftsordnungsrechtlichen Befugnisse des Bundestages übersteigen würden"[13].

b) Geschichte

Die Vorschriften der §§ 115, 116 GOBT gehen unmittelbar auf Regelungen in der Geschäftsordnung des Reichstages von 1922 in den §§ 67 und 68 sowie auf die Vorschrift des § 34 der Geschäftsordnung des Reichstages von 1876 zurück. Letztere wiederum hat ihren Ursprung in dem durch Beschluß vom 11.November 1874[14] in die Geschäftsordnung eingefügten § 31a[15]. Diese Bestimmung nun läßt sich auf ein frühes Berichtsersuchen zurückverfolgen, nämlich das Ersuchen an den Bundesrat vom 12.Juni 1872

> "..., dem Reichstage die von dem Bundesrat gefaßten Entschließungen auf die von dem Reichstage beschlossenen Gesetzentwürfe und Anträge spätestens beim Beginn der nächsten Session in schriftlicher Form mitzuteilen."[16]

Die Antragsteller begründeten den Antrag mit der *unzulänglichen Publikation* der Entscheidungen des Bundesrates. Der Reichstag war über die Behandlung seiner Gesetzesinitiativen und "schlichten" Parlamentsbeschlüsse im Bundesrat oft nicht informiert, da die Verhandlungen des Bundesrates nicht öffentlich stattfanden. Bestimmungen, die den Geschäftsverkehr zwischen Bundesrat und Reichstag regelten, existierten in der hier dem preußischen Vorbild entsprechenden Reichsverfassung nicht. Im Falle einer Ablehnung der Vorlagen des Reichstages bestand die Reaktion des Bundesrates oft darin zu schweigen, was zur Folge hatte, daß Gesetzentwürfe etc. zu Beginn einer neuen Legislaturperiode erneut eingebracht wurden, um dann wiederum am Bundesrat zu scheitern[17].

Der Abgeordnete *K.G.Ackermann* (Dresden) begründete in der Beratung im Plenum, weswegen er mit seinem Antrag lediglich einen Beschluß des Reichstages und kein Gesetz oder gar eine Verfassungsänderung erstrebte,

---

13 BT-Ds 11/7987, S.8 v.27.9.1990; vgl. dazu BVerfGE 1, 144ff., 148 sowie im gleichen Sinne Troßmann, § 115.

14 2.LP/II.Sess., RT-StenoB, S.98, 174.

15 Der Reichstag erklärte die Geschäftsordnung des Reichstags des Norddeutschen Bundes in seiner Sitzung vom 21.3.1871 (1.LP/I.Sess., RT-StenoB, S.5) als vorläufig für seine Verhandlungen maßgebend. Dessen Geschäftsordnung datiert vom 12.6.1868 (I.1868, S.369); vgl. Perels, Das autonome Reichstagsrecht, 1903, S.109.

16 Antrag der Abg. Ackermann u.a. in 1.LP/III.Sess., RT-Ds 145; Beschluß in 1.LP/III.Sess., RT-StenoB, S.931ff.(934).

17 Ackermann, aaO., S.931f.

obwohl der Beschluß "in Betreff der Gewährung immer noch von dem guten Willen des Bundesrates"[18] abhänge, also den Bundesrat rechtlich nicht zu einer Beantwortung verpflichten könne. So wäre für ein Gesetz ebenfalls der gute Wille des Bundesrates erforderlich gewesen, allerdings in Form einer verbindlichen Zustimmung zu einem ihn selbst auf Dauer bindenden Reichsgesetz[19]. Dies erschien den Antragstellern wenig aussichtsreich, so daß sie sich in diplomatischer Form damit begnügten, im Wege der "Bitte" zu versuchen, einen modus vivendi in dieser Beziehung herzustellen[20]. Damit wurde die Rechtsansicht wiedergegeben, daß ohne ein entsprechendes Gesetz keine Berichtspflicht der Regierung bestand[21].

Nach *Ackermann* entsprach das von ihm und seinen Mitantragstellern eingeschlagene Verfahren "allerdings dem Verfassungsleben in Deutschland nicht, denn in (damals) früherer und in jüngerer Zeit war und ist die heute angeregte Frage zu Gunsten der Volksvertretung gesetzlich reguliert. Es ist ja bekannt, daß die Frage über die Erledigung der Gravamina, der Landesgebrechen, in der altdeutschen Verfassung von der höchsten Bedeutung war." In einigen deutschen Einzelstaaten, insbesondere in Sachsen und Bayern, sei den Ständen in der Verfassung eine Antwortpflicht und in Form des "*Landtagsabschieds*" das Recht gesichert, auf ihre Anträge vom König gesammelt eine Antwort zu erhalten.

So enthielt etwa die sächsische Verfassungsurkunde vom 4.Sept.1831 folgende Bestimmungen:

§ 113:

"Auf jeden von den Ständen an den König gebrachten Antrag wird ihnen eine Entschließung, und zwar im Ablehnungsfalle unter Angabe der Gründe, womöglich noch während der Ständeversammlung erteilt werden. Dies gilt insbesondere auch, wenn der Antrag auf Erlassung, Aufhebung oder Abänderung eines Gesetzes gerichtet war."

§ 119:

"Die definitiven Resultate des Landtags werden in eine förmliche Urkunde, den Landtagsabschied, zusammengefaßt, welche die Königliche Erklärung über die Verhandlungen mit den Ständen enthält, von dem Könige eigenhändig vollzogen, den Ständen bei ihrer Entlassung urschriftlich ausgehändigt und in die Gesetzessammlung aufgenommen wird."[22]

Damit bestanden in Sachsen zweierlei Auskunftsrechte des Landtages: Zum einen die individuelle Auskunft nach § 113, zum anderen das Recht auf

18 Vgl. dazu die lesenswerten Ausführungen in 1.LP/III.Sess., RT-StenoB, S.932.

19 Vgl. Art.5 Abs.1; 7 Nr.1; 23 der Reichsverfassung.

20 Ackermann,aaO.,S.932.

21 Vgl. oben 2.Teil, II.

22 Abgedruckt bei Huber, Dokumente I, Nr.59.

einen gesammelten Landtagsabschied nach § 119. Wie in § 119 angeordnet, wurde der Landtagsabschied in Sachsen in der Gesetzessammlung auch veröffentlicht[23]. In Bayern wurde der nach Tit.VII § 29 der Verfassung von 1818 notwendige Landtagsabschied sogar vom König als Gesetz verkündet[24].

Ackermann knüpfte mit seinem Antrag auf gesammelte Auskunft damit ebenfalls an den Landtagsabschied an und wollte im Grunde auf diesem Wege einen "Reichstagsabschied" erreichen.

Der Bundesrat kam der Bitte des Reichstages nach und teilte dies durch ein Schreiben *v.Bismarcks* vom 14.März 1873 mit[25].

Der Reichstag regelte daraufhin durch den erwähnten weiteren Beschluß vom 11.November 1874 sein Verfahren bei der Behandlung des "Reichstagsabschieds" im Plenum in § 31a der Geschäftsordnung, der insbesondere die Beratung auf bestimmte Punkte beschränkte[26].

Mit den Bestimmungen sollte der Bundesrat nicht verpflichtet werden, die Beschlüsse selbst zu erfüllen. Vielmehr war nur Sinn der Vorschrift, den Reichstag über die - positive oder negative - Behandlung der Beschlüsse zu informieren.

Der Bundesrat übermittelte dem Reichstag die "Übersichten der vom Bundesrat auf die Beschlüsse des Reichstages gefaßten Entschließungen" in

---

23 Z.B. der Landtagsabschied vom 30.10.1834, GVBl.317ff.

24 Vgl. z.B. den Landtagsabschied vom 11.8.1904, GVBl.291ff., weitere Nachweise bei v.Seydel, Bayerisches Staatsrecht, 2.Bd., 2.Aufl., 1896, S.326 FN 28.

25 1.LP/IV.Sess., RT-Ds 14 mit der ersten Übersicht.

26 2.LP/II.Sess., RT-StenoB, S.98, 174; mit der Geschäftsordnung vom 10.2.1876 in § 34 enthalten:
"Die Übersicht der vom Bundesrat auf die Beschlüsse des Reichstages gefaßten Entschließungen wird zum Druck und zur Verteilung befördert.
Binnen 14 Tagen nach erfolgter Verteilung ist jedes Reichstagsmitglied berechtigt, das Verzeichnis zum Gegenstande von Bemerkungen zu machen, welche sich jedoch zu beschränken haben
a) auf den Mangel der Erledigung bestimmt anzuführender Punkte,
b) auf die Unvollständigkeit der gegebenen Auskunft.
Diese Bemerkungen sind dem Präsidenten schriftlich einzureichen.
Diejenigen Beschlüsse des Reichstages, welche durch Zustimmung oder Ablehnung des Bundesrates ihre Erledigung gefunden haben, dürfen nicht zum Gegenstande der Bemerkungen gemacht werden.
Sind innerhalb der 14tägigen Frist Bemerkungen eingegangen, so werden diese dem Reichskanzler mitgeteilt und sodann auf die Tagesordnung gesetzt.
Die Stellung eines Antrages ist bei der Verhandlung im Plenum unzulässig, es bleibt aber jedem Mitgliede des Reichstages überlassen, den Gegenstand in den regelmäßigen Formen der Geschäftsordnung weiter zu verfolgen."
Näher dazu v.Rönne, Deutsches Staatsrecht, 1.Bd., 2.Aufl., 1876, S.240.

Form tabellarischer Übersichten bis zum Ende der Kaiserzeit und darüber hinaus, womit eine insgesamt fast sechzigjährige Verfahrensweise herbeigeführt wurde, die die fehlenden gesetzlichen Regelungen ersetzte[27]. Auch der Reichstag der Weimarer Republik erhielt derartige Übersichten[28], so daß diese von 1873 bis 1932 den jeweiligen Parlamenten übersandt wurden. Allerdings waren in den Übersichten in der Weimarer Zeit nicht mehr die "Anträge" des Reichstages, Gesetze zu erlassen, enthalten, da er dies nun als alleiniger Gesetzgeber selbst tun konnte, sondern nur die "schlichten" Parlamentsbeschlüsse des Reichstages.

Grundlage der Berichterstattung war nach alledem nicht eine Geschäftsordnungsvorschrift, sondern das durch den Beschluß des Reichstages und die Zustimmung des Bundesrates geschaffene Übereinkommen zur Durchführung eines informellen "Reichstagsabschieds".

Der Reichstag der Weimarer Republik modifizierte in seiner Geschäftsordnung vom 12.Dez.1922[29] in den §§ 67 und 68 die Bestimmungen. In § 67 GORT v.1922 hieß es gegenüber der späteren Regelung in § 115 GOBT a.F. fast übereinstimmend:

"Die Reichsregierung gibt dem Reichstag über die Ausführung seiner Beschlüsse schriftliche Auskunft. Sie wird gedruckt und unter die Mitglieder verteilt."

Auch mit dieser Bestimmung wurde jedoch Bezug genommen auf die regelmäßig dem Reichstag von der Regierung vorgelegten umfangreichen Übersichten, was sich aus den §§ 10ff. der Gemeinsamen Geschäftsordnung

---

27 Weitere Übersichten sind enthalten in: 2.LP/I.Sess., RT-Ds 24; 2.LP/II.Sess., RT-Ds 29; 2.LP/III.Sess., RT-Ds 25; 2.LP/ IV.Sess., RT-Ds 20; 3.LP/I.Sess., RT-Ds 27; 3.LP/II.Sess., RT-Ds 17; 4.LP/I.Sess., RT-Ds 10; 4.LP/II.Sess., RT-Ds 17; 4.LP/ III.Sess., RT-Ds 20; 4.LP/IV.Sess., RT-Ds 36,66; 5.LP/I.Sess., RT-Ds 15; 5.LP/II.Sess., RT-Ds 18,36; 5.LP/4.Sess., RT-Ds 35; 6.LP/I.Sess., RT-Ds 36; 6.LP/II.Sess., RT-Ds 34; 6.LP/IV.Sess., RT-Ds 29; 7.LP/I.Sess., RT-Ds 32; 7.LP/II.Sess., RT-Ds 23; 7.LP/IV.Sess., RT-Ds 31; 7.LP/V.Sess., RT-Ds 31; 8.LP/I.Sess., RT-Ds 24; 8.LP/II.Sess., RT-Ds 39; 9.LP/II.Sess., RT-Ds 47; 9.LP/III.Sess., RT-Ds 79; 9.LP/IV.Sess., RT-Ds 37; 9.LP/V.Sess., RT-Ds 71; 10.LP/I.Sess., RT-Ds 29; 10.LP/II.Sess., RT-Ds 106; 11.LP/I.Sess., RT-Ds 176; 11.LP/II.Sess., RT-Ds 147; 12.LP/ I.Sess., RT-Ds 211; 12.LP/II.Sess., RT-Ds 187; 13.LP/I.Sess., RT-Ds 7; 13.LP/2.Sess., RT-Ds 229; entnommen den Verhandlungen des Reichstages, Generalregister, 1867 bis 1895, 1896, S.58f. sowie den Inhaltsverzeichnissen der amtlichen Anlagebände zu den Verhandlungen des Reichstages 1895 bis 1918.

28 Übersichten sind enthalten in Bd.368 Ds-Nr.2361; Bd.371 Ds-Nr.3500; Bd.376 Ds-Nr.5506; Bd.380 Ds-Nr.6497; Bd.451 Ds-Nr.1069; Bd.452 Ds-Nr.1428.

29 RGBl.1923 II 101.

der Reichsministerien, Besonderer Teil, vom 1.April 1924 ergibt. Mit dieser Geschäftsordnung arbeitete auch die Bundesregierung bis zur Verabschiedung einer neuen GGO II am 1.Aug.1958. In der bis 1958 geltenden Fassung hieß es u.a.[30]:

"§ 11 Beantwortung der Beschlüsse
(1) Dem Bundestag wird jährlich zweimal (im Mai und November) in einer Liste zusammengefaßt mitgeteilt, was auf seine Beschlüsse veranlaßt worden ist...."

Trotzdem wurden die Übersichten dem Bundestag von 1949 bis 1958 aber nicht mehr zugeleitet, so daß ein "Bundestagsabschied" nicht stattfand.

Es ist von daher auch nicht verwunderlich, daß die Vorschriften der §§ 115, 116 GOBT a.F. zur Bedeutungslosigkeit verkümmerten, da ihre Grundlage praktisch entfallen war und ihr eigentlicher Inhalt mehr und mehr in Vergessenheit geriet. Insbesondere gelangte man mit der Zeit zu der Ansicht, daß die Bundesregierung dem Bundestag erst auf ein entsprechendes Auskunftsersuchen hin, das im umfangreichen und schwerfälligen Verfahren zunächst zu beantragen sei, Auskunft zu geben hätte, was nach dem Wortlaut des § 115 Abs.1 Satz 1 GOBT a.F. zur Anforderung der Übersichten aber gar nicht erforderlich war. Außerdem zog man die §§ 115, 116 GOBT a.F. zur Klärung einer allgemeinen Berichtspflicht auf Berichtsersuchen heran, obwohl es danach lediglich um die Pflicht zur Mitteilung "über die Ausführung" der Beschlüsse ging[31]. Nach dem Wortlaut der Vorschriften wäre die Bundesregierung nicht gehindert worden, über die Ausführung eines Berichtsersuchens in der Weise zu berichten, daß "die Bundesregierung beschlossen hat, keinen Bericht zu erstatten."

c) Ergebnis

Nach alledem ist es mangels der Bereitschaft der Bundesregierung, derartige Übersichten vorzulegen, nur folgerichtig, die deren Behandlung regelnden Bestimmungen zu streichen. Eine Wiedereinführung der Vorschriften zum Zwecke eines "Bundestagsabschieds" erhielte nur einen Sinn, wenn auch die Bundesregierung regelmäßig über die Ausführung von "schlichten" Parla-

---

30 Die Geschäftsordnung wurde nicht amtlich veröffentlicht; abgedruckt ist sie bei Lechner/Hülshoff, Parlament und Regierung, 1.Aufl., S.289ff.

31 So auch Linck, DÖV 1979, S.120; mißverständlich z.B. Troßmann, §§ 115, 116; Schröder in BKGG Art.43 Rdnr.16; Kröger, Ministerverantwortlichkeit, S.145 FN 16; Vonderbeck, Informations- und Redebefugnisse, S.30 FN 90; für den fast identischen § 68 GO schl.-holst.LT vgl. Wuttke in: Lemke, Parlamentspraxis des schleswig-holsteinischen Landtags, § 68.

mentsbeschlüssen berichtete, wie dies in fast allen Bundesländern seit langer Zeit ohne Probleme geschieht. In Baden-Württemberg etwa berichtete nach § 37 GOLT die Landesregierung halbjährlich bis Anfang 1991 in recht umfangreicher Form gesammelt über die Ausführung der Landtagsbeschlüsse (sog. "Halbjahresberichte")[32] - eine späte Form des "Landtagsabschieds". Nunmehr wird im Einzelfall über die Reaktion der Landesregierung berichtet. Über die bloße Publikation der Reaktion der Landesregierung auf die jeweiligen Beschlüsse hinaus werden auch verhältnismäßig umfangreiche Darstellungen der Gründe für die Reaktion mitgeteilt. Die Erfolgskontrolle von "schlichten" Parlamentsbeschlüssen ist mit § 37 GOLT "institutionalisiert".

II. "ad-hoc-Befragungen"

1. Zitierrecht gem. Art.43 Abs.1 GG

a) Die Herbeirufung eines Regierungsmitglieds nach Art.43 Abs.1 GG weist eine besondere verfahrensrechtliche Ähnlichkeit mit Berichtsbeschlüssen auf. Beide Informationsinstrumente sind bloße Mehrheitsrechte. Ebenso wie die Herbeirufung kann ein Berichtsbeschluß durch einen Antrag initiiert werden, vgl. § 75 GOBT. Lediglich dieses Antragsrecht ist ein Minderheitsrecht; zum eigentlichen Beschluß ist hingegen die einfache Mehrheit erforderlich.

Außerdem wird Art.43 Abs.1 GG von einem beachtlichen Teil der Literatur als Grundlage der parlamentarischen Fragerechte herangezogen. Es erscheint deshalb angebracht, auf das Zitierrecht näher einzugehen, obwohl die Zitierung im eigentlichen Sinne nur eine sehr geringe praktische Bedeutung hat.

b) Das Parlament hat von seinem Zitierrecht im eigentlichen Sinne bisher nur zurückhaltend Gebrauch gemacht. Von der ersten bis zur neunten Wahlperiode wurden 28 Herbeirufungsanträge gestellt; lediglich in neun Fällen führte dies auch zu einem Zitierbeschluß, so daß es in der Zeit von 1949 bis 1983 zu einem Zitierbeschluß alle dreieinhalb Jahre kam. Die Fraktion der "Grünen" nutzte ab der zehnten Wahlperiode dieses Institut ausgiebiger. Von 1983 bis Ende 1987 wurden allein von ihr neun Zitieranträge gestellt; zwei Anträge stammten von der SPD-Fraktion. Immerhin in drei der elf Fälle kam es auch zu einem Zitierbeschluß mit der Mehrheit des

---

32 Vgl. Lothar Gaa, Evaluierung - ein Schritt Parlamentsreform, Anhang, in: HdBEvF, S.449ff., 456.

Hauses[33]. Im Vergleich zu den anderen Informations- und Kontrollmöglichkeiten des Bundestages ist die Bedeutung des Zitierrechts, wenn man allein die Zahl der Inanspruchnahme des Rechtes betrachtet, gering.

Trotzdem wird mitunter von Art.43 Abs.1 GG als der "Kardinalnorm parlamentarischen Kontakts" gesprochen[34], denn ein Teil der verfassungsrechtlichen Literatur sieht in Art.43 Abs.1 GG über das eigentliche Zitierrecht hinaus auch die im Grundgesetz verankerte Garantie der parlamentarischen Fragerechte oder, wie verkürzt formuliert wird, des "Interpellationsrechts". Die in der Geschäftsordnung des Bundestages vorgesehenen Fragerechte seien Konkretisierungen des Art.43 Abs.1 GG[35].

Andere Autoren halten die Bestimmung wegen ihrer geringen praktischen Relevanz und mangels einer über den eigentlichen Wortlaut hinausgehenden Bedeutung für ein "Überbleibsel des Konstitutionalismus"[36]. Der Meinungsstreit hat in dieser Untersuchung Auswirkungen erst im Rahmen der Frage, ob eine Antwortpflicht auf Berichtsbeschlüsse besteht und wird daher auch erst an dieser Stelle zu entscheiden sein[37]. Trotzdem soll hier jedoch schon die geschichtliche Entwicklung des Zitierrechts kurz dargestellt werden.

c) Die Geschichte des Zitierrechts geht auf die französischen Verfassungen von 1791 und 1793 zurück[38].

In Deutschland findet sich aber bis zur Revolution von 1848/49 in keiner Verfassung das Zitierrecht[39]. Erst in den preußischen Verfassungen von 1848/50 war nach belgischem Vorbild[40] in Art.60 Abs.2 das Zitierrecht enthalten:

> "Jede Kammer kann die Gegenwart der Minister verlangen."

Ebenso waren lediglich in der Geschäftsordnung des Abgeordnetenhauses, nicht aber in der Verfassung ausdrücklich die Interpellationen geregelt. Die damalige Rechtslage in Preußen entspricht daher im wesentlichen der heutigen nach dem Grundgesetz und der Geschäftsordnung des Bundestages. Von

---

33 Schindler, Datenhandbuch 1949-1982, S.421ff., 1980-1987, S.363ff.

34 Scupin in BKGG (Erstbearb.), Art.53 Anm.II.1.

35 Vgl. nur Maunz in: M/D/H/S, Art.43 Rdnr.1; weitere Nachweise im 7. Teil, III.1. und 7.

36 Meier, Zitierrecht, S.146; Lutterbeck, Parlament, S.125.

37 Dazu im 7.Teil, III.

38 Ausführlich zur geschichtlichen Entwicklung vgl. etwa Meier, Zitierrecht, S.58ff.

39 Zu den Entwicklungen in den deutschen Ländern: Meier, Zitierrecht, S.61ff.

40 Zu den Gründen für die Verwandtschaft der preußischen mit der belgischen Verfassung vgl. Anschütz, Die Verfassungsurkunde für den Preußischen Staat, 1912, S.36ff. m.w.N.

besonderer Bedeutung für die heutige Zeit ist deshalb, daß damals ein Zusammenhang zwischen den Interpellationen und dem Zitierrecht im engeren Sinne gesehen wurde, da die Geschäftsordnung des preußischen Abgeordnetenhauses in den §§ 33 und 34 die Behandlung der Interpellationen regelte und in § 34 Abs.2 unmittelbar im Anschluß bestimmte:

"Anträge im Sinne des Art.60 der Verfassungsurkunde, Abs.2, sind jederzeit zulässig."[41]

Die Paulskirchenverfassung vom 28.März 1849 führte in § 122 sogar eine ausdrückliche Auskunftspflicht des Zitierten auf[42].

Im Gegensatz zu den vorherigen Verfassungen enthielten die Verfassung des Norddeutschen Bundes von 1867 und die Bismarcksche Reichsverfassung von 1871 kein Zitierrecht. *Bismarck* hielt eine entprechende Regelung für überflüssig, da sie ein Regierungsmitglied ohnehin nur zur "schweigenden Anwesenheit" verpflichten könne[43]. Damit gab *Bismarck* die zu dieser Zeit wohl herrschende Rechtsauffassung wieder[44]. Das Interpellationsrecht war jedoch zumindest in der Geschäftsordnung des Reichstages in den §§ 32f. geregelt.

Die Weimarer Reichsverfassung vom 11.Aug.1919 enthielt in Art.33 Abs.1 wieder das Zitierrecht, welches dem Art.60 Abs.2 der preußischen Verfassung von 1850 angelehnt war:

"Der Reichstag und seine Ausschüsse können die Anwesenheit des Reichskanzlers und jedes Reichsministers verlangen."

In der Geschäftsordnung des Reichstages vom 17.Febr.1923[45] behandelte § 95 das Zitierrecht, während die §§ 55 bis 62 die Interpellation und die neu hinzugekommene Kleine Anfrage regelten.

Von der wohl h.L. wurde nun Art.33 Abs.1 WRV als Gewährleistung des Interpellationsrechts angesehen. Art.33 Abs.1 WRV gab nach dieser Ansicht

---

41 Abgedruckt bei Hatschek, Interpellationsrecht, S.110.

42 Näher dazu oben im 2.Teil, I.

43 So Bismarck als Erwiderung auf einen Antrag auf Einführung des Zitierrechts im konstituierenden Reichstag von 1867, wörtlich wiedergegeben bei v.Einem, Auskunftspflicht, S.72f. und Meier, Zitierrecht, S.77f.

44 So jedenfalls Meier, Zitierrecht, S.72 Fußnote 60 m.w.N.; anders jedoch Hatschek, Interpellationsrecht, S.111, der aus dem Petitionsinformierungsrecht nach Art.81 Abs.3 preuß.Verf. eine "Verpflichtung zur Berücksichtigung der Interpellationen" folgerte, sowie Rosegger, Interpellationsrecht, S.75f. der Art.60 Abs.2 eine "Äußerungspflicht" entnimmt.

45 RGBl.II 101.

der Reichsregierung die Verpflichtung auf, auf Fragen "Rede und Antwort zu stehen"[46].

Das Grundgesetz vom 23.Mai 1949 übernahm in Art.43 Abs.1 den Art.33 Abs.1 WRV fast wörtlich, ohne daß über den Inhalt der Bestimmung Diskussionen im Parlamentarischen Rat stattfanden[47].

d) In der Geschäftsordnung des Bundestages haben die Verfahrensmodalitäten zur Befragung eines zitierten Regierungsmitglieds keine besondere Regelung gefunden; vielmehr wird in den §§ 42 und 68 GOBT im wesentlichen nur der Wortlaut des Art.43 Abs.1 GG wiedergegeben und ebenfalls nur die "Herbeirufung" geregelt. Dies ist verwunderlich, da es sich beim Zitierrecht neben dem Recht aus Art.44 GG um das einzige, ausdrücklich in der Verfassung aufgeführte Informationsrecht des Bundestages handelt und scheint die in der Literatur vertretene Konkretisierungsthese zu bestätigen[48].

In der Praxis wird die fehlende Regelung dadurch umgangen, daß der Herbeirufungsantrag innerhalb der Begründung schon die jeweiligen Fragen enthält[49]. Außerdem besteht über die allgemeinen Bestimmungen in den §§ 27ff. GOBT die Möglichkeit, sich zu Wort zu melden und Zwischenfragen zu stellen, vgl. § 27 Abs.2. Damit kann das zitierte Regierungsmitglied befragt werden.

Auf die Frage, ob der Befragte auch verpflichtet ist zu antworten, wird an anderer Stelle eingegangen[50].

2. *Einzelfragen zur mündlichen und schriftlichen Beantwortung (Fragestunde)*

Einzelfragen nach § 105 GOBT in Verbindung mit Anlage 4 geben dem einzelnen Abgeordneten Informationsmöglichkeiten. Auf die Unterstützung von anderen Abgeordneten ist er nicht angewiesen. Zu unterscheiden sind Fragen zur mündlichen oder schriftlichen Beantwortung. Die Fragen selbst sind grundsätzlich immer schriftlich zu stellen, vgl. Anl.4 II. Allein Zusatzfragen können auch mündlich erst in der Fragestunde formuliert werden, Anl.4 Nr.3 und 16. Es ist demnach zumindest mißverständlich, verkürzt von "mündlichen und schriftlichen Anfragen" zu sprechen, wie es gelegentlich

---

46 Anschütz, WRV, Art.33 Anm.1.; a.A. jedoch Poetzsch-Heffter, WRV, Art.33 Erl.2.

47 Meier, Zitierrecht, S.137.m.w.N.

48 Ausführlich dazu im 7.Teil, III. 1. und 7.

49 Ritzel/Bücker, § 42 Anm.b.

50 Dazu im 7.Teil, III. 1. und 7.

geschieht[51]. Einzelfragen zur mündlichen Beantwortung werden in jeder Sitzungswoche in einer Fragestunde gestellt, nachdem sie vorher beim Parlamentssekretariat schriftlich eingereicht wurden.

Die Geschichte der parlamentarischen Anfragen einzelner Abgeordneter reicht weit zurück. Die Ursprünge finden sich in England, wo sich sehr früh Anfragen als Mittel der Kontrolle über Minister herausbildeten. Die erste schriftlich belegte parlamentarische Anfrage wurde am 9.Febr.1721 im House of Lords von Earl Cowper an den damaligen Premierminister, Earl of Sunderland, gestellt anläßlich des Bankrotts der "South Sea Company"[52].

Die Fragestunde war bei ihrer Einführung im Bundestag 1949-51 zwar anfangs als rein mündliches Institut "zur Verlebendigung des parlamentarischen Lebens"[53] durch die Mündlichkeit und damit die Beteiligung der Öffentlichkeit gedacht. Die damalige Opposition versprach sich mit der für den Befragten überraschenden Frage auch ein Mittel, ihn in die Enge zu treiben. Die Regierungsparteien wollten dem Befragten jedoch ein solches Risiko ersparen und drangen auf eine möglichst frühzeitige Mitteilung der Frage. Schließlich kam es mit der Geschäftsordnung vom 1.Januar 1952 in § 111 zu einem Kompromiß. Die Frage sollte zwar schriftlich 3 Tage vorher mitgeteilt werden; mündliche Zusatzfragen waren jedoch in der Beratung möglich. Im wesentlichen gilt diese Regelung in § 105 GOBT i.V.m. Anl.4 heute noch[54].

Große Bedeutung erlangten allerdings mit den Änderungen der Geschäftsordnung 1970 und 1980 auch die (schriftlichen) Einzelfragen zur *schriftlichen* Beantwortung, vgl. Anl.4 IV[55]. Jedem Abgeordneten stehen nunmehr in einer Sitzungswoche 2 Fragen zur mündlichen und pro Monat 4 Fragen zur schriftlichen Beantwortung zu, vgl. Anl.4 Nr.1 und 13. Daraus resultiert eine wahre Fragenflut, die jedoch auch wegen der Schriftlichkeit des Verfahrens das eigentliche Anliegen, die Arbeit des Parlaments zu beleben, nicht im gewünschten Maße erreicht hat. Insgesamt wurden bereits über 100.000 Fragen gestellt[56]. Schon wegen der kurzen Zeit, die der Bundesregierung für ihre Antwort zugestanden wird, können die Antworten in der Fragestunde nicht den Umfang und die Tiefe erreichen wie die Antworten

---

51 Vgl. die Formulierung in § 105 GOBT: "Einzelfragen zur mündlichen oder schriftlichen Beantwortung".

52 Klemmt, Die Verantwortlichkeit der Minister in Großbritannien, S.332ff.

53 GO-Ausschuß, 1.WP, 7.Sitz., 14.12.1949, Mat.Bd.1, S.27, wiedergegeben bei Witte-Wegmann, Recht und Kontrollfunktion; S.54ff.

54 Vgl. zur geschichtlichen Entwicklung Witte-Wegmann, Recht und Kontrollfunktion, S.54ff.; Geck, Fragestunde, S.34f.

55 Näher zum Verfahren Ritzel/Bücker, Anl.4 Fragestunde; Geck, Fragestunde, S.56ff.

56 Vgl. Geck, Fragestunde, S.127ff.

auf Große oder Kleine Anfragen oder parlamentarische Berichte. Zweck der Befragung ist daher weniger die umfassende Sachinformation, sondern vielmehr Information und politische Auseinandersetzung über momentanes, von der Bundesregierung ad-hoc mitgeteiltes Wissen und Meinungen zu konkreten Gegenständen.

3. Die Aktuelle Stunde

Die am 27.Januar 1965 eingeführte Aktuelle Stunde sollte ebenfalls der Belebung der Parlamentsarbeit dienen und den Unzulänglichkeiten der Fragestunde abhelfen[57]. Anfangs fristete die Aktuelle Stunde jedoch ein Schattendasein; erst ab der 10.Wahlperiode ab 1983 kam es durch den Regierungswechsel und den Einzug der "Grünen" in den Bundestag zu einem sprunghaften Anstieg von 12 Aktuellen Stunden in der 9.Wahlperiode auf 117[58]. Nach § 106 Abs.1 GOBT i.V.m. Anl.5 wird die Aktuelle Stunde nicht in einem formalisierten Frage-Antwort-Verfahren durchgeführt, sondern gestaltet sich in der Form von jeweils für die Abgeordneten höchstens fünfminütigen Reden und Gegenreden zu einem bestimmten Thema. Lediglich dieses Thema steht vorher fest. Auch hier ist Gegenstand der Debatte die momentane Meinung des Plenums und der Bundesregierung zu dem jeweiligen Thema der "Aktuellen Stunde".

4. Die "Befragung der Bundesregierung" (Kabinettberichterstattung)

Mit der Änderung der Geschäftsordnung des Bundestages von 1990 wurde nach einer Erprobung in der 7.Wahlperiode als "Kabinett-Informationen"[59] und einer neuerlichen Durchführung ab dem 13.Oktober 1988[60] die "Befragung der Bundesregierung" endgültig als Informationsmittel in § 106 Abs.2 i.V.m.Anl.7 GOBT aufgenommen. Die Befragung findet in jeder Sitzungswoche mittwochs um 13.00 Uhr statt und kann zu allen Themen von aktuellem Interesse abgehalten werden, vgl. Anl.7 Nr.1, 2 GOBT. Vorrangig Gegenstand der Befragung soll jedoch die vorangegangene Kabinettsitzung der Bundesregierung sein, vgl. Anl.7 Nr.2 GOBT, wie sich auch aus der ursprünglichen Herkunft der "Befragung" als Kabinettberichterstattung

57 Vgl. Witte-Wegmann, Recht und Kontrollfunktion, S.77.
58 Schindler, Datenhandbuch 1980-87, S.661ff.
59 Vgl. dazu Schindler, Datenhandbuch 1949-82, S.759f.
60 BT-StenoB 11/89/13.10.88, S.6751A; vgl. auch BT-Ds 11/5962.

ergibt. Nach der Fassung der Anlage 7 Nr.2 GOBT könnte die "Befragung" jedoch darüberhinaus Grundlage einer allgemeinen ad-hoc-Befragung der Bundesregierung werden, da der Gegenstand der Kabinettsitzung lediglich "vorrangig" Gegenstand der Befragung der Bundesregierung ist und demnach auch andere Themen in Frage kommen. Sofern "Kabinettsinterna" Gegenstand der Befragung sind, wird aus verfassungsrechtlicher Sicht selbst bei einer grundsätzlich anzuerkennenden Informationspflicht der Bundesregierung permanent der "Kernbereich exekutiver Eigenverantwortung" tangiert sein[61]. Deshalb wird im Großteil der Fälle keine Antwortpflicht bestehen.

Mitunter überraschend für die Mitglieder der Bundesregierung kann die vorgesehene "Befragung" ohne eine vorherige Einreichung der Fragen beim Bundestagspräsidenten und deren Mitteilung an die Bundesregierung sein. Dies ist im Vergleich mit der Fragestunde neu und war bereits bei ihrer Einführung diskutiert, aber von den Regierungsfraktionen abgelehnt worden.

Die Antworten der Bundesregierung in der "Befragung" sind in der Regel nicht mit Berichten der Bundesregierung zu vergleichen, da sie das jeweilige Thema nicht umfassend und nur punktuell erschöpfen.

III. Die Selbstinformierung des Bundestages

1. Untersuchungsausschüsse[62]

Das älteste Selbstinformationsrecht des Parlaments, nach Art.44 GG Untersuchungsausschüsse einzusetzen, hat sich in der parlamentarischen Praxis zu einem "politischen Kampfinstrument" der Opposition zur Aufdeckung von Mißständen und Skandalen entwickelt[63]. Damit sind sie in Ausgestaltung und Funktion nicht mit parlamentarischen Berichten zu vergleichen. Zum einen dienen Berichte mehr der Sachinformation auf politisch weniger umstrittenen Gebieten, zum anderen können sie nur durch ein Mehrheitsvotum durch Gesetz oder einfachen Beschluß angefordert werden und eignen sich daher kaum als Informationsmittel der Opposition, während die Einsetzung eines Untersuchungsausschusses nach Art.44 GG schon von qualifizierten Minderheiten verlangt werden kann. Außerdem vermitteln Untersuchungsausschüsse dem Parlament die erforderlichen Informationen mittels eigener

61 Vgl. dazu Busse, DÖV 1989, 45ff., 49 FN 28 und hier 9. Teil, IV.

62 Vgl. dazu ausführlich aus jüngster Zeit M.Schröder in: Schneider/Zeh, § 46 m.w.N.

63 M.Schröder, aaO., Rdnr.8.

Ermittlungstätigkeit durch Amts- und Rechtshilfe- sowie durch strafprozessuale Befugnisse, während Berichtspflichten mit der Ermittlungstätigkeit die Bundesregierung beauftragen.

Damit ist eine "Auftragsuntersuchung" durch eine Berichtspflicht für den Bundestag einfacher, sodaß ihnen schon deshalb in den meisten Fällen der Vorrang gegeben wird. Jedoch bleibt der Bundestag auf die Gründlichkeit und Objektivität der Bundesregierung angewiesen. Sofern Anlaß zu Mißtrauen in die Ermittlungen der Regierung besteht - eben bei Mißständen und Skandalen -, ist eine originäre Informierung des Parlamentes durch die Einsetzung eines Untersuchungsausschusse angebracht.

Nach Beendigung des Untersuchungsverfahrens besteht eine Berichtspflicht des Ausschusses gegenüber dem Plenum. Sofern das Plenum es für erforderlich hält, kann es auch vorher Zwischenberichte durch einen "schlichten" Parlamentsbeschluß anfordern[64]. Diese Berichtspflichten ergeben sich aus der Stellung des Untersuchungsausschusses als Hilfs- oder Unterorgan des Plenums[65] und sind in den §§ 54 Abs.2, 62 Abs.2 und 66 der Geschäftsordnung des Bundestages allgemein geregelt[66]. Bei diesen Berichtspflichten handelt es sich um parlamentsinterne Pflichten, die daher nicht zu den hier untersuchten organexternen Berichten zu zählen sind[67].

Historisch ist das "Enquete-Recht" verwandt mit den parlamentarischen Berichtspflichten. Als Vorläufer des erst 1918/19 für das Deutsche Reich[68] eingeführten Rechts, Untersuchungsausschüsse einzusetzen, verabschiedete der Reichstag im Bismarck-Reich eine Anzahl von Gesetzen, die die Regierung mit bestimmten Untersuchungen beauftragten oder besondere Kommissionen einsetzten, die ihr Ergebnis dem Parlament mitzuteilen hatten[69]. Dabei handelte es sich um Berichtsgesetze.

---

64 M.Schröder, aaO., Rdnr.41.

65 Versteyl in v.Münch, Art.44 Rdnr.8.

66 Als spezielle "Normen" vgl. § 23 der sog. "IPA-Regeln", BT-Ds V/4209, S.5 sowie § 25 des Gesetzentwurfs über Einsetzung und Verfahren von Untersuchungsausschüssen des Bundestages v.27.11.86, BT-Ds 10/6587, S.8.

67 Vgl. 1.Teil, I. 3.

68 Seit 1848 existierte in Art.82 der Verfassungen von 1848/50 in Preußen das Recht der Kammern, Kommissionen zur Untersuchung von Tatsachen einzusetzen. Das Recht hatte jedoch zunächst nur sehr geringe, später gar keine praktische Bedeutung; näher dazu Lammers in: Anschütz/Thoma, HdBDtR II, S.455ff.

69 Lammers, aaO., S.457 FN 17 mit Berichtsgesetzen.

2. *Enquete-Kommissionen*[70]

Die erst 1970 geschaffenen Enquete-Kommissionen dienen ebenso wie Untersuchungsausschüsse der Informationsermittlung durch den Bundestag selbst und dessen "Binnenberatung"[71]. Die erforderlichen Auskünfte erhält die Kommission im Gegensatz zu den Untersuchungsausschüssen zunächst von ihren Mitgliedern selbst, da nach § 56 Abs.2 GOBT die Mitgliedschaft im Ausschuß nicht auf Parlamentarier beschränkt ist, sondern auch Externe, in der Regel Fachleute, hinzugezogen werden können.

Enquete-Kommissionen dienen der "Vorbereitung von Entscheidungen über umfangreiche und bedeutsame Sachkomplexe" (§ 56 Abs.1 GOBT) - insbesondere also Gesetzesvorhaben - und erfüllen daher ähnliche Funktionen wie einige parlamentarische Berichte. Da sich Untersuchungsausschüsse in der Praxis immer mehr als Ausschüsse zur Untersuchung von Mißständen und Skandalen entwickelten, sollte mit der Einführung der Enquete-Kommissionen ein Instrument geschaffen werden, das als Gegengewicht zu den Informationsmöglichkeiten der Regierung größere Sachkomplexe im Zusammenwirken mit Wissenschaft und Praxis aufarbeiten sollte[72]. Ebenso wie Berichte dienen Enquete-Kommissionen daher weniger der aktuellen politischen Auseinandersetzung als der sich über längere Zeit erstreckenden Informierung und der sich anschließenden Sachinformation des Plenums.

Enquete-Kommissionen unterscheiden sich von parlamentarischen Berichtspflichten außer in ihrer Stellung als Mittel der Selbstinformierung auch in ihrer Bedeutung für die Opposition, da sie schon auf Antrag eines Viertels der Mitglieder des Bundestages einzurichten sind, vgl. § 56 Abs.1 GOBT, es sich also auch um ein Minderheitenrecht handelt.

Nach § 56 Abs.4 GOBT besteht auch für Enquete-Kommissionen eine (interne) Berichtspflicht gegenüber dem Plenum.

3. *Anhörungen der Ausschüsse ("Hearings")*[73]

Jeder Ausschuß des Bundestages - dazu zählen hier auch Enquete-Kommissionen[74] - kann nach § 70 GOBT öffentliche und nach § 70 Abs.7 GOBT auch nichtöffentliche Anhörungssitzungen ("Hearings") durchführen. Im

---

70 Ausführlich Hoffmann-Riem/Ramcke in: Schneider/Zeh, § 47 m.w.N.

71 Hoffmann-Riem/Ramcke, aaO., Rdnr.60.

72 Hoffmann-Riem/Ramcke, aaO., Rdnr.1.

73 Ausführlich Schüttemeyer in: Schneider/Zeh, § 42 m.w.N.

74 Hoffmann-Riem/Ramcke, aaO., Rdnr.48.

Gegensatz zur Einsetzung von Untersuchungsausschüssen und Enquete-Kommissionen werden sie inzwischen vergleichsweise häufig abgehalten[75]. "Hearings" vermitteln über die Anhörung von "Sachverständigen, Interessenvertretern und anderen Auskunftspersonen" (§ 70 Abs.1 Satz 1 GOBT) fremden Sachverstand. Der Bundestag kann sich wiederum originär ohne die Zwischenstufe der Bundesregierung informieren. Anhörungen dienen insbesondere - ebenso wie ein Großteil der parlamentarischen Berichte - der Gesetzgebungsarbeit des Bundestages[76]. "Hearings" unterscheiden sich von parlamentarischen Berichten durch die regelmäßig mündliche Anhörung[77] - Berichte werden in der Regel schriftlich abgegeben. Schließlich muß nach § 70 Abs.1 Satz 2 GOBT bei überwiesenen Vorlagen auf Verlangen eines Viertels der Mitglieder des Auschusses eine Anhörung durchgeführt werden. Damit besteht auch hier ein Minderheitenrecht.

IV. Weitere Informationsmittel des Plenums; Informationsbefugnisse von Hilfsorganen

Außer den eben erläuterten Informationsinstrumenten verfügen der Bundestag, seine Ausschüsse, Fraktionen und Abgeordneten auch über zahlreiche andere und teilweise weniger formelle Möglichkeiten, sich Wissen zu verschaffen. Zu nennen sind u.a. die Informationen, die die einzelnen Abgeordneten von ihren Wählern im Wahlkreis erhalten, die an das Parlament gerichteten Petitionen, der Wissenschaftliche Dienst des Bundestags, die Fraktionshilfsdienste und die Abgeordnetenassistenten[78].

Auch die Bundestagsausschüsse und andere Hilfsorgane besitzen Informierungsbefugnisse. Für Untersuchungsausschüsse wurde dies bereits erwähnt, darüberhinaus bestehen die gleichen Befugnisse für den Verteidigungsaus-

---

75 In der 10.Legislaturperiode betrug die Zahl der Anhörungen 165, vgl. Schindler, Datenhandbuch 1980-87, S.482ff.

76 Schüttemeyer, aaO., Rdnr.18f., 23ff.

77 Vgl. aber § 70 Abs.5 GOBT.

78 Zu den verschiedenen Instrumente der Informationsgewinnung, -verarbeitung und -bewertung vgl. ausführlich Steffani in: Schneider/Zeh, § 49 Rdnr.21ff., der die Informationsmittel allerdings nur im Zusammenhang mit der Regierungskontrolle untersucht. Vgl. außerdem Püttner/Kretschmer, Die Staatsorganisation, Bd.1, 1978, S.84-86; zu den Wissenschaftlichen Diensten Quaritsch, Die wissenschaftlichen Dienste des Deutschen Bundestages, in: Festschrift für Ernst Forsthoff zum 70.Geburtstag, 1972, S.303ff.; rechtsvergleichend: A.Ruch, Das Berufsparlament, 1976, S.99ff.m.w.N.(zum amerikan. Legislative Reference Service), S.102ff.(Hilfsdienste des Bundestages), S.106ff.(andere Parlamente).

schuß, vgl. Art.45a Abs.2 Satz 1 i.V.m. 44 GG. Dem Petitionsauschuß stehen zahlreiche Befugnisse nach den §§ 1, 2 und 7 des Gesetzes nach Art.45c GG zu, u.a. Aktenvorlage-, Anhörungs- und Amtshilferechte. Der Ausschuß für Wahlprüfung, Immunität und Geschäftsordnung hat nach § 5 des Wahlprüfungsgesetzes in Wahlprüfungsangelegenheiten die Rechte, Zeugen und Sachverständige zu vernehmen sowie Amts- und Rechtshilfebefugnisse. Gegenüber der Parlamentarischen Kontrollkommission obliegt der Bundesregierung nach § 2 des Gesetzes über die parlamentarische Kontrolle nachrichtendienstlicher Tätigkeit des Bundes eine umfassende Berichtspflicht[79]. Die sog. "G-10-Kommission" hat ähnliche Rechte nach Art.1 §§ 1 Abs.2, 9 des Gesetzes zu Art.10 GG. In § 10a Abs.2 BHO ist eine Berichtspflicht des Bundesrechnungshofes gegenüber dem "Vertrauensgremium" zur Genehmigung der Wirtschaftspläne der Nachrichtendienste enthalten. Der Wehrbeauftragte hat nach den §§ 3, 4 und 12 des Wehrbeauftragtengesetzes zahlreiche Informierungsbefugnisse, u.a. Akteneinsichts- und Amtshilferechte.

Schließlich kann auch die Bundestagsverwaltung Amts- und Rechtshilfe nach Art.35 Abs.1 GG in Anspruch nehmen, da sie nach h.M. in den Behördenbegriff der Vorschrift einbezogen ist[80].

Für verschiedene Hilfsorgane des Bundestages ist damit in der Tendenz eine Annäherung an die Informationsrechte der Exekutive festzustellen.

---

79 Zu den folgenden Organen vgl. Schindler, Datenhandbuch 1980-87, S.685ff.

80 Gubelt in: v.Münch, Art.35 Rdnr.3.

5. Teil: Funktionen

Den "klassischen" Parlamentsfunktionen, Gesetzgebung, Regierungsbildung und Regierungskontrolle[1], lassen sich auch die vom Bundestag festgelegten Berichtsanforderungen zuordnen. Für parlamentarische Untersuchungsausschüsse ist dies bereits entwickelt worden[2]; die gleichen Feststellungen können auch für das Berichtswesen getroffen werden:

So diente der Beschluß vom 6.Mai 1976[3], der die Bundesregierung um einen "Bericht über Erfahrungen mit dem Arzneimittelgesetz" ersuchte, vorrangig der Gesetzgebungsfunktion; der Beschluß vom 10.Dezember 1987[4], der einen "Bericht über Ergebnisse und vollzogene Maßnahmen betr. Jahresbericht 1986 des Wehrbeauftragten" anforderte, hingegen der Regierungskontrolle.

Berichte zur Regierungsbildung sind in der Praxis nicht anzutreffen, da die Parlamentsmehrheit, die den Bericht anfordern müßte, sich zur Entscheidungsfindung etwa über die Wahl des Bundeskanzlers gem. Art.63 GG nicht des Plenums des Bundestages, sondern anderer Mittel, wie Parteitagen etc., bedient[5].

Im übrigen wäre nach Art.63 Abs.1 GG "eine Aussprache" nach dem Vorschlag des Bundespräsidenten unzulässig.

Die damit übrigbleibenden Gesetzgebungs- und Kontrollfunktionen lassen sich nicht völlig voneinander trennen.

So kann die Gesetzgebung bei einer weiten Auslegung der Kontrollfunktion im Sinne einer nicht nur nachträglichen Überprüfung, sondern auch vorgängigen "dirigierenden Kontrolle" als Unterfall der Regierungskontrolle aufgefaßt werden[6], weswegen die Auffassung vertreten wird, die

---

1 Vgl. etwa Stern, Staatsrecht II, § 26 II 2 a m.w.N.

2 Dazu Steffani, Funktion und Kompetenz parlamentarischer Untersuchungsausschüsse, PVS 1960, 153ff.(173ff.): Gesetzgebungs- und Kontrollenqueten, Enqueten in Kollegialsachen, politisch-propagandistische Enqueten; vgl. auch Stern, Staatsrecht II, § 26 II 3c m.w.N.

3 BT-Ds 7/5025.

4 BT-Ds 11/1131.

5 Für mehr Transparenz und Öffentlichkeit der Regierungsbildung H.-P.Schneider/Zeh in: Schneider/Zeh, § 48 Rdnr.72.

6 In diesem Sinne: Achterberg, Parlamentsrecht, S.411ff.; H.H.Klein aaO.; eine auch wortgeschichtliche Darstellung der verschiedenen Kontrolldefinitionen bei Steffani,

Kontrolle werde "uno actu" mit anderen Parlamentsfunktionen wahrgenommen[7]. Außerdem sind bei Berichtsanforderungen, die lediglich Berichte zu den Erfahrungen mit bestimmten Gesetzen verlangen, exekutive Maßnahmen von Relevanz, da Rechtsverordnungen, Verwaltungsvorschriften etc. den Erfolg eines Gesetzes mitbeeinflussen.

Der durch Beschluß vom 26.Mai 1981[8] angeforderte "Bericht über die Erfahrungen mit dem Gesetz zur Neuordnung des Betäubungsmittelrechts, insbesondere der strafrechtlichen und pharmakologischen Regelungen" diente etwa vorrangig der Gesetzgebung, indem nach der Bewährung des Gesetzes in der Praxis gefragt wurde - der Hauptteil des Berichts[9] -, aber auch der Regierungs- und Verwaltungskontrolle, da im Rahmen der "Erfahrungen" exekutive Maßnahmen von Relevanz waren[10]. Trotzdem läßt sich feststellen, daß der Schwerpunkt des Berichtsersuchens und des Berichts auf der Überprüfung des Gesetzes selbst in der praktischen Bewährung lag und damit die Gesetzgebungsfunktion überwog.

Man gelangt allerdings zu einer verengten Betrachtungsweise, wenn man parlamentarische Berichtsanforderungen lediglich als Instrumente der Gesetzgebung oder der Regierungskontrolle auffassen wollte. Die Funktionen der Berichte sind damit nicht abschließend umschrieben. Vielmehr lassen sich eine ganze Reihe weiterer Funktionen feststellen, so Öffentlichkeits-, Regierungs-, Ausgleichs- und Planungsfunktionen[11]. Nach der für Untersuchungsausschüsse entwickelten "Korollartheorie"[12] kann zwar ein parlamentarisches Informationsinstrument nicht mehr Funktionen in Anspruch nehmen als das Parlament selber. Wenn diese Voraussetzung aber gegeben ist, lassen sich auch andere Funktionen, mitunter als Nebeneffekte, feststellen.

Verfahren und Wirkungen der parlamentarischen Kontrolle in: Schneider/Zeh, § 49 Rdnr.1ff.; vgl. auch P.Kirchhof in: HdBStR III, § 59 Rdnr.188ff.

7 H.H.Klein in: HdBStR II, § 40 Rdnr.30.

8 Antrag in BT-Ds 9/443.

9 Bericht in BT-Ds 10/843, 44 Seiten.

10 Vgl. den Bericht über zwei aufgrund des Gesetzes erlassene Rechtsverordnungen (Betäubungsmittelverschreibungs- und Betäubungsmittelaußenhandelsverordnung) auf S.14f., die Erfahrungen der obersten Landesbehörden, S.35, die Maßnahmen an der deutschen Grenze, S.41, die Maßnahmen im Inland durch Polizei und allgemeine Verwaltung, S.41, die Maßnahmen in den Haftanstalten, S.41.

11 Dazu im 5.Teil, I. 3., 4. und 5..

12 Nach Egon Zweig, Die parlamentarische Enquete nach deutschem und österreichischem Recht, Zeitschrift für Politik 1913 (Bd.VI), 265, 267ff., 307; vgl. auch M.Schröder in: Schneider/Zeh, § 46 Rdnr.3 und FN 6 m.w.N.; W.Simons, Das parlamentarische Untersuchungsrecht im Bundesstaat, S.59ff. m.w.N.

Außer den Absichten, die das Parlament mit den jeweiligen Berichten verfolgt, verdienen auch die Intentionen der Bundesregierung Beachtung, die die meisten parlamentarischen Berichte erstattet. Insbesondere bei Gesamt- und Ressortberichten besteht aufgrund des in der jeweiligen Berichtsanforderung festgelegten, meist sehr weit gefaßten und unbestimmten Berichtsthemas für die Bundesregierung ein erheblicher Spielraum in der Gestaltung des Berichts. Die dem Bundestag gegenüber aus eigener Initiative der Bundesregierung ohne eine Berichtspflicht abgegebenen Berichte sind ohnehin allein aus Regierungssicht zu betrachten, die einen Bericht z.B. dafür nutzen kann, ihre Tätigkeit über das Parlament und die Medien - vgl. Art.42 Abs.1 GG - der Öffentlichkeit in günstiger Weise darzustellen.

Diese "Ambivalenz" des parlamentarischen Berichtswesens[13] dürfte ein entscheidender Grund für seine stetige Zunahme sein.

I. Funktionen aus der Sicht des Bundestages

1. Gesetzgebungsfunktion

Berichte verschaffen dem Bundestag Informationen und damit die Tatsachengrundlage für die Gesetzgebungsarbeit. Dabei können die Informationen sowohl in der Vorbereitungsphase des Gesetzes, "ex ante", als auch "ex post" zur Überprüfung eines schon verabschiedeten Gesetzes nach einem gewissen Zeitraum angefordert werden, wobei sich die vorherige und nachträgliche Prüfung von Gesetzen oft nicht voneinander trennen lassen.

Ist eine Materie bereits gesetzlich geregelt, ergibt sich erst aus einer Erfolgsbewertung die mögliche Notwendigkeit einer Änderung. Nachträgliche und vorbereitende Gesetzesüberprüfung stehen daher in Berichten oft im Zusammenhang[14]. Trotzdem lassen sich Schwerpunkte solcher Prüfungsberichte feststellen, die ihre grobe Einordnung ermöglichen.

---

13 Ismayr, ZParl 1990, 556.

14 Z.B. Berichte betr. Erfahrungen mit der Koordinierungsbefugnis des Bundeskriminalamtes zur Überprüfung des bisherigen Gesetzes und der Vorbereitung des Änderungsgesetzes über die Einrichtung eines Bundeskriminalamtes v.19.9.1969, BGBl.I 1717; Berichte in BT-Ds V/1377, 2552, 2855, 3792, vgl. Schindler, Datenhandbuch 1949-82, S.485.

a) Vorbereitende Berichte

aa) Leistungsanpassungsberichte

Beispiele für die gesetzesvorbereitende Funktion von Berichten sind insbesondere die verschiedenen von der Bundesregierung zu erstattenden "Leistungsanpassungsberichte". Diese Berichte dienen der in bestimmten Fällen durch Gesetz zu erfolgenden "Dynamisierung" von staatlichen Leistungen bei Veränderungen der wirtschaftlichen Verhältnisse[15].

Zu nennen ist z.B. der frühere Rentenanpassungsbericht gem. §§ 1273 RVO, 50 AVG, 71 RKG a.F.[16] zur Vorbereitung des jährlichen Rentenanpassungsgesetzes gem. §§ 1272 RVO, 49 AVG a.F. Die gesetzesvorbereitende Funktion läßt sich aus Systematik und Wortlaut der Tatbestände schließen. So folgten die §§ 1273 RVO und 50 AVG a.F. auf Tatbestände, die die jährliche gesetzliche Rentenanpassung bei Veränderungen der allgemeinen Bemessungsgrundlage forderten; § 71 RKG a.F. verlangte dies in Abs.1 und erklärte in Abs.3 u.a. § 1273 RVO für anwendbar. Nach §§ 1273 RVO, 50 AVG a.E. hatte die Bundesregierung im Rentenanpassungsbericht auch Vorschläge für die nach den §§ 1272 RVO, 49 AVG a.F. zu treffenden Maßnahmen zu machen. Der Rentenanpassungsbericht hatte daher die bisherige Rentenanpassungsgesetzgebung zu überprüfen, Veränderungen der allgemeinen Bemessungsgrundlage festzustellen und Vorschläge für die Rentenanpassung zu machen.

Den Rentenanpassungsberichten ähnlich sind der Wohngeld- und Mietenbericht gem. § 8 Abs.7 Wohngeldgesetz, der der Anpassung der nach § 8 Abs.1 festzusetzenden, bei der Gewährung des Wohngeldes nicht zu berücksichtigenden Miet- und Belastungshöchstbeträgen dient, sowie der Bericht nach § 35 BAföG zur Anpassung von Bedarfssätzen und Freibeträgen an sich verändernde Lebenshaltungskosten durch Gesetz (§ 21 Abs.2 BAföG).

In die Kategorie der Leistungsanpassungsberichte läßt sich auch der Bericht des Bundestagspräsidenten gem. § 30 Abgeordnetengesetz zur Anpassung der Abgeordnetenbezüge aufgrund der gesetzlichen Vorschriften in den §§ 6 und 7 AbgG einordnen. Dabei handelt es sich allerdings um einen parlamentsinternen Bericht.

Im Zusammenhang mit der Entstehung der Vorschriften zur Rentenanpassung in der Reichsversicherungsordnung und dem Angestelltenversicherungsgesetz finden sich auch Erklärungen dafür, weswegen gerade diese Art

---

15 Vgl. dazu Schulze-Fielitz, Gesetzgebung, S.276.

16 Aufgehoben durch Art.6 Nr.24 Rentenreformgesetz 1992 v.18.12.1989, BGBl.I 2261, mit Wirkung vom 31.12.1991.

des Regelungsmechanismus gewählt wurde. Im Regierungsentwurf zu den die Rentenanpassung einführenden Arbeiter- bzw. Angestelltenversicherungs-Neuregelungsgesetzen vom 23.Februar 1957[17] war eine Rentenanpassung durch eine Rechtsverordnung der Bundesregierung alle fünf Jahre vorgesehen[18], ein Gesetzentwurf der SPD-Opposition wollte demgegenüber die automatische jährliche Anpassung ohne zusätzlich erforderliche Rechtsverordnungen oder Gesetze erreichen[19]. Danach waren die neuen Rentenbeträge nicht neu festzusetzen, sondern aufgrund der gesetzlichen Regelungen nur neu festzustellen. Dieser Vorschlag erschien dem die Entwürfe bearbeitenden Bundestagsausschuß als zu weitgehend. Die finanzielle Sicherstellung und die wirtschaftliche Tragbarkeit der Rentenerhöhung sah man als gefährdet an[20]. Die vom Ausschuß vorgeschlagene jährliche Anpassung durch ein Anpassungsgesetz des Bundestages aufgrund eines Berichts sollte demgegenüber durch das Erfordernis einer weiteren, die Erhöhung regelnden Vorschrift eine flexible Handhabung der Rentenerhöhungen auch unter Berücksichtigung knapper Haushaltsmittel sicherstellen. Außerdem war durch das Gesetzeserfordernis die Beteiligung des Bundestages in dieser ihm wichtig erscheinenden Regelungsmaterie gewahrt.

Eine weitere denkbare Alternative wäre auch die Regelung durch Zustimmungsverordnungen gewesen. In diesem Falle hätte die Bundesregierung die Erhöhungen selbst festgesetzt, u.U. auch aufgrund von Berichten, und den Bundestag von dieser Arbeit entlastet; dem Bundestag wäre ein "Veto-Recht" zur Wahrung seiner Beteiligung in dieser Frage verblieben. Diese Möglichkeit wurde jedoch anscheinend nicht in Erwägung gezogen. Angesichts der engen Verbindungen zwischen Bundesregierung und Bundestagsmehrheit wäre auch in der Praxis mit der Versagung der Zustimmung zu den Verordnungen der Regierung kaum jemals zu rechnen gewesen. Das Erfordernis eines Gesetzes sicherte demgegenüber die Berücksichtigung der Vorstellungen des Parlaments in größerem Maße, da - trotz der Vorschläge, die die Bundesregierung nach §§ 1273 RVO, 50 AVG a.E. zu machen hatte - das Parlament durch die erforderlichen 3 Lesungen und die Ausschußüberweisung stärker beteiligt war und mehr Möglichkeiten hatte, einzelne Änderungen durchzusetzen, statt im ganzen "Ja" oder "Nein" sagen zu müssen[21].

---

17 BGBl.I 45 bzw. 88.

18 BT-Ds II/2437, zu 2437, S.19, §§ 1276ff.

19 BT-Ds II/2314, S.16, §§ 44ff.

20 BT-Ds II/3080, S.9.

21 Im Rentenreformgesetz 1992 v.18.12.1989, BGBl.I 2261, hat sich der Gesetzgeber nunmehr in § 69 SGB VI für eine Verordnungsermächtigung entschieden. Danach legt die Bundesregierung durch Rechtsverordnung, die der Zustimmung (nur) des Bundes*rates* bedarf, den "aktuellen Rentenwert" fest, der nach § 64 Nr.3 SGB VI die

bb) Weitere Berichte

Außer dieser Art von Berichten erhält der Bundestag auch noch weitere, vorbereitende Berichte. In einem Beschluß vom 6.März 1963[22] wurde die Bundesregierung zu einem ersten Raumordnungsbericht aufgefordert. Der daraufhin erstattete Bericht lieferte dem Bundestag die Grundlage für das am 8.April 1965 verabschiedete Raumordnungsgesetz des Bundes[23]. Das einmalige Berichtsersuchen wurde als periodische gesetzliche Pflicht in § 11 BROG aufgenommen[24].

Ein weiteres Beispiel ist der Beschluß vom 1.Juli 1976[25], der die Bundesregierung zu einem "Künstlerbericht" über die soziale Sicherung der selbständigen Künstler aufforderte, der der Vorbereitung eines Künstlersozialversicherungsgesetzes diente[26].

Schließlich wurden bis zur Geschäftsordnungsreform 1969, mit der die Enquete-Kommissionen eingeführt wurden, auch vereinzelt die schon im Deutschen Reich von 1871 in einigen Fällen verabschiedeten Enquete-Gesetze gefaßt, die die Regierung zu gesetzesvorbereitenden Berichten verpflichteten[27].

Im Vergleich zu Berichten, die zur nachträglichen Überprüfung bestimmt sind, sind vorbereitende Berichte selten. Zum einen liegt dies daran, daß der Großteil der Gesetzesinitiativen von der Bundesregierung stammt[28], die

---

Höhe der Rente u.a. bestimmt. Zusätzlich muß ein "Rentenversicherungsbericht" nach § 154 SGB VI erstattet werden, der für die Rentenanpassung aber nicht mehr unmittelbar maßgebend ist.

22 Antrag in BT-Ds IV/473, Bericht in BT-Ds IV/1492.

23 BGBl.I 306.

24 Vgl. Bielenberg/Erbguth/Söfker, Raumordnungs- und Landesplanungsrecht des Bundes und der Länder, Bd.2, zu § 11 Anm.1.

25 Beschlußempfehlung in BT-Ds 7/5524; ein Bericht wurde nicht erstattet.

26 Das Gesetz kam nach fehlgeschlagenen Versuchen in den vorhergehenden Wahlperioden erst in der 9.LP zustande: G.v.27.7.1981, BGBl.I 705.

27 Gesetz über eine Untersuchung der Konzentration in der Wirtschaft v.31.12.1960, BGBl.I 9, Bericht: BT-Ds IV/2320 zur Vorbereitung des ersten Gesetzes zur Änderung des GWB v.15.9.1965, BGBl.I 1363; Gesetz über eine Untersuchung von Maßnahmen zur Verbesserung der Verkehrsverhältnisse der Gemeinden v.1.8.1961, BGBl.I 1109, Berichte: BT-Ds IV/1158 (Zwischenbericht), 2661, 3602, V/3883, 3884 (letztere aufgrund von Beschlüssen).

28 In der 10.Wahlperiode brachte die Bundesregierung 53,1 % der Gesetzesvorlagen ein; von den verabschiedeten Gesetzen stammten 74,1 % von der Bundesregierung; der Bundestag (besser wohl die Opposition) initiierte 35,1 % der Gesetze; 13,1 % wurden verabschiedet; Statistiken im einzelnen bei Schindler, Datenhandbuch 1949-82, S.679ff., 1980-87, S.546ff.

schon für die Tatsachengrundlage innerhalb der Exekutive gesorgt hat, so daß ein Bericht gegenüber dem Bundestag in der Regel nicht erforderlich ist, zumal die Gesetzesinitiativen von der Bundesregierung auch begründet werden und damit einen Bericht enthalten. Zum anderen dürfte für Berichte der Bundesregierung die für umfangreiche Gesetzesvorhaben ohnehin knapp bemessene Zeit einer Legislaturperiode oft nicht ausreichen[29].

b) Berichte zur nachträglichen Gesetzesüberprüfung

Auf diese Funktion wird an anderer Stelle ausführlich eingegangen[30].

2. Kontrollfunktion

Die Regierungs- und Verwaltungskontrolle ist in der Praxis Bestandteil fast jeden Berichts, auch wenn sie im eingangs erwähnten engen Sinne aufgefaßt wird[31]. Fordert der Bundestag die Bundesregierung zum Bericht über die Erfahrungen mit bestimmten Gesetzen auf, legt die Bundesregierung in der Regel auch die getroffenen exekutiven Maßnahmen dar, insbesondere die aufgrund von Ermächtigungsnormen erlassenen Rechtsverordnungen des Bundes[32]. Da die Rechtsverordnungen das jeweilige Gesetz oft erst für die praktische Anwendung handhabbar machen, spielen sie für den Erfolg des Gesetzes selbst eine nicht unerhebliche Rolle. Die Regierungskontrolle ist daher Berichtspflichten in der Regel immanent.

Über diese Berichte hinaus, die sich als notwendige Nebenfunktion mit der Regierungs- und Verwaltungskontrolle beschäftigen, werden auch zahlreiche Unterrichtungen angefordert, die sich ausschließlich mit exekutivem Handeln oder Unterlassen beschäftigen[33]. Sofern nach Ansicht des Parla-

---

29 Zur Diskontinuität in der Gesetzgebung vgl. H.Schneider, Gesetzgebung, Rdnr.136ff. m.w.N. und Umgehungsmöglichkeiten der Praxis.

30 Vgl. den 6.Teil.

31 Vgl. oben Einleitung zum 5.Teil.

32 Vgl. den bereits erwähnten "Bericht über die Erfahrungen mit dem Gesetz zur Neuordnung des Betäubungsmittelrechts", BT-Ds 10/843.

33 Z.B. Erfahrungsbericht über das Mehrfachtäter-Punktsystem für Verkehrssünder (Allgemeine Verwaltungsvorschrift zu § 15b StVZO), Beschl.v.11.5.1978, BT-Ds 8/1653; Bericht über organisatorische Maßnahmen auf dem Gebiet des Verfassungsschutzes, Beschl.v.30.6.1965, BT-Ds IV/3469, Bericht: BT-Ds V/148; Bericht über den Stand der Maßnahmen auf dem Gebiet der Bildungsplanung, Beschl.v.9.12.1964 u.26.10.1966, BT-Ds IV/2773, V/995, Bericht: BT-Ds V/2166; Bericht betr. Verbesserung der Ausbildung der Kriminalpolizei, Beschl.v.2.7.1969, BT-Ds V/4530, Bericht:

ments ein exekutiver Handlungsbedarf besteht, kann mit Hilfe des Berichts festgestellt werden, ob die Exekutive tätig geworden ist. Hat die Exekutive Maßnahmen getroffen, können diese überprüft werden. Der Bundestag und seine Fraktionen können die Maßnahmen billigen oder mißbilligen und die Regierung durch ihre Kontrollinstrumente zum weiteren Tätigwerden anhalten. Wenn die Exekutive nicht gehandelt hat, stellt der Bericht ein Mittel zur Überprüfung dieses "exekutiven Unterlassens" dar. Der Bericht ist daher auch ein Steuerungsinstrument des Parlaments zur Beeinflussung der Regierung. Deutlich wird dies insbesondere bei den Berichtspflichten mit Planungskontrollcharakter[34].

Da Berichte aufgrund eines Gesetzes oder eines Parlamentsbeschlusses ein Mehrheitsvotum des Bundestages voraussetzen, ist das an Umfang zunehmende Berichtswesen als Beleg für die "Renaissance der alten Frontstellung"[35] zwischen Regierung und Parlament zu werten. Dies läßt sich auch daran erkennen, daß gesetzliche Berichtspflichten, wenn das jeweilige "Muttergesetz", wie im Regelfall, auf eine Regierungsinitiative zurückgeht, in der Regel im Entwurf nicht enthalten sind und erst von dem den Entwurf bearbeitenden Bundestagsausschuß vorgeschlagen werden[36].

Auch die quantitativ bedeutsamsten gesetzlichen Berichtspflichten nach Art.2 des Zustimmungsgesetzes zu den Römischen Verträgen (EG-Vorlagen)[37] und gemäß § 37 Abs.4 der Bundeshaushaltsordnung (Bericht über über- und außerplanmäßige Ausgaben) dienen der Regierungskontrolle.

BT-Ds VI/226; Bericht über die Vorarbeiten für eine Ämter- und Dienstpostenbewertung, Beschl.v.27.2.1975, BT-Ds 7/3213, Bericht: BT-Ds 7/5510; Bericht zu der zwischen dem Bundesministerium für das Post- und Fernmeldewesen und der Deutschen Postgewerkschaft geschlossenen Vereinbarung vom 11.März 1975, Beschl.v.1.7.1976, BT-Ds 7/5528, Bericht: 7/5927; Bericht über die Verwirklichung des Entschließungsantrags des Sportausschusses zum Vierten Sportbericht der Bundesregierung, Beschl.v.19.10.1979, BT-Ds 8/3210, Bericht: 8/4391; Bericht über das Konzept zur künftigen Postversorgung auf dem Lande, Beschl.v.17.10.1979, BT-Ds 8/3286, Bericht: BT-Ds 9/408; Berichte über Ergebnisse und vollzogene Maßnahmen zum Jahresbericht des Wehrbeauftragten, Beschl.v.29.9.1983 BT-Ds 10/136, v.4.10.1984 BT-Ds 10/1611, v.27.9.1985 BT-Ds 10/3779, v.26.6.1986 BT-Ds 10/5722, v.10.12.1987 BT-Ds 11/1131, die Berichte wurden unmittelbar dem Verteidigungausschuß zugeleitet; Bericht über Maßnahmen auf dem Gebiete der Unfallverhütung im Straßenwesen (Unfallverhütungsbericht Straßenverkehr), Beschl. v.26.6.1969 BT-Ds V/4412, v.7.11.1975 BT-Ds 7/4164, v.23.6.1976 BT-Ds 7/5318, Berichte: BT-Ds VI/3718, 7/1283, 3685, 8/1403, 3548, 9/1246, 10/963, 5030.

34 Dazu unten 5.Teil, I. 4..

35 Stern, Staatsrecht I, § 23 I 3 a γ m.w.N.

36 So kam es u.a. zu § 722 RVO (Unfallverhütungsbericht), vgl. BT-Ds IV/938.

37 Wortlaut im 3. Teil, III.2.b).

Beide Vorschriften haben *Ausgleichsfunktionen*[38], die wegen der damit verbundenen Kontrolle der Bundesregierung als Unterfall der Kontrollfunktion aufgefaßt werden soll[39]. Die Berichtspflicht des Art.2 ZustGRömV gegenüber der Bundesregierung besteht, da diese im Ministerrat der EG an deren Rechtsetzung mitwirkt. Damit ist ein Teil der Rechtsetzungskompetenzen durch die Integration der Bundesrepublik in die EG vom Bundestag auf die Bundesregierung übergegangen[40]. Die Berichtspflicht soll diesen Verlust in gewissem Umfange ausgleichen, so daß es dem Bundestag zumindest durch (unverbindliche) Parlamentsbeschlüsse (Entschließungen) möglich ist, seine Meinung zu äußern und dadurch politischen Einfluß zu nehmen.

Die gleiche Aufgabe erfüllt § 37 Abs.4 BHO. Danach sind über- und ausserplanmäßige Ausgaben dem Bundestag und dem Bundesrat vierteljährlich, in Fällen von grundsätzlicher oder erheblicher finanzieller Bedeutung unverzüglich mitzuteilen, in denen der Finanzminister von seinem Notbewilligungsrecht nach Art.112 GG Gebrauch macht[41]. § 37 Abs.4 BHO eröffnet hier dem Parlament trotzdem eine politische Einflußmöglichkeit und sichert ihm über den Bericht und darauf aufbauende Entschließungen sein Budgetrecht[42].

Eine ähnliche Ausgleichsfunktion erfüllten schon im Kaiser-Reich die zahlreichen "Denkschriften" über die deutschen Kolonien, die den mit der Übertragung der "Schutzgewalt" auf den Kaiser verbundenen Verlust des Reichstages an Rechtsetzungsbefugnissen ausgleichen sollten[43].

Die Regierungskontrolle ist außerdem den zahlreichen Gesetzen immanent, die staatsleitende Planung beinhalten und Berichte zur Überprüfung der daraufhin getroffenen exekutiven Maßnahmen anordnen. Auf diese neuartige Form der Regierungskontrolle wird an anderer Stelle eingegangen[44].

---

38 Zu Art.2 ZustGRömV vgl. Oetting, Bundestag und Bundesrat im Willensbildungsprozeß der Europäischen Gemeinschaften, 1973, S.32f.

39 A.A. Oetting, aaO., S.33, der aber zugesteht, daß Ausgleichs- und Kontrollfunktion eng zusammenhängen.

40 Schweitzer, Staatsrecht III, Staatsrecht, Völkerrecht, Europarecht, Rdnr.289; Oetting, aaO., S.32f.

41 Vgl. dazu etwa Kisker in: HdBStR IV, § 89 Rdnr.40, 45ff.

42 Zur Praxis des Bundestages bei § 37 Abs.4 BHO vgl. Moeser, Die Beteiligung des Bundestages an der staatlichen Haushaltsgewalt, S.185ff.; näher zu Berichtspflichten im Haushaltsrecht im 5.Teil, I. 5.

43 Vgl. 2.Teil, II.

44 Dazu unten 5.Teil, I. 4.

3. Öffentlichkeitsfunktion

Berichte der Bundesregierung "sind an das Parlament adressiert, aber auch für die Öffentlichkeit bestimmt"[45], da nach Art.42 Abs.1 GG das Parlamentsplenum öffentlich tagt und gemäß Art.42 Abs.3 GG öffentlich darüber berichtet werden kann. Die in den Berichten in umfangreicher und zusammenhängender Form mitgeteilten Informationen ermöglichen es daher nicht nur den Abgeordneten, sondern auch den interessierten Bürgern, sich über die vergangene und künftige Politik der Bundesregierung kundig zu machen. Das parlamentarische Berichtswesen trägt zur "Rationalisierung von Herrschaft"[46] bei. Berichte verdeutlichen dem Bürger die Politik der Bundesregierung und können in der politischen Auseinandersetzung einer nochmaligen Prüfung unterzogen werden.

Die Berichte stellen sich deshalb auch als Instrument gegenseitiger Beeinflussung von Staat und Bürger dar. Auf der einen Seite kann die Bundesregierung über veröffentlichte Berichte auf die Bürger einwirken, auf der anderen Seite können diese insbesondere über ihre Vertreter im Parlament versuchen, die Politik der Bundesregierung in ihrem Sinne zu steuern. So stellte die 1970 eingerichtete interministerielle Arbeitsgruppe "Berichte der Bundesregierung" bereits fest, daß eine moderne demokratische Regierung auf Resonanz und Mitwirkung der Öffentlichkeit angewiesen sei. Sie könne jedoch nur dann auf Einsicht, Zustimmung, konstruktive Kritik und Kooperationsbereitschaft rechnen, wenn sie es verstehe, möglichst weite Bereiche der Öffentlichkeit ausreichend und wirksam über ihre Tätigkeit zu informieren. Dem Berichtswesen der Bundesregierung komme in diesem Zusammenhang zentrale Bedeutung zu[47].

Auf der anderen Seite sollen allerdings nicht die Nachteile der öffentlichen Erörterung parlamentarischer Berichte verkannt werden. So kann sich der auf der Bundesregierung lastende "Öffentlichkeitsdruck" auf den Inhalt der Berichte auswirken, da sich die Regierung bemühen wird, ihre bisherige Tätigkeit in erfolgreicher Weise zu schildern.

Der Wert des Berichtswesens als Informationsinstrument für den Bürger richtet sich u.a. danach, inwieweit die Öffentlichkeit Kenntnis von der parlamentarischen Behandlung der Berichte nehmen kann, was entscheidend von den im Grundgesetz und der Geschäftsordnung des Bundestages enthaltenen Verfahrensregeln abhängt. Als Vermittlungsträger kommen das Ple-

---

45 P.Kirchhof, Verwalten durch "mittelbares" Einwirken, S.122.

46 Kißler in: Schneider/Zeh, § 36 Rdnr.15ff.m.w.N.

47 Bericht, S.6.

num, die Bundestagsausschüsse und die Parlamentsberichterstattung in Betracht.

a) Den größten Öffentlichkeitsbezug hat ein Bericht, wenn er im Plenum zur Sprache kommt. Seine Erörterung im Plenum gewährleistet über die Übertragung seiner Verhandlungen in Rundfunk und Fernsehen und die Auseinandersetzung in den Medien den höchsten Grad an Öffentlichkeit.

Als besonders öffentlichkeitswirksame Berichte sind daher mündlich von der Bundesregierung, teilweise auch vom Bundeskanzler selbst, vor dem Plenum erstattete Berichte, Regierungserklärungen, zu erwähnen, insbesondere die sog. "Antrittserklärung" zu Beginn jeder Legislaturperiode. Die Antrittserklärung ist - wie in den meisten Fällen auch die übrigen Regierungserklärungen - Anlaß für eine "Generaldebatte" über die gesamte Politik der Bundesregierung, was ihre Einstufung als "Gesamtbericht" bestätigt. Auch alleine an der Dauer der Diskussion im Plenum läßt sich deren Bedeutung ablesen. So nahm etwa in der 11.Legislaturperiode die Antrittserklärung von Bundeskanzler *Kohl* und die sich anschließende Aussprache 3 Tage in Anspruch, wobei es zu 54 Wortmeldungen kam[48].

Schriftliche Berichte erreichen diese Publizität naturgemäß nicht. Einen erhöhten Öffentlichkeitsbezug haben - mangels eines dem Parlament vorgelegten schriftlichen Gesamtberichts - die Ressortberichte, die sich mit den Aufgabenbereichen der Ressorts auseinandersetzen. Sie werden in ca. einem Drittel der Fälle[49] in Verbindung mit anderen Beratungsgegenständen auf die Tagesordnung gesetzt und debattiert. Bei spezielleren Berichten wird oft von der in der Geschäftsordnung zur Verfügung gestellten Möglichkeit Gebrauch gemacht, die Berichte direkt einem Ausschuß zu überweisen, vgl. §§ 80 Abs.3 GOBT, so daß die Berichte manchmal für die Öffentlichkeit unbemerkt in den Ausschüssen "verschwinden".

b) Sofern der Bericht einem Ausschuß überwiesen wird, sind zwar seine Beratungen gem. § 69 Abs.1 Satz 1 GOBT grundsätzlich nicht öffentlich. Jedoch besteht nach § 69 Abs.1 Satz 2 GOBT die Möglichkeit, "für einen bestimmten Verhandlungsgegenstand oder Teile desselben die Öffentlichkeit zuzulassen." Davon wird aber nur selten Gebrauch gemacht[50]. Sehr viel häufiger werden mittlerweile die damit nicht zu verwechselnden öffentlichen Anhörungssitzungen ("Hearings") gem. § 70 GOBT durchgeführt; in der 10.Wahlperiode waren dies 165[51]. Sie bieten der Fachöffentlichkeit die

48 Vgl. Schindler, Datenhandbuch 1949-82, S.425ff., 1980-87, S.367ff.

49 Ismayr, ZParl 1990, 559.

50 Zeh, in: Schneider/Zeh, § 39 Rdnr.25; Steffani, ebenda, § 49 Rdnr.83ff.

51 Die Zahl der Plenarsitzungen betrug demgegenüber 256, vgl. Schindler, Datenhandbuch 1980-87, S.483, 435.

Möglichkeit, von der parlamentarischen Behandlung der Berichte in den Ausschüssen Kenntnis zu nehmen. Themen, zu denen "Hearings" stattfinden, sind oft auch Berichte, insbesondere im Zusammenhang mit der Beratung von Gesetzesvorlagen[52].

c) Die umfangreichen amtlichen Drucksachen des Bundestages gewinnen für den Öffentlichkeitswert von schriftlichen Berichten besondere Bedeutung, da sie im Plenum, wie dargelegt, selten behandelt werden. Die Berichte werden meist in den Drucksachen veröffentlicht, die in einer Auflage von nur 3.500 Exemplaren erscheinen[53]. Berichte, die dem Bundestag ohne eine Anforderung durch Gesetz oder Beschluß übermittelt werden, also in der Regel die Berichte, die auf Regierungsinitiative beruhen, müssen nach § 77 Abs.2 Satz 1 GOBT nicht in die Parlamentsdrucksachen aufgenommen werden.

Die nichtamtliche Parlamentsberichterstattung durch Presse, Rundfunk und Fernsehen wird bestimmt von der Berichterstattung über die Verhandlungen im Plenum aber auch über die der öffentlichen Anhörungssitzungen der Ausschüsse. Eine Auswertung der parlamentarischen Berichte durch die Medien dürfte zwar punktuell geschehen, bleibt jedoch an Fragen der Aktualität orientiert[54].

4. *Berichtspflichten gegenüber dem Bundestag als Mittel staatsleitender Planung*

Staatsleitende Planung ist Regierung im funktionellen Sinne[55]. Nach der Formulierung von *Ernst Friesenhahn*, wonach Regierung (im organisatorischen Sinne) und Parlament die Staatsleitung gewissermaßen zur gesamten Hand zusteht[56], kann auch das Parlament Regierung im funktionellen Sinne wahrnehmen. Berichtspflichten sind in vielen Fällen ein "Regierungs-Mittel" des Parlamentes[57]:

Als wichtigste Berichtspflicht ist Art.110 GG zu nennen, dem die Zuleitung des Entwurfs des Haushaltsplans durch die Bundesregierung zugrundeliegt. Dem schließlich mit dem Haushaltsgesetz verabschiedeten Haushalts-

52 Vgl. dazu die Auflistungen der Themen der Hearings bei Schindler, Datenhandbuch 1980-87, S.488ff.

53 Kißler, in: Schneider/Zeh, § 36 Rdnr.34.

54 Dazu Kißler, aaO., Rdnr.36f.

55 Vgl. Brünner, Politische Planung im parlamentarischen Regierungssystem, S.256ff.

56 In: VVDStRL 16 (1958), Parlament und Regierung im modernen Staat, S.9ff., 37f.

57 Vgl. Mößle, Regierungsfunktionen, S.182ff.

plan wird eine staatsleitende politische Programmfunktion allgemein zuerkannt[58]. Das gleiche muß auch für die zugrundeliegende Berichtspflicht der Bundesregierung in Art.110 GG und dem von ihr vorgelegten Entwurf vor seiner Verabschiedung gelten. Durch die Behandlung des Entwurfs im Bundestag besteht für das Parlament die Möglichkeit, seine staatsleitenden Vorstellungen einzubringen und mit Hilfe des erforderlichen Feststellungsgesetzes verbindlich festzulegen.

Desweiteren sind insbesondere die den Ressortberichten zugrundeliegenden Berichtspflichten aufzuführen. Sie sind oft in Gesetzen enthalten, die der staatsleitenden Planung dienen. Als solche sind hervorzuheben das Landwirtschafts-, Stabilitäts-, Raumordnungs-, Bundesimmissionsschutz-, Fernstraßenausbau-, Bundesvertriebenen- und das Postverfassungsgesetz sowie die Bundeshaushaltsordnung und auf Länderebene etwa das baden-württembergische Mittelstandsförderungsgesetz (MFG BW)[59]. Diese "Muttergesetze" legen die weitere staatliche Politik auf die darin postulierten Zielvorgaben fest, die in der Regel sehr allgemein und abstrakt gehalten sind, vgl. etwa § 1 LWG, der fordert, "die Landwirtschaft mit den Mitteln der allgemeinen Wirtschafts- und Agrarpolitik - insbesondere der Handels-, Steuer-, Kredit- und Preispolitik - in den Stand zu setzen, die für sie bestehenden naturbedingten und wirtschaftlichen Nachteile gegenüber anderen Wirtschaftsbereichen auszugleichen und ihre Produktivität zu steigern"; Art.109 Abs.2 GG, § 1 StabG, welche die Haushaltswirtschaft auf die Erfordernisse des gesamtwirtschaftlichen Gleichgewichts festlegen; § 96 Satz 1 Bundesvertriebenengesetz[60], der u.a. zur Sicherung des Kulturgutes der Vertriebenen und der Einrichtungen des Kunstschaffens und der Ausbildung verpflichtet; § 1 MFG BW, der u.a. die Stärkung der Leistungskraft kleiner und mittlerer Unternehmen verlangt (Abs.1 a).

Diese Vorgaben sind wegen ihrer Zukunftsbezogenheit und Zielorientiertheit trotz ihres geringen Konkretisierungsgrades und ihrer Allgemein-

---

58 BVerfGE 45, 1, 32 zum Notbewilligungsrecht nach Art.112 GG; 66, 26, 38 betr. Haushaltsgesetz 1984; aus der Lit. vgl. Fritz Neumark, Der Reichshaushaltsplan, 1929, S.17ff.; ders., Theorie und Praxis der Budgetgestaltung, in: HdBFW I, 2.Aufl., 1952, S.554ff., 558; Heckel in: Anschütz/Thoma, HdBDStR II, S.392ff., 392; Stern, Staatsrecht II, § 49 II 3 c m.w.N.; Mößle, Regierungsfunktionen, S.126ff.; Kisker in: HdBStR IV, § 89 Rdnr.12ff.

59 V.16.12.1975, GBl.861.

60 In der Fassung der Bekanntmachung v.3.9.1971, BGBl.I 1565, 1807; zur Berichtspflicht in Satz 2 vgl. Beschl.v.13.4.1978 zu Nr.2 a der Beschlußempfehlung in BT-Ds 8/1564, Beschl. v.4.7.1980 zu Nr.2 der Beschlußempfehlung in BT-Ds 8/4299, Beschl.v.27.6.1984 in BT-Ds 10/1671, Beschl.v.23.10.1986 zu Nr.4 der Beschlußempfehlung in BT-Ds 10/6212.

gültigkeit als verbindliche Pläne in Gesetzesform zu beurteilen[61]. Die Bundesregierung hat über deren Verwirklichung zu berichten, so daß die jeweiligen Berichtspflichten "Planungskontrollcharakter" haben[62].

Auch enthalten diese und andere Gesetze oft Ermächtigungsnormen, die der Exekutive die Befugnis zum Erlaß von Rechtsvorschriften geben, die die abstrakten Zielvorgaben konkretisieren sollen und damit die Regierung mit der Umsetzung der abstrakten gesetzlichen Pläne beauftragen[63]. Die in das jeweilige Gesetz einbezogenen Berichtspflichten dienen zum einen der besonderen Kontrolle der Exekutive wegen der ihr durch die Ermächtigungsnormen erteilten zusätzlichen Befugnisse. In einigen Fällen wird eine Erfolgskontrolle exekutiver Maßnahmen ausdrücklich verlangt, z.B. in § 24 MFG BW:

> "Die Landesregierung berichtet dem Landtag in regelmäßigen Zeitabständen über die Entwicklung der mittelständischen Wirtschaft. Der Bericht soll sich auch auf die getroffenen Förderungsmaßnahmen und deren Auswirkungen (*Erfolgskontrolle*) erstrecken sowie Vorschläge für weitere Förderungsmaßnahmen enthalten."

Darüberhinaus verlangen Berichtspflichten mitunter die Aufstellung und Mitteilung von informativen oder influenzierenden Einzelplänen, die den abstrakten Gesetzesplan konkretisieren sollen. Informative Pläne stellen bloße Datensammlungen dar, während influenzierende Pläne Ziele festsetzen, die durch bestimmte Maßnahmen verwirklicht werden sollen[64]. Zu nennen sind als influenzierende Pläne insbesondere die Berichtspflichten im Stabilitätsgesetz, außerdem etwa das Ersuchen vom 2.April 1968[65] um einen "Bericht über ein Bundesverkehrswegeprogramm". Ein informativer Plan ist etwa der Unfallverhütungsbericht nach § 722 RVO, während ein influenzierender Plan etwa von § 5 LWG[66] verlangt wird ("Bericht über die Lage der Landwirtschaft" = "Agrarbericht"). Während § 4 LWG den "Grünen Bericht" fordert und damit zunächst lediglich die Mitteilung der ver-

---

61 Vgl. Hoppe in: HdBStR IV, § 71 Rdnr.4f.; Brünner, aaO., S.116f. m.w.N.

62 Vgl. § 96 Satz 3 BVertrG: "Die Bundesregierung berichtet jährlich dem Bundestag über das von ihr Veranlaßte." § 7 des Gesetzes über den Ausbau der Bundesfernstraßen (I.d.F.d.B. v.26.8.1980, BGBl.I 1615): "Der Bundesminister für Verkehr berichtet dem Deutschen Bundestag jährlich über den Fortgang des Bundesfernstraßenbaus nach dem Stand vom 31.Dezember des Vorjahres."

63 Vgl. etwa das BImSchG in zahlreichen Bestimmungen und das StabG in den §§ 6, 15, 19, 20.

64 Hoppe in: HdBStR III, § 71 Rdnr.15f.

65 Bei der Verabschiedung des Haushaltsgesetzes 1968; Bericht in: BT-Ds 7/1045.

66 V.5.9.1955, BGBl.I 565.

gangenen Entwicklung fordert, verlangt § 5 den "Grünen Plan". Danach muß sich die Bundesregierung in ihrem Bericht dazu äußern, welche Maßnahmen sie zur Durchführung des § 1 - der Zielvorgabe des Gesetzes - getroffen hat oder zu treffen beabsichtigt. Die verfassungsrechtliche Zulässigkeit derartiger Planungsgesetze des Parlamentes war bei der Verabschiedung des Gesetzes 1955 umstritten. Insbesondere der Richtlinienkompetenz des Bundeskanzlers nach Art.65 GG sprach die Bundesregierung über die bloße Binnenwirkung innerhalb der Bundesregierung auch eine Außenwirkung zu[67]. Demzufolge sei es nicht Sache des Parlamentes, verbindlich in Gesetzesform (vgl. § 1 LWG) Pläne festzulegen und darüber Berichte zu verlangen. Inzwischen ist die Zulässigkeit eines derartigen Vorgehens nach der Anerkennung der "Gesamthandsthese" von *Ernst Friesenhahn*[68] wohl unbestritten[69].

Berichte als Planungsinstrument sind bereits 1970 von der Arbeitsgruppe "Berichte der Bundesregierung" diskutiert worden. Wiederum die Ressortberichte spielten in den Überlegungen eine besondere Rolle[70]. Auch in den verschiedenen Entwürfen der Planungskontrollgesetze waren Berichtspflichten entscheidend einbezogen[71].

Inzwischen haben sich diese Berichte, ohne daß dies auf Parlamentsseite beabsichtigt worden wäre, in der Praxis zu einem - allerdings wenig abgestimmten - System entwickelt, mit der Folge, daß im Grunde fast jedes Ressort sich bei seiner Politikgestaltung an bestimmte Parlamentsgesetze zu hal-

---

67 Vgl. dazu die Stellungnahme der Bundesregierung vom 11.6.1955 abgedruckt bei Puvogel, Der Weg zum Landwirtschaftsgesetz, 1957, S.134, außerdem den Bericht des Abg.Lücker in BT-StenoB II/96/8.7.1955, S.5423. Aufgrund dieser Bedenken ist die Fassung des LWG "entschärft" worden: Im Gesetzentwurf der CDU/CSU, DP hieß es in der allgemeinen Zielvorgabe in § 1 Abs.2 (BT-Ds II/448, S.1): "Die BReg *ist verpflichtet*, die Mittel der allgemeinen Wirtschaftspolitik...zu diesem (in Abs.1 beschriebenen) Zweck mit dem Ziel einzusetzen, daß...der Gesamtertrag der Landwirtschaft den notwendigen Aufwand deckt." Der Vorschlag des den Entwurf bearbeitenden Unterausschusses "Paritätsgesetze" verwendete dann nur die Formulierung "die BReg *hat* die Mittel der allgemeine Wirtschafts- und Agrarpolitik einzusetzen" (abgedruckt bei Puvogel, aaO., S.117ff.). Schließlich ist das endgültige Gesetz noch weiter "neutralisiert" worden: In § 1 ist der Adressat des Gesetzesplans nicht mehr genannt; die §§ 4 und 5 formulieren lediglich deskriptiv, daß die Bundesregierung einen Bericht vorlegt.

68 In: Parlament und Regierung im modernen Staat, VVDStRL 16 (1958), S.9ff., 37f.

69 Vgl. etwa Herzog in: M/D/H/S, Art.65 Rdnr.18, 29ff., 35; Mößle, Regierungsfunktionen, S.108ff.

70 Vgl. dazu 5.Teil, II. 3. und 12.Teil, I.

71 Vgl. dazu 2.Teil, V. 2.

ten und über seine konkreten Planungen zu berichten hat[72]. Dies ist lediglich deshalb nicht umstritten, da die jeweiligen Gesetzespläne - als Kompromisse im Gesetzgebungsverfahren - meist nur einen über längere Zeit bestehenden abstrakten Konsens wiedergeben, der wenig Stoff zur Auseinandersetzung bietet und oft nur Selbstverständlichkeiten fordert.

5. Insbesondere: Parlamentarische Beteiligung an der Haushaltswirtschaft und Finanzplanung

Der Bundestag ist durch eine Reihe von Berichtspflichten an der Haushaltswirtschaft und Finanzplanung des Bundes beteiligt. Die Berichtspflichten gehen zurück auf die entsprechenden Bestimmungen der Reichshaushaltsordnung und ihrer Vorläufer[73]. Sie vermitteln als Instrument des formalisierten Informationsaustausches dem Bundestag unentbehrliche Mitwirkungsvoraussetzungen für die Haushaltswirtschaft.

Dies gilt insbesondere für die Vorlage eines Entwurfs des Haushaltsplans nach Art.110 GG sowie Ergänzungs- und Nachtragsvorlagen nach den §§ 32, 33 BHO. Gleichzeitig mit dem Entwurf des Haushaltsplans wird ferner der "Jahresbericht über die Beteiligungen des Bundes" aufgrund eines "schlichten" Parlamentsbeschlusses vom 4.7.1958[74] erstattet. Alle zwei Jahre wird außerdem zusammen mit dem Entwurf des Haushaltsplanes der Subventionsbericht nach § 12 StabG vorgelegt.

Darüberhinaus sind nach § 37 Abs.4 BHO über- und außerplanmäßige Ausgaben, die der Finanzminister unter den Voraussetzungen des Art.112 GG bewilligen kann, dem Bundestag mitzuteilen. Diese Ausgaben sind im Haushaltsplan nicht in der erforderlichen Höhe oder gar nicht vorgesehen. Um trotzdem dem Parlament wenigstens die Kenntnisnahme zu ermöglichen, sind vom Finanzminister die Berichte nach § 37 Abs.4 BHO zu erstatten.

Zusätzlich hat das Bundesverfassungsgericht aus der subsidiären Natur des Art.112 GG gefolgert, daß vor der Inanspruchnahme des Notbewilligungsrechts der Finanzminister im Zweifel gehalten ist, "mit dem Gesetzgeber in Verbindung zu treten, um zu klären, ob dieser sich in der Lage sieht, im Hinblick auf die zeitliche Dringlichkeit des Bedürfnisses, rechtzeitig eine Bewilligung zu erteilen." Erst nach dieser Konsultation sei in solchen Zweifelsfällen der Weg frei für die Ausübung der Kompetenz aus Art.112 GG[75].

---

[72] Vgl. die im 1.Teil, III. 2. b) aufgeführten Berichte.

[73] Vgl. 2.Teil, III.

[74] Umdruck 156; die Berichte erscheinen als Sonderdrucke.

[75] BVerfGE 45, 1, 39 zum Notbewilligungsrecht nach Art.112 GG.

Versuche, diese Berichtspflicht auch gesetzlich zu regeln, sind bisher aber gescheitert[76].

Eine Ergänzung der Berichtspflicht nach § 37 Abs.4 BHO stellt die Pflicht der Bundesregierung nach § 10 Abs.2 BHO dar, Bundestag und -rat über erhebliche Änderungen der Haushaltsentwicklung und deren Auswirkung auf die Finanzplanung zu unterrichten. Die Berichtspflicht hat hier geringe praktische Bedeutung, da andere Berichtspflichten bereits die verlangten Mitteilungen übernehmen[77]. Auf informeller Ebene hat sich daraus allerdings die Praxis entwickelt, daß der Haushaltsausschuß gewöhnlich vierteljährlich über die Haushaltsentwicklung informiert wird[78].

Ebenso zur Beteiligung des Parlamentes an der Haushaltswirtschaft zählen die Berichtspflichten und Zustimmungsvorbehalte in den §§ 64 Abs.2; 65 Abs.7 BHO betreffend die Veräußerung bundeseigener Grundstücke von erheblichem Wert und der Anteile des Bundes an privatrechtlichen Unternehmen von besonderer Bedeutung. Lediglich wenn "die Veräußerung im Haushaltsplan nicht vorgesehen" war, also mit anderen Worten das Parlament bisher keine Kenntnis davon hatte und an der Bewilligung nicht mitwirken konnte, sind die Berichte zu erstatten[79].

Auch im Haushaltsgesetz selber sind in einigen Fällen Berichtspflichten enthalten - allerdings in der Regel gegenüber dem Haushaltsausschuß. Zu nennen ist dabei etwa der im Haushaltsgesetz 1990 enthaltene § 22[80]. Diese Vorschrift ist seit dem Haushaltsgesetz 1972 in den jeweiligen Haushaltsgesetzen enthalten[81].

Auf dem Gebiet der mittelfristigen Finanzplanung gibt es weitere Berichtspflichten, die dem Parlament die Beteiligung an der staatlichen Finanzwirtschaft ermöglichen.

---

76 Vgl. den Gesetzentwurf in BT-Ds 8/1664; außerdem W.Heun, Staatshaushalt und Staatsleitung, S.480f. FN 406 m.w.N.

77 Entweder wird eine Nachtragsvorlage nach § 33 BHO oder eine Mitteilung nach § 37 Abs.4 BHO dem Bundestag zuzuleiten sein; dazu ausführlich Piduch, Bundeshaushaltsrecht II, § 10 Rdnr.7.

78 W.Heun, Staatshaushalt und Staatsleitung, S.462 m.w.N.

79 Näher dazu Piduch, Bundeshaushaltsrecht II, § 64 Rdnr.6, § 65 Rdnr.17.

80 V.22.12.1989, BGBl.I 2421, vgl. Sätze 2 und 3: "Der Bundesminister der Finanzen kann Änderungen der Anlagen E, die auf Grund der endgültigen Feststellungen von Haushalts- oder Berichtigungshaushaltsplänen der Europäischen Gemeinschaften erforderlich werden, vornehmen und bekanntgeben. Der Haushaltsausschuß des Deutschen Bundestages ist unverzüglich zu unterrichten."

81 Vgl. dazu W.Heun, Staatshaushalt und Staatsleitung, S.462; Moeser, Die Beteiligung des Bundestages an der staatlichen Haushaltsgewalt, S.182; weitere zahlreiche Berichtspflichten enthält etwa das Haushaltsgesetz von 1969.

Nach § 9 Abs.2 StabG i.V.m. § 50 Abs.3 und 4 HGrG muß dem Bundestag jährlich ein fünfjähriger Finanzplan von der Bundesregierung vorgelegt werden, der der Haushaltswirtschaft zugrundezulegen ist, vgl. § 9 Abs.1 StabG. Er wird vom Bundestag und dessen zuständigem Haushaltsausschuß zeitgleich mit dem Haushaltsplan zur Kenntnis genommen.

Nach § 50 Abs.3 Satz 2 HGrG können die "gesetzgebenden Körperschaften" auch die Vorlage von Alternativrechnungen zum Finanzplan verlangen.

Die auf der Grundlage der Finanzplanung überarbeiteten Investitionsprogramme der einzelnen Bundesminister gemäß § 10 StabG sind ebenfalls nach § 50 Abs.5 HGrG als Bestandteil des Finanzplans dem Bundestag vorzulegen.

Desweiteren haben Bundesregierung und Bundesrat nach § 10 Abs.1 BHO den Bundestag u.a. bei Gesetzesvorlagen über deren erwartete Auswirkungen auf den Haushalts- und Finanzplan des Bundes, der Länder und der Gemeinden zu unterrichten.

Schließlich muß der Finanzminister nach § 31 BHO dem Bundestag einen Finanzbericht über den Stand und die voraussichtliche Entwicklung der Finanzwirtschaft erstatten.

Auch im Entlastungsverfahren bestehen Berichtspflichten:

Nach Art.114 Abs.1 GG, § 114 BHO muß der Finanzminister dem Bundestag die Haushaltsrechnung zur Entlastung vorlegen. Damit ist es dem Parlament möglich zu überprüfen, ob die Haushaltswirtschaft von der Bundesregierung gemäß dem Haushaltsplan ausgeführt wurde. Außerdem wird hinsichtlich der Ausgaben zusätzlich die Wirtschaftlichkeit der Haushaltsführung festgestellt.

Zum Zwecke dieser Kontrolle steht dem Bundestag außerdem der Bundesrechnungshof zur Verfügung, der die Haushaltsrechnung prüft und dem Parlament nach Art.114 Abs.2 GG, § 114 BHO über das Ergebnis zu berichten hat. Desweiteren besteht eine außerordentliche Berichtspflicht nach § 99 BHO. Die Jahresrechnung und die Prüfungsbemerkungen des Rechnungshofes werden im Bundestag zusammen beraten, wobei die Bemerkungen die Grundlage der Beratungen bilden[82].

Schließlich wird auch die Rechnung des Bundesrechnungshofes selbst vom Parlament zum Zwecke der Entlastung geprüft, § 101 BHO.

Über diese gesetzlichen Berichtspflichten hinaus fordert das Plenum auch noch zahlreiche zusätzliche Berichte durch "schlichte" Parlamentsbeschlüsse an[83]. Außer den vielen Berichtsersuchen, die einmalige Berichte anfordern,

---

82 Eickenboom in: Schneider/Zeh, § 44 Rdnr.39.

83 Vgl. Schindler, Datenhandbuch 1949-82, S.472ff.; 1980-87, S.394ff.

existieren auch periodische Berichtsersuchen[84]. Zu nennen sind außer dem "Jahresbericht über die Beteiligungen des Bundes" der jährliche "Bericht über die Entwicklung der mit den Verkaufserlösen und Betriebsausgaben in der Land- und Forstwirtschaft anfallenden Mehrwertsteuer (Vorsteuerbelastung)" nach einem Beschluß vom 4.2.1982[85].

Schließlich verlangt auch der Haushaltsausschuß in sehr vielen Fällen Berichte[86].

Folgende Funktionen können nach der h.M. für das Budgetrecht festgestellt werden[87]:

- die politische, auch staatsleitende, planende Funktion, verstanden als "wirtschaftliche Grundentscheidung für zentrale Bereiche der Politik während des Planungszeitraums"[88],
- die finanzpolitische Funktion zur Feststellung und Deckung des Finanzbedarfs[89],
- die Kontrollfunktion zur Überprüfung der Richtigkeit, Wirtschaftlichkeit und Sparsamkeit der Haushaltsführung[90] und
- die wirtschaftspolitische Funktion zur Herstellung des gesamtwirtschaftlichen Gleichgewichts[91].

Die Mitteilung des Haushaltsplanes und der verschiedenen, ihn ergänzenden Berichte legt hinsichtlich einzelner Funktionen keinen besonderen Akzent. Die Funktionen sind in der Regel gleichermaßen vertreten. Der Schwerpunkt der Finanzplanung liegt hingegen auf der staatsleitenden und

---

84 Zu den Bedenken wegen des Diskontinuitätsgrundsatzes vgl. unten 10.Teil, II.; trotzdem werden die Berichte von der Bundesregierung erstattet.

85 BT-Ds 9/1266; weitere regelmäßige Berichte hatte das Finanzministerium zu erstatten aufgrund eines Beschlusses vom 5.12.1959 der jährliche "Bericht betr. Art und Umfang der Landbeschaffungsvorhaben"; aufgrund von Beschlüssen vom 18.5.1962, Umdruck 103, vom 8.12.1966, BT-Ds V/993(neu) und vom 1.3.1972, BT-Ds VI/3087, der jährliche "Bericht über die verbilligte Veräußerung von bundeseigenen Grundstücken"; aufgrund eines Beschlusses vom 27.5.1966, Umdruck 72, BT-Ds V/250, 606 der jährliche "Bericht über die Entwicklung der sichtbaren und unsichtbaren Finanzhilfen des Bundes" (es wurde nur ein Bericht erstattet); aufgrund von Beschlüssen vom 14.10.1966, BT-Ds V/957, und vom 3.7.1969, BT-Ds V/4529, der "Bericht über die Automation in den Steuerverwaltungen der Länder".

86 Eickenboom, aaO., Rdnr.38.

87 Vgl. FN 58; W.Heun, Staatshaushalt und Staatsleitung, S.269ff. nennt stattdessen die Koordinations-, Staatslenkungs-, Außensteuerungs-, Legitimations-, Informations- und Kontrollfunktion.

88 BVerfGE 45, 1, 32 (zu Art.112 GG).

89 Vgl. § 2 Satz 1 HGrG und BHO bezogen auf den Haushaltsplan.

90 Vgl. Kisker in: HdBStR IV, § 89 Rdnr.15.

91 Vgl. Art.109 Abs.2 GG, § 1 StabG, § 2 Satz 3 HGrG und BHO.

der wirtschaftspolitischen Funktion[92]. Das Entlastungsverfahren schließlich dient primär der Regierungskontrolle. Jedoch lassen sich auch andere Funktionen feststellen, so etwa die politische Funktion dadurch, daß die Ergebnisse des Entlastungsverfahrens die Grundlage für die künftige Haushaltswirtschaft darstellen können.

Zusammenfassend läßt sich feststellen, daß Berichte für das Parlament die unverzichtbare Grundlage für eine umfassende Beteiligung an der Haushaltswirtschaft, Finanzplanung und am Entlastungsverfahren schaffen.

6. Funktionen bei anderen Berichterstattern als der Bundesregierung

Berichtspflichten sind ein formelles Instrument der Vermittlung von Fachwissen und Sachverstand an den Bundestag. Das tritt bei Berichten anderer Berichterstatter als der Bundesregierung besonders deutlich hervor.

Der Wehrbeauftragte, der Bundesrechnungshof, die Monopolkommission, das Bundeskartellamt usw. teilen in ihren Berichten regelmäßig ihre Erkenntnisse dem Bundestag mit. Gegenüber informellen Mitteln haben diese Berichte den Vorteil, alle Abgeordneten gleichermaßen zu informieren. Außerdem vermittelt der Bericht in der Regel umfassend das erforderliche Sachwissen.

Gegenüber den Berichten der Bundesregierung ist zudem die Unabhängigkeit und Objektivität dieser Berichterstatter in größerem Maße gewährleistet. Die Gefahr unkritischer und "geschönter" Berichte ist hier in der Regel geringer.

Außer dieser *Wissensvermittlungsfunktion* erfüllt die Berichtspflicht jedoch auch weitere, weniger bedeutende Aufgaben:

So wird der Berichterstatter durch die Pflicht zur regelmäßigen Berichterstattung auch an seinen Auftraggeber, den Bundestag, gebunden. Oft ist die Berichtspflicht das einzige Instrument zur Kommunikation zwischen Berichterstatter und Bundestag, insbesondere bei den Berichterstattern, deren Tätigkeit alleine darin besteht, Berichte anzufertigen, z.B. die Jugendberichtskommission nach § 84 SGB VIII. Dadurch und über die Behandlung der Berichte im Bundestag wird die erforderliche Rückkoppelung vermittelt, die auch dem Berichterstatter zeigt, welche Bereiche nach Ansicht des Parlaments besonders einer Untersuchung bedürfen. Außerdem kann das Parlament über die Berichte die Tätigkeit des Berichterstatters kontrollieren. Insoweit muß auch von einer mittelbaren *Bindungs- und Kontrollfunktion* der Berichtspflicht ausgegangen werden. In einigen Fällen bezweckt der

92 Kisker, aaO., Rdnr.84ff.

Bericht auch die unmittelbare Kontrolle des Berichterstatters, wenn z.B. Bundestag und Bundesrat nach § 101 BHO die Rechnung des Bundesrechnungshofes zur Entlastung prüfen.

II. Funktionen aus der Sicht der Bundesregierung

Die Intentionen, die die Bundesregierung als bedeutendster Erstatter parlamentarischer Berichte verfolgt, verdienen besondere Beachtung. Unmittelbar wirkt sich dies zunächst auf alle Berichte aus, die dem Bundestag auf eigene Initiative der Bundesregierung vorgelegt werden. Darüberhinaus sind jedoch auch einige Berichte, die vom Bundestag angefordert werden, eher Steuerungsinstrumente der Exekutive als reine Informationen für die Parlamentsarbeit. Das liegt daran, daß alleine parlamentarische Mehrheiten, also in der Regel die Regierungsfraktionen, Berichte durch Gesetz oder Beschluß anfordern können und es deshalb in einigen Fällen zu von der Bundesregierung "bestellten" Berichtsanforderungen kommt, die der Bundesregierung die Gelegenheit geben, in "Jubelberichten" ihre Erfolge darzustellen[93].

Diese Feststellung ist nicht allein negativ zu bewerten; vielmehr sollte gerade das Parlament und weniger Pressekonferenzen, Erklärungen, Interviews etc. dazu genutzt werden, die Regierungspolitik öffentlich darzustellen, da der Opposition damit in der direkten politischen Aussprache immerhin die Möglichkeit eingeräumt ist, sie zu diskutieren und Schwachpunkte herauszustellen. Außerdem können auch "bestellte" Berichte noch in konkrete Sacharbeit des Parlamentes umgesetzt werden. Die ebenfalls anzutreffende Praxis, daß sich Regierung und Opposition nur über Presseerklärungen auseinandersetzen, entspricht nicht der in der Verfassung zugrundegelegten Funktion des Parlamentes als besonderer, Staat und Bürger verbindender Institution[94].

Die Funktionen parlamentarischer Berichte aus der Sicht der Bundesregierung sind bestimmt von dem Zugang zur Öffentlichkeit, den das Parlament insbesondere wegen der Öffentlichkeit der Verhandlungen des Plenums vermittelt.

Die interministerielle Arbeitsgruppe "Berichte der Bundesregierung" hat 1970 die besonderen Funktionen von Berichten aus der Sicht der Bundesre-

---

93 Vgl. J.Linck, DÖV 1979, 118, 122.

94 Dazu oben 5.Teil, I. 3.

gierung festgestellt und gewürdigt[95], was auch heute noch Beachtung verdient.

Als "generelle Funktionsbestimmung" sollten Berichte über die Politik der Bundesregierung als Sachinformation und Absichtserklärung zusammenhängend informieren und diese Politik im Zeitablauf nachprüfbar dokumentieren. Der Bericht sei daher ein *Mittel der Selbstdarstellung der Regierung*.

Als speziellere Funktionen wurden erkannt, daß der Bericht *Rechtfertigungsfunktionen im Sinne eines Leistungsnachweises* erfüllen könne. Der Bericht könne außerdem eine *Initiativfunktion im Sinne einer Problem- und Zielfindungsanalyse* haben, indem er Probleme aufzeige, zu deren Bewältigung durch bestimmte Entscheidungen sich die Bundesregierung noch nicht endgültig entschlossen hat. Schließlich könne ein Bericht zukunftsorientiert Vorhaben, Pläne und Absichten der Bundesregierung verdeutlichen. Er erfülle in diesem Fall eine *programmatische Funktion im Sinne eines Planungsberichts*.

Den von der Arbeitsgruppe ermittelten Funktionen entsprechen im wesentlichen die Gesamt- und Ressortberichte. Berichte, die sich mit engeren Themenkreisen befassen, erfüllen meist nur den Berichtsauftrag und sind daher weniger ein Steuerungsinstrument der Exekutive.

Planungsberichte dienen außerdem der politischen Selbstbindung der Exekutive[96]. Mit derartigen Berichten legt sich die Regierung auf eine bestimmte Politik fest, von der sie ohne Verlust an politischem Ansehen in der Öffentlichkeit schwer wieder abweichen kann.

Bedeutung haben Planungsberichte darüberhinaus auch - als willkommener Nebeneffekt - für die *ressortinterne und -übergreifende Koordination*[97].

Die Pflicht, derartige Berichte dem Bundestag zuzuleiten, bedeutet auch einen Zwang zur Abstimmung innerhalb eines oder zwischen mehreren Ministerien.

Schließlich lassen sich Regierungsberichte an das Parlament auch als Ausdruck interorganfreundlichen Verhaltens werten[98].

---

95 Bericht, S.6ff.

96 Derlien, ZParl 1975, 47.

97 Derlien, ZParl 1975, 46; Ismayr, ZParl 1990, 555f.m.w.N.

98 Linck, DÖV 1979, 118 m.w.N.

6. Teil:Die Erfolgskontrolle von Gesetzen durch Berichte

I. Einleitung

Die größte Anzahl der dem Bundestag vorgelegten Berichte befaßt sich mit den Erfahrungen in der praktischen Anwendung von Gesetzen[1]. Insbesondere bei neueren Gesetzen ist das mit der Verabschiedung verbundene Berichtsersuchen an die Bundesregierung üblich, nach einer gewissen Zeit über die Bewährung oder die Erfahrungen mit dem neuen Gesetz zu berichten.

Das Bundesverfassungsgericht hat die parlamentarischen Berichte als Instrumente erkannt, Gesetze nachträglich zu überprüfen[2]. Ebenso faßt die Literatur der Gesetzgebungslehre Berichtspflichten auf als Mittel der "Erfolgskontrolle" oder "Evaluierung", gelegentlich auch der "Ergebnisprüfung", "Wirkungskontrolle", "Wirkungsanalyse" oder "Evaluation"[3].

---

1 Nach Ismayr, ZParl 1990, 554, waren dies in der 8.Legislaturperiode 74 % aller Berichte; vgl. auch Schindler, Datenhandbuch 1949-82, S.448ff., 1980-87, S.379ff.

2 Dazu sogleich in 6.Teil, II.

3 Kretschmer, Evaluierung - von Nutzen für das Parlament?, in: Hellstern/Wollmann (Hrsg.), Handbuch zur Evaluierungsforschung, Bd.1, 1984, S.405ff.(410, 424f.); Thieme, Evaluierung durch Parlamente - Fehlanzeige?, in: HdBEvF, S.430ff.(432); Gaa, Evaluierung - ein Stück Parlamentsreform, in: HdBEvF, S.449ff., 450f., 454f. mit regelmäßigen Berichtspflichten in Baden-Württemberg von 1980 auf S.456ff.; Hellstern/Wollmann, Evaluierung und Evaluierungsforschung, in: HdBEvF, S.17ff. (58ff.) mit zahlreichen Literaturhinweisen; dies., Wirksamere Gesetzesevaluierung. Wo könnten praktikablere Kontrollverfahren und Wirkungsanalysen bei Parlament und Rechnungshof ansetzen?, ZParl 1980, S.547ff.(556f.); grundlegend: Derlien, ZParl 1975, S.42ff.(46); ders., Erfolgskontrolle, S.50; Klaus König, Zur Evaluation eines Verwaltungshilfeprojektes im Nordjemen, VerwArch 71(1980), S.265ff.(266); ders., Zur Evaluation der Gesetzgebung, in: Kindermann (Hrsg.), aaO., S.366ff. (307, 309); ders., Evaluation als Kontrolle der Gesetzgebung, in: Schreckenberger (Hrsg.), Gesetzgebungslehre, 1986, S.96ff., 102f.; Steinberg, Evaluation als neue Form der Kontrolle final programmierten Verwaltungshandelns, in: Der Staat 15(1976), S.185ff.(203); Schreckenberger, Sozialer Wandel als Problem der Gesetzgebung, VerwArch 68(1977), S.28ff. (39f.); H.Schneider, Gesetzgebung, Rdnr.152ff.; P.Kirchhof, Verwalten durch "mittelbares" Einwirken, 1976, S.123f. ; Brümmerhoff/H.Wolff, Erfolgskontrolle der staatlichen Aktivität, ZfdgesStR 130(1974), S.477ff.(480); J.Linck, DÖV 1979, S.116ff. (118); Ismayr, ZParl 1990, 557ff.; P.Fricke, Modelle zur Institutionalisierung einer Gesetzeskontrolle, 1983, S.47ff.; Hill, Einführung in die Gesetzgebungslehre, 1982, S.80ff.; ders., Gesetzesgestaltung und

Gegenstand der Erfolgskontrolle[4] sind in erster Linie Gesetze. In Betracht kommen aber auch "schlichte" Parlamentsbeschlüsse, etwa Ersuchen an die Bundesregierung, eine Gesetzesvorlage einzubringen. Die Erfolgskontrolle besteht dann darin, daß überprüft wird, ob der Beschluß seinen Zweck erreicht hat; im Beispiel darin, ob die Bundesregierung die Gesetzesvorlage auch eingebracht hat. Diese Art der Erfolgskontrolle war zur Zeit des Kaiser-Reichs in § 34 der Geschäftsordnung des Reichstages institutionalisiert und ist es in den meisten Bundesländern auch heute noch[5]. Der Bundestag verfügt nach dem Wegfall der §§ 115, 116 GOBT a.F. 1980 über derartige besondere Möglichkeiten nicht mehr. Allerdings ist er nicht gehindert, sich durch weitere Beschlüsse oder auch Anfragen vom Erfolg zu überzeugen. Im folgenden soll auf die Erfolgskontrolle von Gesetzen wegen ihrer Neuartigkeit und ihrer quantitativen Bedeutung eingegangen werden.

II. Die verfassungsrechtliche Verpflichtung zur nachträglichen Überprüfung von Gesetzen

Der Gesetzgeber ist nach ständiger Rechtsprechung des Bundesverfassungsgerichts bei sich später zeigenden Fehlprognosen über die Wirkungen von Gesetzen zur Nachbesserung und Korrektur, sei es durch Aufhebung oder Änderung, von Verfassungs wegen verpflichtet[6]. Das Gericht hat dies insbesondere in den Entscheidungen zum Schnellen Brutreaktor in Kalkar

---

Gesetzesanwendung im Leistungsrecht, VVDStRL 47 (1989), S.172ff.; Schindler, Datenhandbuch 1980-87, S.617, 620 ("Hinweis"); ders., Die Verwaltung des Bundestages in: Schneider/Zeh, § 29 Rdnr.100; Mößle, Regierungsfunktionen des Parlaments, 1986, S.182ff.(184); Zeh, Vollzugskontrolle und Wirkungsbeobachtung als Teilfunktion der Gesetzgebung, in: Jahrbuch für Rechtssoziologie und Rechtstheorie 13(1988), S.194ff.(196f., 207); Pestalozza, NJW 1981, S.2081ff.(2085f.); Hugger, Gesetze - Ihre Vorbereitung, Abfassung und Prüfung, 1983, S.321; Schulze-Fielitz, aaO., S.511ff.; Freibert in: Bundesakademie für öffentliche Verwaltung (Hrsg.), Praxis der Gesetzgebung, 1984, S.37; Zeh, ebenda, S.304.

4 Für "Wirkungskontrolle" statt "Erfolgskontrolle" aber auch gegen gekünstelte Politologensprache H.Schneider, Gesetzgebung, Rdnr.153 und FN 63.

5 Näher dazu im 4.Teil, I. 3.

6 BVerfGE 25, 1, 13 MühlenG; 49, 89, 130 Kalkar; 50, 290, 335 MitbestimmungsG; 55, 274, 308 (auch Leitsatz 5.) AusbildungsplatzförderungsG; 56, 54, 78ff. (Leitsatz 2.) Fluglärm; 57, 139, 162f. SchwerbehG; 59, 119, 127 Briefwahl; 65, 1, 55f. (mit Anführung eines Berichtsbeschlusses) VolkszählungsG '83; 77, 84, 109 Arbeitnehmerüberlassung; zuletzt Entscheidung vom 31.5.90 in E 82, 159, 181 (Absatzfond).

1978[7], im Fluglärmurteil vom 14.Januar 1981[8] und in der Entscheidung zum Volkszählungsgesetz 1983[9] begründet. Die *"Nachbesserungs- und Korrekturverpflichtung des Gesetzgebers bei Fehlprognosen"*[10] besteht bei Gesetzen, "deren Grundlage durch neue, im Zeitpunkt des Gesetzerlasses noch nicht abzusehende Entwicklungen entscheidend in Frage gestellt"[11] werden. Bei der sich später zeigenden Fehlprognose muß es sich demnach um eine erhebliche Diskrepanz zwischen der prognostizierten und der tatsächlichen Entwicklung handeln, die die "Grundlage" des Gesetzes beeinträchtigt[12]. Außer bei diesen Fehlprognosen, die durch Veränderungen der tatsächlichen Entwicklung bedingt sind, besteht eine Nachbesserungspflicht auch bei Prognosen, die aufgrund fehlerhaften oder unvollständigen Tatsachenmaterials von Anfang an unrichtig sind, ohne daß nachträgliche Veränderungen hinzutreten müßten[13].

Um die Fehlprognose festzustellen, obliegt dem Gesetzgeber eine *Prüfpflicht*. Nach BVerfGE 49, 130, 132 kann der Gesetzgeber "von Verfassungs wegen gehalten sein zu überprüfen, ob die ursprüngliche Entscheidung auch unter den veränderten Umständen aufrechtzuerhalten ist. ... (S.132:) In einer Situation, in der vernünftige Zweifel möglich sind, ob Gefahren der vom Oberverwaltungsgericht befürchteten Art (für die Grundrechte der Bürger) eintreten oder nicht eintreten werden, sind die staatlichen Organe, mithin auch der Gesetzgeber, aus ihrer verfassungsrechtlichen Pflicht, dem gemeinen Wohl zu dienen, insbesondere wegen der aus Art.1 Abs.2 Satz 2 GG folgenden objektiv-rechtlichen Verpflichtung aller staatlichen Gewalt, die Würde des Menschen zu schützen, gehalten, alle Anstrengungen zu unternehmen, um mögliche Gefahren frühzeitig zu *erkennen* und ihnen mit den erforderlichen, verfassungsmäßigen Mitteln zu begegnen."

Als Mittel zur Erfüllung dieser Prüfpflicht nennt das Bundesverfassungsgericht insbesondere die Berichtsanforderungen des Bundestages[14], außer-

---

7 BVerfGE 49, 89, 130f., 143f.

8 BVerfGE 56, 54, 78ff.

9 BVerfGE 65, 1, 55f.

10 BVerfGE 77, 109.

11 BVerfGE 49, 130.

12 Vgl. Zeidler in: Verfassungsgerichtsbarkeit, Gesetzgebung und politische Führung. Cappenberger Gespräch, 1980, S.52; Steinberg, Verfassungsgerichtliche Kontrolle der "Nachbesserungspflicht" des Gesetzgebers, in: Der Staat 26(1987), 161ff., 164f.

13 So Stern, Staatsrecht III, § 73 IV 4c γ; Badura, Die Pflicht des Parlaments zur "Nachbesserung" von Gesetzen, in: FS-Eichenberger, S.481ff., 484; Stettner, Die Verpflichtung des Gesetzgebers zu erneutem Tätigwerden bei fehlerhafter Prognose, DVBl.1982, 1123ff., 1124 m.w.N.

14 Vgl. BVerfGE 49, 132; 56, 82ff.; 65, 56; ebenso Steinberg, Der Staat 26 (1987), 166.

dem die Anhörungen der Bundestagsausschüsse ("Hearings") gem. § 70 GOBT sowie Sachverständigengutachten und Kleine Anfragen[15].

Fraglich ist in diesem Zusammenhang, welche Anforderungen an die Erfüllung der Prüfpflicht zu stellen sind. Das Bundesverfassungsgericht hat sich dazu nicht ausdrücklich geäußert, sondern lediglich festgestellt, daß in Grundrechte betreffenden Bereichen *alle* Anstrengungen unternommen werden müßten, um Fehlprognosen zu erkennen[16].

Damit ergibt sich eine Reihe von Problemen: Muß etwa für jedes neue Gesetz ein Bericht zur späteren Überprüfung angefordert werden? Welchen Umfang hat die Prüfpflicht? Sind regelmäßige Berichte erforderlich? Können auch andere parlamentarische Informationsmittel eingesetzt werden? Wenn ja, reicht etwa eine einzelne Frage eines Abgeordneten in der Fragestunde des Bundestages aus, oder muß als anderes Extrem aus der Prüfpflicht geschlossen werden, daß der Bundestag verpflichtet ist, eine regelmäßige Gesetzesüberprüfung durch allgemeine Berichtspflichten für alle Gesetze und sogar eigene Gesetzgebungsämter zu institutionalisieren?

Die Klärung dieser Fragen muß einer gesonderten Untersuchung vorbehalten bleiben; in bezug auf das parlamentarische Berichtswesen ist von folgendem auszugehen:

1. Verfassungsrechtliche Grundlage der Prüfpflicht des Gesetzgebers

a) Eingreifende Gesetze

Das Bundesverfassungsgericht leitet die Nachbesserungs- und Korrekturverpflichtung ausschließlich aus den Grundrechten her. Bezug genommen wird auf den objektiv-rechtlichen Gehalt von Freiheits- und Gleichheitsrechten, aus der diese Schutzpflicht folge, so in der Fluglärmentscheidung aus Art.2 Abs.2 GG, dem Recht auf körperliche Unversehrtheit, im Volkszählungsurteil aus dem allgemeinen Persönlichkeitsrecht aus Art.1 Abs.1, 2 Abs.1 GG (Recht auf informationelle Selbstbestimmung), in der Kalkarentscheidung aus Art.1 Abs.1 Satz 2 GG, dem Schutz der Menschenwürde, sowie aus Art.12 GG[17] und dem speziellen Gleichheitsrecht aus Art.38 GG[18].

---

15 BVerfGE 56, 83; zu den weiteren parlamentarischen Informationsmitteln Steinberg, Der Staat 26 (1987), 166.

16 BVerfGE 49, 132.

17 BVerfGE 25, 1; 50, 290; 77, 84.

18 BVerfGE 59, 119 (Briefwahl).

Darüberhinaus läßt sich auch das Verhältnismäßigkeitsprinzip zur Begründung der Prüfpflicht heranziehen[19]. Liegt eine Fehlprognose vor, so kann der befolgte Zweck nicht mehr durch das eingesetzte Mittel - das Gesetz - erreicht werden. Die Zweck-Mittel-Relation ist in der Regel nicht mehr gewahrt; das Gesetz erweist sich als unverhältnismäßig[20]. Ist eine Fehlprognose zu befürchten, muß daher auch aufgrund des Verhältnismässigkeitsgrundsatzes das jeweilige Gesetz überprüft werden.

Nach Auffassung des Bundesverfassungsgerichts besteht eine derartige Überprüfungspflicht auch für die Notwendigkeit von *Sonderabgaben*[21], also Abgaben, deren Aufkommen nicht in den allgemeinen Staatshaushalt fließen und die nur eine bestimmte Gruppe belasten. Sonderabgaben greifen ebenso wie Steuern in Grundrechte ein. Die für Sonderabgaben entwickelte Überprüfungspflicht muß daher im Zusammenhang mit anderen eingreifenden Gesetzen gesehen werden.

Die Belastung nur einer bestimmten Gruppe durch Sonderabgaben sei nach Art.3 Abs.1 GG lediglich bei deren "besonderer Finanzverantwortlichkeit" zulässig[22]. Nur in diesen Fällen bestehe ein sachlicher Grund, der die besondere Belastung der Gruppe rechtfertigt. Falle dieser Grund jedoch später weg oder sei gar von Anfang an nicht vorhanden, liege ein Verstoß gegen den Gleichheitssatz in seiner abgabenrechtlichen Ausprägung als "Grundsatz der Lastengleichheit" vor.

Zum anderen bestünden Bedenken gegen die Zulässigkeit von Sonderabgaben aus dem mit dem Gleichheitssatz zusammenhängenden Grundsatz der Vollständigkeit des Haushaltsplanes. Das in Art.110 Abs.1 Satz 1 GG verankerte Prinzip gebiete die Einstellung *aller* Einnahmen in den Haushaltsplan.

Damit sind "schwarze Kassen" grundsätzlich verboten[23]. Trotzdem hat das Bundesverfassungsgericht Sonderabgaben, die wegen ihrer Zweckbindung direkt der jeweiligen Gruppe zugeleitet werden, unter engen Voraussetzungen zugelassen, obwohl damit das Budgetrecht des Parlamentes umgangen wird[24] und im Grunde doch "schwarze Kassen" bestehen. Allerdings hat das Parlament mit dem jeweiligen Gesetz die Fonds erst geschaffen, so daß

---

19 Vgl. Steinberg, Der Staat 26 (1987), 170 m.w.N.

20 Steinberg, aaO.

21 BVerfGE 55, 274, 275, 308; 82, 181; ebenso P.Kirchhof, in: HdBStR IV, § 88 Rdnr.239.

22 BVerfGE 55, 305f.; 82, 180ff.; P.Kirchhof, aaO., Rdnr.231ff.

23 Kisker, in: HdBStR IV, § 89 Rdnr.63.

24 BVerfGE 55, 297ff. m.w.N.; 82, 178ff.; P.Kirchhof, aaO., Rdnr.224.

es zumindest von deren Existenz weiß. Deshalb läßt es sich rechtfertigen, auch gesonderte, am Haushalt vorbeilaufende Fonds als zulässig anzusehen.

Weiterer Grund für den Ausnahmecharakter der Sonderabgaben ist die in den Regelungen der Art.105 bis 108 GG festgelegte Finanzverfassung, die das Finanzaufkommen zwischen dem Bund und den Ländern verteilt und durch den Rückgriff auf die allgemeinen Normen der Art.70ff. GG in Frage gestellt wird[25].

All diese, den Ausnahmecharakter der Sonderabgaben begründenden Probleme führen dazu, daß auch ihre Verhältnismäßigkeit besonders virulent ist und begleitend kontrolliert werden muß.

b) Leistungsgesetze

Problematisch ist die inzwischen erhobene Forderung, die Prüfpflicht über die klassische eingreifende Staatstätigkeit hinaus auch auf das Leistungsrecht auszudehnen[26]. Aus rechtspolitischer Sicht ist dies zunächst wünschenswert. Gerade in diesem Bereich muß schon aus Gründen der ökonomischen Haushaltsführung eine permante Überwachung des Erfolgs oder Mißerfolgs staatlicher Leistungen sichergestellt sein. Der Bundestag sollte daher Gesetze gerade nicht im Wortsinn "verabschieden", sondern vielmehr ihre Auswirkungen überprüfen. Die Gesetze sind, sofern sich dabei Fehlprognosen zeigen, aufzuheben oder zu ändern.

Die rechtliche Betrachtung muß jedoch nicht zum gleichen Ergebnis führen.

aa) Gesetzgebungsfunktion?

Hill ist der Ansicht, daß allgemein "der verfassungsrechtlichen Einrichtung der Funktion der Gesetzgebung auch das Gebot innewohnt, diese Funktion effektiv wahrzunehmen" und daß deshalb für alle Gesetze eine *verfassungsrechtliche Verpflichtung zur Erfolgsvorsorge, Erfolgskontrolle und Erfolgssicherung* bestünde[27].

Es erscheint jedoch zu weitgehend, dieser allgemeinen und unbestimmten Funktion, die zunächst lediglich die Kompetenz bedeutet, rechtsetzend tätig werden zu können, konkrete Pflichten zu entnehmen. In welcher Weise die Gesetzgebung zu erfolgen hat, läßt sich der bloßen Rechtsetzungskompetenz

25 BVerfGE 55, 274, 300ff (AusbildungsplatzförderungsG).

26 Vgl. Hufen, Gesetzesgestaltung und Gesetzesanwendung im Leistungsrecht, VVDStRL 47(1989), S.169 Leitsatz 6; Hill, ebenda, S.185ff., 198, Leitsatz 9 m.w.N.

27 AaO., S.185.

ohne Zuhilfenahme anderer Rechtssätze nicht entnehmen. Den Maßstab für die Art und Weise der Gesetzgebung gibt sie nicht an. So würde auch eine ineffektive Gesetzgebung die Funktion der Gesetzgebung erfüllen.

Aus der rechtspolitischen Berechtigung der Forderung auf Erfolgskontrolle von Gesetzen kann daher nicht auf ihre Rechtsgeltung geschlossen werden.

bb) Wirtschaftlichkeitsprinzip

Als verfassungsrechtliche Grundlage für eine Verpflichtung zur Erfolgskontrolle finanzwirksamer Gesetze kommt dagegen das in Art.114 Abs.2 Satz 1 GG und in den §§ 6 Abs.1 HGrG, 7 Abs.1 BHO zum Ausdruck gebrachte *Wirtschaftlichkeitsprinzip* in Betracht[28].

Der Wirtschaftlichkeitsbegriff bezeichnet ein positives Werturteil über das optimale Verhältnis zwischen den eingesetzten finanziellen Mitteln und dem beabsichtigten Erfolg[29]. Diese günstigste Zweck-Mittel-Relation besteht nach Ziffer 1.1 der Vorläufigen Verwaltungsvorschrift zu § 7 BHO[30] "darin, daß entweder

- ein bestimmtes Ergebnis mit möglichst geringem Einsatz von Mitteln (*Minimalprinzip*)[31] oder
- mit einem bestimmten Einsatz von Mitteln das bestmögliche Ergebnis erzielt wird (*Maximalprinzip*)[32]."

Die den Wirtschaftswissenschaften entlehnte Definition wird auch für den juristischen Begriff der Wirtschaftlichkeit allgemein als maßgebend herangezogen[33].

---

28 So auch Wintrich, Rechtspflicht zu Erfolgskontrollen bei der Vergabe staatlicher Mittel, NVwZ 1988, 895ff., 897.

29 W.Krebs, Rechtmäßigkeit und Wirtschaftlichkeit als Kontrollmaßstäbe, in: v.Arnim, Finanzkontrolle, S.65, 66 m.w.N.; v.Arnim, Wirtschaftlichkeit als Rechtsprinzip, S.19ff. m.w.N.; Reinermann, Wirtschaftlichkeitsanalysen, in: Becker/Thieme, Handbuch der Verwaltung, Heft 4.6, S.1ff.

30 Vom 21.5.1973, abgedruckt in MinBlFin, Nr.13/1973, S.191ff. sowie bei Piduch, Bundeshaushaltsrecht II, bei § 7 BHO.

31 Vom Verfasser eingefügt.

32 Vom Verfasser eingefügt.

33 Maunz in: M/D/H/S, Art.114 Rdnr.50; Vogel/P.Kirchhof in: BKGG, Art.114 Rdnr.87; Fischer-Menshausen in: v.Münch, Art.114 Rdnr.18 alle m.w.N. Zum ökonomischen Wirtschaftlichkeitsbegriff Reichard, Betriebswirtschaftslehre der öffentlichen Verwaltung, S.10ff. Zur Übereinstimmung des ökonomischen mit dem juristischen Wirtschaftlichkeitsbegriff v.Arnim, Wirtschaftlichkeit als Rechtsprinzip, S.21ff.

Um dieses positive Werturteil zu treffen, müssen also der Zweck und die Mittel gegeneinander abgewogen werden. Das Wirtschaftlichkeitsprinzip verlangt auch das Inverhältnissetzen dieser Faktoren[34]. Ohne eine vorgeschriebene Bewertung wäre die Angabe des Bewertungs*maßstabs* sinnlos. Ein Rechtsprinzip der Wirtschaftlichkeit beinhaltet demnach die Verpflichtung zur Bewertung des Einsatzes finanzieller Mittel und damit einen Prüfungsauftrag. Diese Überprüfung kann vor dem Wirksamwerden der jeweiligen Maßnahme geschehen - dann läßt sie sich als Planung oder Prognose auffassen -, oder auch nachträglich. In diesem Fall wird Kontrolle ausgeübt[35].

(1) Erfolgskontrolle als Inhalt

Zu prüfen ist nunmehr, ob sich die eben beschriebene Bewertung finanzwirksamer Maßnahmen darauf beschränken kann, vor dem Wirksamwerden der Maßnahme ihre Wirtschaftlichkeit zu untersuchen, oder ob auch nachträglich kontrolliert werden muß.

Eine bloße Planung und "Verabschiedung" der jeweiligen Maßnahme könnte ihre Wirtschaftlichkeit nur garantieren, wenn die Annahmen der Planung sich als zwingende Naturgesetze nach dem Wirksamwerden des Programms bewahrheiteten. Davon kann aber wegen der Begrenztheit menschlichen Vorstellungsvermögens nicht ausgegangen werden. So ist es zum einen möglich, daß die Planung schon von Anfang an falsch war, da sie etwa von falschen Tatsachen ausging. Zum anderen können spätere, anfangs nicht voraussehbare Entwicklungen hinzutreten, die den Plan hinfällig machen[36]. Denkbar sind z.B. neue, früher unbekannte technische Entwicklungen und nicht voraussehbare Wechselbeziehungen mit anderen Maßnahmen des Maßnahmegebers oder auch anderer Institutionen, etwa der EG.

"Notwendigerweise mit Ungewißheiten belastet"[37] ist daher auch eine finanzwirksame Maßnahme. Sie muß, um ihre Wirtschaftlichkeit sicherzustellen, begleitend kontrolliert und überprüft werden[38].

Die Erfolgskontrolle ist daher Bestandteil des Wirtschaftlichkeitsprinzips.

---

34 Vgl. v.Arnim, Wirtschaftlichkeit als Rechtsprinzip, S.33; ders., Finanzkontrolle in der Demokratie, in: ders., Finanzkontrolle, S.49f.

35 Vgl. dazu Wintrich, aaO., 897; Reinermann, aaO., S.18.

36 Ausführlich dazu auch Wintrich, aaO., 897.

37 So das BVerfG in der Kalkarentscheidung (E 49, 89, 131).

38 Vgl. dazu auch Rürup/Seidler, Von der fiskalischen Haushaltskontrolle zur politischen Erfolgskontrolle, Die Verwaltung 14 (1981), 501, 502ff.

Demzufolge besteht mittlerweile eine Anzahl von Regelungen zur Kontrolle finanzwirksamer Maßnahmen, insbesondere Ziffer 1.3 der Vorläufigen Verwaltungsvorschrift zu § 7 BHO[39] und Ziffer VII des Subventionskodex der Bundesländer[40]. Auch hat nach § 12 Abs.4 StabG die Bundesregierung in den Subventionsberichten darzulegen, "wann nach der gegebenen Rechtslage mit der Beendigung der Finanzhilfen und Steuervergünstigungen zu rechnen ist." Außerdem macht sie "zugleich Vorschläge hinsichtlich der gesetzlichen oder sonstigen Voraussetzungen für eine frühere Beendigung oder einen stufenweisen Abbau der Verpflichtungen". Hierzu hat sie einen Zeitplan aufzustellen. Die Erfolgskontrolle ist daher auch Bestandteil der Subventionsberichterstattung[41].

Damit ist die Exekutive zur nachträglichen Kontrolle ihrer finanzwirksamen Maßnahmen vergleichsweise umfassend verpflichtet[42]. Auch nach der Meinung des überwiegenden Teils der Literatur beinhaltet das Wirtschaftlichkeitsprinzip die nachträgliche Kontrolle finanzwirksamer exekutiver Maßnahmen[43].

---

39 "1.3 Im Wege der Erfolgskontrolle (Ergebnisprüfung) soll insbesondere untersucht werden
1.3.1 während der Durchführung von mehrjährigen Maßnahmen mindestens jährlich, ob die Zwischenergebnisse im Rahmen der Planung liegen, die Planung anzupassen ist und die Maßnahmen weiterzuführen oder einzustellen sind,
1.3.2 nach der Durchführung von Maßnahmen, ob das erreichte Ergebnis der ursprünglichen oder angepaßten Planung entspricht, die Maßnahmen zu revidieren sind und Erfahrungswerte gesichert werden können."

40 "Jede Subventionsgewährung ist mit der Verpflichtung zu periodischen Erfolgskontrollen zu verbinden. Dabei ist anzustreben, die Erreichung der Ziele und nach Möglichkeit auch die Wirkung der Instrumente im Rahmen von Erfolgskontrollen zu überprüfen, um die Subvention ggfs. abzubauen oder zu überarbeiten." Vom 7.7.82, abgedruckt im 9.Subventionsbericht (BT-Ds 10/352, S.310 Anl.10).

41 In den bisherigen Berichten kommt dies allerdings zu kurz: Im 12.Subventionsbericht, BT-Ds 11/5116, behandelten lediglich 8 Seiten des 255-seitigen Berichts die Frage der Entbehrlichkeit von Subventionen (S.12f., 46ff.). Dazu auch unten III. (2).

42 Für Leistungen des Bundes an die Länder fehlen aber noch derartige Bestimmungen, vgl. Wintrich, aaO., S.896.

43 Maunz in: M/D/H/S, Art.114 Rdnr.5; Fischer-Menshausen in: v.Münch, Art.114 Rdnr.17f.; K.Grupp, Die "Grundsätze der Wirtschaftlichkeit und Sparsamkeit" im Haushaltsrecht, JZ 1982, 231, 233, 234; a.A.: Vogel/P.Kirchhof in: BKGG, Art.114 Rdnr.66; vgl. dazu auch Kisker in: HdBStR IV, § 89 Rdnr.91 m.w.N.

(2) Bindung des Gesetzgebers

Das Bundesverfassungsgericht hat bereits in einer frühen Entscheidung das Wirtschaftlichkeitsprinzip als "ernste Mahnung an *alle*[44] am Gesetzgebungsverfahren beteiligten Organe" verstanden[45]. Fraglich ist, ob darüberhinaus auch eine Bindung des Gesetzgebers besteht. In der Praxis dürfte eine Selbstkontrolle der Legislative gegenüber der der Exekutive noch vordringlich sein, da finanzwirksame Gesetze in aller Regel höhere Kosten als bloße Verwaltungsentscheidungen nach sich ziehen.

Die Bindung des Gesetzgebers an das Wirtschaftlichkeitsprinzip ist umstritten, was insbesondere in der Diskussion zur Prüfungskompetenz des Bundesrechnungshofs nach Art.114 Abs.2 GG zum Ausdruck kommt. Die bisher h.M. ist der Ansicht, das Parlament sei "als demokratisch legitimiertes Verfassungsorgan, das vornehmlich zur politischen Willensbildung in Gestalt von Gesetzen berufen ist, nicht Objekt der Finanzkontrolle" des Bundesrechnungshofs[46]. Darüberhinaus sei der Gesetzgeber auch selbst nicht an das Wirtschaftlichkeitsprinzip gebunden - eine Feststellung, die allerdings selten ausdrücklich getroffen wird[47].

(2.1) Bindung nach Art.114 Abs.2 GG?

Aus der Tatsache, daß das Prinzip in Art.114 Abs.2 GG als Kontrollmaßstab des Bundesrechnungshofs festgelegt ist, muß zunächst die Bindung des Gesetzgebers nicht folgen. Logisch denkbar ist, daß sich die Kontrolle des Bundesrechnungshofs auf die Wirtschaftlichkeit des Parlamentshandeln erstreckt, während das Parlament selbst daran nicht gebunden ist, ein "Überschießen" der Kontroll- über die Bindungsnorm[48]. Umgekehrt könnte es auch dem Bundesrechnungshof verwehrt sein, das Parlamentshandeln auf

---

44 Nachträgliche Hervorhebung.

45 BVerfGE 1, 144, 161 zu Finanzvorlagen nach § 96 GOBT a.F.

46 So S.Tiemann, Die staatsrechtliche Stellung der Finanzkontrolle des Bundes, S.112; vgl. außerdem Vogel/P.Kirchhof, in: BKGG Art.114 Rdnr.100; Maunz in: M/D/H/S, Art.114 Rdnr.51; Piduch, Bundeshaushaltsrecht I, Art.114 Rdnr.25; W.Krebs, Kontrolle in staatlichen Entscheidungsprozessen, S.198f. m.w.N.; Stern, Staatsrecht II, § 34 V 4 b (S.461).

47 Vogel/P.Kirchhof, aaO.; W.Krebs, aaO.; Stern, aaO.

48 So die Konzeptionen von W.Krebs, Kontrolle in staatlichen Entscheidungsprozessen, S.170ff., 198f.; Greifeld, Der Rechnungshof als Wirtschaftlichkeitsprüfer; vgl. auch v.Arnim, Wirtschaftlichkeit als Rechtsprinzip, S.70f., 82ff., 85 FN 92, wonach dies bei den bloß gutachterlichen Stellungnahmen des Rechnungshofs durchaus Sinn mache.

seine Wirtschaftlichkeit zu überprüfen, während das Parlament selbst gebunden wäre, ein "Überschießen" der Bindungs- über die Kontrollnorm[49].

Aus der Geltung als Kontrollmaßstab des Bundesrechnungshofs kann daher nicht zwangsläufig auf die auch bestehende Bindung des Gesetzgebers geschlossen werden, wenn auch das Übereinstimmen von Bindungs- und Kontrollnorm wohl der Regelfall ist. Art.114 Abs.2 GG ist für das hier zu untersuchende Problem somit wenig ergiebig.

(2.2) Bindung bei der Aufstellung des Haushaltsplans

Nach den §§ 6 Abs.1 HGrG, 7 Abs.1 BHO muß nicht nur bei der Ausführung, sondern auch bei der *Aufstellung* des Haushaltsplans der Grundsatz der Wirtschaftlichkeit beachtet werden. "Aufstellen" kann den Haushaltsplan nach Art.110 Abs.2 GG nur der Gesetzgeber, da der Plan durch Gesetz festgestellt wird. Damit ist das Parlament jedenfalls bei der Aufstellung des Haushaltsplans kraft einfachen Rechts nach einhelliger Ansicht an das Gebot der Wirtschaftlichkeit gebunden[50].

Bei anderen finanzwirksamen Gesetzen könnte es aber an der Bindung fehlen. Da jedoch alle Staatsausgaben in den Haushaltsplan eingestellt werden, kann eine indirekte Bindung spätestens bei der Aufstellung des Plans kaum fraglich sein.

(2.3) Grundrechte?

H.H.v.Arnim betrachtet die unwirtschaftliche Ausgabe staatlicher Mittel nicht isoliert von den Einnahmen. Staatliche Einnahmen werden insbesondere durch Steuern erzielt, die nach h.M. in den Gewährleistungstatbestand von Art.14 GG eingreifen[51]. Verschwende der Staat Mittel und handele damit unwirtschaftlich, so sei schon die Erhebung der Steuern nicht verhältnismäßig, verstoße gegen Art.14 GG und das Gemeinwohl. "Wirtschaftlichkeit bedeutet Verhältnismäßigkeit zwischen Steuerbelastung und Ausgabengewicht und verlangt, zugespitzt formuliert, daß die am wenigsten dringliche Ausgabe noch die Erhebung der am schwersten belastenden Steuer rechtfertigt."[52] Da auch der Gesetzgeber an die Grundrechte gebun-

49 Das schließt v.Arnim, Wirtschaftlichkeit als Rechtsprinzip, S.85, jedoch aus.

50 Vgl. v.Arnim, aaO., S.65 mit zahlreichen Nachweisen.

51 Vgl. P.Kirchhof und v.Arnim, Besteuerung und Eigentum, VVDStRL 39 (1980), 213ff., 286ff. sowie die anschließende Diskussion S.361ff.

52 V.Arnim, Wirtschaftlichkeit als Rechtsprinzip, S.72ff., 73; ders, Besteuerung und Eigentum, VVDStRL 39 (1980), 286, 311ff.; vgl. auch dens., Grundprobleme der

den ist, bestünde nach dieser Auffassung auch seine Bindung an das Wirtschaftlichkeitsprinzip.

Gegen diese Konzeption spricht die im Grundgesetz festgelegte Trennung der Einnahmen- von der Ausgabengesetzgebung. Für die Steuergesetzgebung ist der Bund nach Art.105 GG im wesentlichen zuständig, während die Ausgabengewalt nach Art.104a Abs.1 GG i.V.m. Art.83ff. GG in der Regel bei den Ländern liegt[53]. Die unwirtschaftlichen Ausgaben der Länder würden damit dem Bund, der durch die Erhebung der Steuern in Art.14 GG eingriffe, zugerechnet.

Darüberhinaus ist auch die Überforderung der Gerichte zu befürchten, sofern der Bürger versuchte, sein subjektives Recht auf wirtschaftliche Vergabe staatlicher Mittel durchzusetzen[54]. Der Richter müßte in eine "Normenflut eintauchen"[55], indem er die Wirtschaftlichkeit aller Staatsausgaben untersuchte, um eine Verletzung des Art.14 GG festzustellen. *V.Arnim* hat diesen Einwand damit zu entkräften versucht, daß die aus Art.14 GG abgeleitete Bindung des Gesetzgebers nur objektives Recht sei und keine subjektiven Ansprüche des Bürgers schaffe[56]. Jedoch ist nicht ersichtlich, weswegen bei der Definition der Wirtschaftlichkeit im Sinne *v.Arnims* die Verletzung des Grundrechts nach Art.14 GG nur öffentliche Interessen und keine subjektiven Rechte berühren soll.

(2.4) Verhältnismäßigkeitsprinzip

Die Geltung des Verhältnismäßigkeitsgrundsatzes gegenüber staatlichen Eingriffen ist unbestritten und wird im Rechtsstaatsprinzip als verankert gesehen[57]. Auch bei der leistenden Tätigkeit des Staates soll der Grundsatz nach einer inzwischen wohl überwiegenden Meinung angewandt werden[58]. Ebenso wie in der Eingriffsverwaltung sollen also die eingesetzten Mittel mit den beabsichtigten Zwecken ins Verhältnis gesetzt werden. Diese Her-

---

Finanzkontrolle, DVBl.1983, 664, 664f.; dens., Gemeinwohl und Gruppeninteressen, S.375ff.

53 Vgl. P.Kirchhof und Wilke, Diskussionsbeiträge, VVDStRL 39 (1980), 401, 404f.

54 Wilke, Diskussionsbeitrag, VVDStRL 39 (1980), 404f.; vgl. auch Papier in: M/D/H/S, Art.14 Rdnr.170.

55 Wilke, Diskussionsbeitrag, VVDStRL 39 (1980), 404.

56 in: Wirtschaftlichkeit als Rechtsprinzip, S.73 FN 27, S.79f.

57 BVerfGE 20, 45, 49f.; vgl. auch Schmidt-Aßmann in: HdBStR I, § 24 Rdnr.87 m.w.N.

58 Dürig, Verfassung und Verwaltung im Wohlfahrtsstaat, JZ 1953, 193, 199; Schmidt-Aßmann, aaO.; Wolff/Bachof, Verwaltungsrecht I, § 30 II b 1; vgl. auch die folgenden Autoren.

stellung der Zweck-Mittel-Relation fordert auch das Wirtschaftlichkeitsprinzip, wie eben dargelegt wurde. Es bestehen damit enge Beziehungen zwischen beiden Prinzipien, weswegen in der Literatur die Auffassung vertreten wird, das Wirtschaftlichkeitsprinzip "entspreche"[59] dem Verhältnismäßigkeitsgrundsatz, es sei mit ihm "deckungsgleich"[60] oder seine "finanzrechtliche Konkretisierung"[61]. *V.Arnim* hat demgegenüber eingewandt, im Gegensatz zum Verhältnismäßigkeitsgrundsatz verlange das Wirtschaftlichkeitsprinzip, daß die Zweck-Mittel-Relation *optimal* sei. Die Berücksichtigung des Übermaßverbots führe hingegen nur zu einer Übermaßkontrolle durch die Gerichte und nicht zu einer Kontrolle auf Richtigkeit und Zweckmäßigkeit.

Beide Grundsätze seien damit zwar verwandt, der Wirtschaftlichkeitsgrundsatz gehe jedoch noch über das Verhältnismäßigkeitsprinzip hinaus[62].

Allerdings fordert das Wirtschaftlichkeitsprinzip auch nach *v.Arnims* Auffassung nicht die "einzig-richtige" Entscheidung, sondern verlange nur die Ausscheidung eindeutig unrichtiger Lösungen[63]. Dem damit zugestandenen Entscheidungsspielraum bei der Anwendung des Wirtschaftlichkeitsprinzips korrespondiert auch nach *v.Arnim* eine Einengung des Übermaßverbots auf die richtige Entscheidung durch die Verwaltung, die lediglich von den Gerichten nicht voll überprüft werden könne[64]. Beide Prinzipien kommen sich damit so nahe, daß es gerechtfertigt erscheint, das Wirtschaftlichkeitsprinzip als finanzrechtliche Konkretisierung des Verhältnismäßigkeitsgrundsatzes aufzufassen. Damit besteht aber, ebenso wie bei eingreifenden Gesetzen, eine Bindung des Gesetzgebers.

Die Frage nach der verfassungsrechtlichen Grundlage des Verhältnismässigkeitsgrundsatzes im Leistungsrecht braucht hier nicht abschließend beantwortet zu werden. Ebenso wie in der Eingriffsverwaltung kommt zunächst das Rechtsstaatsprinzip in Betracht. Darüberhinaus sind auch das öffentliche Interesse[65] und das Gemeinwohl[66] als einschlägige Verfassungsprinzipien vorstellbar. Eine Verschwendung öffentlicher Mittel durch den Gesetzgeber beeinträchtigte das Gemeinwohl, da damit die Erfüllung der

---

59 Vogel, Begrenzung von Subventionen durch ihren Zweck, in: FS-Ipsen, 539, 548.

60 Salmen, Wirtschaftlichkeitsprinzip, S.54.

61 P.Kirchhof, Die Steuerung des Verwaltungshandelns durch Haushaltsrecht, NVwZ 1983, 505, 514.

62 Wirtschaftlichkeit als Rechtsprinzip, S.52ff., 55.

63 AaO., S.45f., 120 Nr.8.

64 AaO., S.77 m.w.N.

65 Dürig, JZ 1953, 199.

66 V.Arnim, Gemeinwohl und Gruppeninteressen, S.375ff.; ders., Wirtschaftlichkeit als Rechtsprinzip, S.75ff.

wahrgenommenen öffentlichen Aufgabe sowie auch anderer Aufgaben erschwert wäre[67].

2. *Auswahlermessen unter den parlamentarischen Informationsmitteln*

Bei der Wahl seiner zur Überprüfung eingesetzten Informationsmittel hat der Bundestag grundsätzlich ein Ermessen. Jedoch genügt eine Anfrage eines einzelnen Abgeordneten in der Fragestunde wegen des geringen Umfangs der Antwort[68] nicht. Auch andere "ad-hoc-Befragungen", wie die Befragung anläßlich einer Zitierung, die Diskussion in der Aktuellen Stunde und die "Befragung der Bundesregierung" reichen nicht aus. Diese parlamentarischen Informationsmittel eröffnen insbesondere der Opposition die Möglichkeit, eine Kontroverse verschiedener politischer Ansichten vor dem Plenum auszutragen. Sie sind weniger dazu bestimmt, umfangreiche Sachinformationen von der Bundesregierung zum erhalten. In der Regel verlangen sie von den "Informationsgebern", da diese nur ihr momentanes Sachwissen zu vermitteln haben, keine Nachforschungen. Derartige Ermittlungen, insbesondere Erhebungen für Statistiken, sind aber für eine Erfolgskontrolle von Gesetzen notwendig. Möglicherweise sind derartige Nachforschungen schon von der Bundesregierung angestellt worden; trotzdem dürfte kein Mitglied der Bundesregierung dazu in der Lage sein, derartige allgemeine Erfahrungen, in einer Fragestunde wiederzugeben, ohne sich kundig zu machen. Das vom Bundestag zur Erfolgsbewertung gewählte Informationsmittel muß daher in seiner verfahrensrechtlichen Ausgestaltung Nachforschungen und Sachinformationen ermöglichen.

Taugliche Informationsmittel zur Erfolgsbewertung von Gesetzen sind die Kleinen und Großen Anfragen sowie Berichtsbeschlüsse oder -gesetze; außerdem Untersuchungsausschüsse, Enquete-Kommissionen und Anhörungen[69].

In der Praxis allerdings ist festzustellen, daß in den vom Bundesverfassungsgericht beurteilten Fällen der Bundestag in der Regel Berichte angefordert hat[70].

---

67 Dazu ausführlich v.Arnim, Wirtschaftlichkeit als Rechtsprinzip, S.75ff. mit zahlreichen Nachweisen auch auf die Rechtsprechung.

68 Vgl. Anl.4 Nr.1 GOBT: "Die Fragen müssen kurz gefaßt sein und eine kurze Beantwortung ermöglichen."

69 Vgl. dazu Kretschmer in: HdBEvF, S.411 mit zahlreichen Nachweisen, der insbesondere die Eignung von Kleinen Anfragen betont.

70 BVerfGE 49, 89, 132 "Kalkar": das BVerfG nennt keinen Bericht ausdrücklich; in Frage kommen: Bericht über Umweltradioaktivität und Strahlenbelastung, regelmäßiger

3. Ergebnis

Eine Verpflichtung zur nachträglichen Kontrolle von Gesetzen enthalten die Grundrechte, das Wirtschaftlichkeitsprinzip und der beide verbindende Verhältnismäßigkeitsgrundsatz.

Die Überprüfungspflicht entspricht vom Umfang her nicht den Forderungen der Gesetzgebungslehre; vielmehr ist sie an den verfassungsrechtlichen Vorgaben orientiert. Sofern die Pflicht aus Grundrechten zu folgern ist, muß untersucht werden, ob die für das jeweilige Gesetz getroffene Prognose der tatsächlichen Entwicklung zutrifft und die Grundrechtsbelastung noch verfassungsgemäß ist. Gefordert ist also in tatsächlicher Hinsicht die Überprüfung der Prognose und in rechtlicher Hinsicht die darauf aufbauende Verfassungsmäßigkeitskontrolle.

Folgt die Prüfpflicht aus dem Gebot der Wirtschaftlichkeit, so muß lediglich eine Wirtschaftlichkeitskontrolle durchgeführt werden. Zu untersuchen ist also die Frage, ob die Anwendung des Gesetzes - auch unter der Berücksichtigung und Infragestellung seiner Regelungen - zu einem wirtschaftlichen Umgang mit den verwendeten Mitteln führt. Ob das Gesetz seine Ziele erreicht hat, muß nicht umfassend überprüft werden, so daß keine Verpflichtung zu seiner Erfolgskontrolle besteht.

Der rechtliche Umfang der Überprüfungspflicht schließlich geht so weit, eine *regelmäßige* Überprüfung vornehmen zu müssen. Ein einmaliger Bericht zu den Erfahrungen mit bestimmten Gesetzen reicht damit nicht aus. Das Bundesverfassungsgericht hat dies ausdrücklich für die Sonderabgaben entschieden[71]. Auch auf anderen Bereichen, auf denen die Nachbesserungs- und Korrekturverpflichtung des Gesetzgebers besteht, muß regelmäßig überprüft werden. Abhängig etwa von der Schwere des Eingriffs, vom technischen Fortschritt oder der Schnellebigkeit des jeweiligen Gebietes können kurz- oder auch längerfristige Untersuchungen angemessen sein. Zur Bekämpfung des Fluglärms kann z.B. die Entwicklung neuer, leiserer Flug-

jährlicher Bericht aufgr. Beschl.v.22.5.1962, BT-Ds IV/281; Entsorgungsbericht aufgr. Beschl.v.1.7.1976, BT-Ds 7/5466; Bericht betr. thermische Belastung von Gewässern durch Kernkraftwerke aufgr. Beschl. v.2.12.1971, BT-Ds VI/2826. BVerfGE 56, 44, 82 "Fluglärm": das BVerfG nennt den 1.Immissionsschutzbericht gem. § 61 BImSchG, BT-Ds 8/2006; Umweltgutachten BT-Ds 8/1938; Fluglärmbericht BT-Ds 8/2254. BVerfGE 65, 1, 56 "Volkszählung": das BVerfG führt ausdrücklich unter Abdruck des Wortlauts den Berichtsbeschluß vom 15.12.1982, BT-Ds 9/2261, S.3, zum Mikrozensusgesetz von 1985 auf.

71 BVerfGE 82, 159, 181.

zeugtriebwerke Anlaß für die Überprüfung bestehender Regelungen bieten[72].

III. Funktionsgerechtigkeit parlamentarischer Berichte?

(1) Parlamentarische Berichte werden in aller Regel als Mittel zur umfassenden Erfolgskontrolle von Gesetzen und weniger als Instrumente zur Überprüfung fortbestehender Verfassungsmäßigkeit von Gesetzen begriffen. Sie sind keine Rechtsgutachten, sondern schildern die tatsächlichen Erfahrungen mit den jeweiligen Regelungen. Anders als vor der Verabschiedung führt die Bundesregierung im Rahmen ihres Berichtsauftrags nachträglich keine interne Verfassungsmäßigkeits-, Rechtsförmlichkeits- und Verwaltungsförmlichkeitsprüfung mehr durch[73]. Auch der Bundestag überprüft auf der Grundlage des übermittelten Berichts in der Regel nicht noch einmal die Verfassungsmäßigkeit der Bestimmungen. Insbesondere wird der Rechtsausschuß des Bundestages an der nachträglichen Überprüfung nicht beteiligt[74].

Die Überprüfung der weiter bestehenden Verfassungsmäßigkeit sowohl durch die Bundesregierung als auch durch den Bundestag erscheint also noch nicht gewährleistet. Sofern sich erhebliche Fehlprognosen nachträglich ergeben, sollte die geforderte Überprüfung der Verfassungsmäßigkeit der Regelungen auch in dem Verfahren durchgeführt werden, das für die "ex-ante-Überprüfung" angewandt wird.

Die hier geforderte Überprüfung finanzwirksamer Gesetze wird - entsprechend § 12 Abs.4 StabG - insbesondere in den Subventionsberichten durchgeführt. Vor allem im 6., 7. und 8. sowie nunmehr auch im 13.Subventionsbericht wurden die Möglichkeiten einer Erfolgskontrolle und eines möglichen Subventionsabbaus untersucht[75]. Dabei wird allerdings nicht eine Erfolgskontrolle der Subventionen innerhalb des Berichts vorgenommen, sondern auf diverse Einzeluntersuchungen verwiesen. Insbeson-

---

72 Dazu auch im 8.Teil, III.

73 Vgl. §§ 23 Abs.2 Nr.2 und 3; 38; 54 GGO II, dazu auch Kretschmer in: HdBEvF, S.412f.

74 Vgl. Kretschmer, aaO.; sowie hier 3.Teil, III.

75 Vgl. den 6., 7. und 8.Subventionsbericht BT-Ds 8/1195, S.32ff.; 8/3097, S.39f.; 9/986, S.43ff. In den folgenden Subventionsberichten sind zur Erfolgsbewertung keine neuen Erläuterungen enthalten; es wird lediglich auf die bisher erstatteten Berichte Bezug genommen, vgl. etwa den 12.Subventionsbericht (BT-Ds 11/5116, S.12f.). Im 13.Subventionsbericht (BT-Ds 12/1525, S.37ff.) finden sich nunmehr durch den wegen der Wiedervereinigung möglichen Wegfall der Berlin- und Zonenrandförderung einige neue Erwägungen.

dere die Nutzen-Kosten-Untersuchungen nach den §§ 6 Abs.2 HGrG und 7 Abs.2 BHO eignen sich dabei zur Überprüfung von finanzwirksamen Gesetzen[76].

(2) Die Eignung parlamentarischer Berichte zur - von der Gesetzgebungslehre geforderten - umfassenden Erfolgskontrolle von Gesetzen ist in der Literatur umstritten. *Rudolf Steinberg* ist der Ansicht, die Berichte blieben hinter den Anforderungen der Evaluation zurück; sie seien eher Tätigkeitsberichte zuzüglich der Ankündigung zukünftiger Entwicklung und Maßnahmen im Hinblick auf die angestrebten Ziele[77]. *Hans Schneider* demgegenüber meint, durch die vom Bundestag angeforderten Berichte fände die heute so oft geforderte Erfolgskontrolle der Gesetzgebung längst statt[78]. *Hermann Hill* hält die Berichte für "weitgehend unkritisch und geschönt"[79].

Parlamentarische Berichte bieten sich im Vergleich mit anderen Informationsinstrumenten des Bundestages vor allem aus verfahrenstechnischen Gründen zur Erfolgskontrolle von Gesetzen an. Da die Berichtsanforderungen bereits bei der Verabschiedung des später zu überprüfenden Gesetzes festgelegt werden, besteht für die Bundesregierung als Berichterstatter die Möglichkeit und Verpflichtung, *von Anfang an* das Gesetz in seiner praktischen Bewährung zu beobachten, es bis zum Zeitpunkt der Berichterstattung einer laufenden Überprüfung zu unterziehen, Daten innerhalb einer relativ langen Zeit zu sammeln und erst nach dieser gründlichen Kontrolle über das Ergebnis berichten zu müssen. Im Vergleich dazu eignen sich etwa Kleine Anfragen weniger, da diese oft erst formuliert werden, nachdem das Gesetz schon länger angewandt wird, und außerdem eine Beantwortung innerhalb einer vergleichsweise kurzen Frist - zumindest noch innerhalb der laufenden Wahlperiode - zu erfolgen hat.

---

76 Vgl. dazu die "Vorläufige Verwaltungsvorschrift zu § 7 BHO" und die "Erläuterungen zur Durchführung von Nutzen-Kosten-Untersuchungen" vom 21.5.1973, abgedruckt in MinBlFin, Nr.13/1973, S.191ff., 292ff. sowie bei Piduch, Bundeshaushaltsrecht II, bei § 7 BHO. Danach sind NKU in 11 detaillierten Stufen durchzuführen; vgl. außerdem Helm, in: HdBEvF, S.366ff.; B.Becker, Öffentliche Verwaltung, S.782ff.mit umfangreichen mathematischen Berechnungen; die Richtlinien gehen zurück auf das Ergebnis einer am 15.10.1970 eingesetzten Arbeitsgruppe "Nutzen-Kosten-Untersuchungen" des Bundesfinanzministeriums, vgl. Bebermeyer, Regieren ohne Management?, S.80f.; vgl. auch die etwa zeitgleich eingesetzte Arbeitsgruppe "Berichte der Bundesregierung". Zu anderen Wirtschaftlichkeitsrechnungen vgl. Reichard, Betriebswirtschaftslehre der öffentlichen Verwaltung, S.330ff.

77 Der Staat 15(1976), S.185ff.(203).

78 Gesetzgebung, Rdnr.150.

79 In: VVDStRL 47(1989), S.172ff.,187.

Allerdings ist die Erfolgskontrolle von Gesetzen auf der Grundlage von Berichtspflichten auch nicht frei von Nachteilen, was jedoch weniger in den Berichtspflichten selbst, sondern mehr in den grundsätzlichen Schwierigkeiten einer Erfolgskontrolle von Gesetzen begründet ist.

Ein "Erfolg" von Gesetzen ist mitunter nicht meßbar, da durch das jeweilige Gesetz kein konkreter Erfolg angestrebt wird, sondern die Konkretisierung durch Rechtsverordnungen oder Verwaltungsvorschriften oft der Exekutive überlassen bleibt.

Desweiteren bereitet bei umfangreichen Regelungsmaterien die Feststellung der Kausalität zwischen gesetzlicher Regelung und tatsächlicher Entwicklung Schwierigkeiten[80]. Der Rückschluß von günstigen oder ungünstigen Veränderungen der Regelungsmaterie auf die Eignung bestimmter gesetzlicher Maßnahmen muß nicht in jedem Fall zutreffen. Das jeweilige Gebiet wird in der Regel nicht nur von staatlichen, sondern auch von anderen Einflüssen bestimmt. So kann die Entwicklung der bundesdeutschen Konjunktur nicht nur als Ergebnis staatlicher Fördermaßnahmen gesehen werden. Es spielen dabei eine Vielzahl von Faktoren eine Rolle. Die Feststellung der Kausalität staatlicher Maßnahmen muß versuchen, diese Faktoren auszuscheiden und die Wirkungen der Maßnahmen herauszuarbeiten.

Darüberhinaus müssen bei der Feststellung der Kausalität auch die Wirkungen des Gesetzes selbst sowie der von der Verwaltung getroffenen exekutiven Maßnahmen auseinander gehalten werden. Die Trennung der exekutiven von den legislativen Maßnahmen bereitet dabei Schwierigkeiten[81].

Gesetze sind außerdem auch deshalb "evaluationsunfreundlich"[82], weil etwa durch die Wahl unbestimmter Rechtsbegriffe oft ein Spielraum für die subjektive Auswahl von konkretisierten Gesetzeszielen und deren Gewichtung[83] bleibt. Eine Erfolgskontrolle ist im Hinblick darauf sinnvoll bei konkret gefaßten Gesetzen, die keine allgemeinen programmatischen Ziel-

---

80 Vgl. den 8.Subventionsbericht in BT-Ds 9/986, S.43, sowie Schulze-Fielitz, Gesetzgebung, S.513.

81 Vgl. das Künstlersozialversicherungsgesetz v.27.7.81, BGBl.I 705. Bei dessen verwaltungsmäßiger Durchführung kam es wegen einer zu geringen Mitarbeiterzahl und Fehlern bei der EDV zu größeren Problemen. Allerdings waren dafür auch die durch das KSVG vorgeschriebenen Verfahrensabläufe maßgebend, so daß es im "Bericht über die mit dem KSVG gewonnenen praktischen Erfahrungen" (BT-Ds 11/2979, S.3) hieß: "Die Schwierigkeiten der Künstlersozialkasse sind nicht nur durch Unzulänglichkeiten in der Verwaltungsorganisation begründet; teilweise sind auch die vorgeschriebenen Verwaltungsverfahren mit ursächlich."

82 So P.Fricke, Modelle zur Institutionalisierung einer Gesetzeskontrolle, S.50.

83 Zu Problemen der Zielgewichtung vgl. den 8.Subventionsbericht in BT-Ds 9/386, S.45.

vorstellungen enthalten[84], was allerdings mit der oft geforderten Beschränkung des Gesetzgebers auf die wesentlichen, staatsleitenden Entscheidungen im Widerspruch steht[85].

Schließlich bestehen auch gegen die Bundesregierung als Berichterstatter Bedenken. Ist sie, wie in den meisten Fällen, mit der Evaluierung beauftragt, so ist die größtmögliche Objektivität nicht gewährleistet. Die Bundesregierung muß sich insbesondere wegen der von ihr angestrebten Wiederwahl und der öffentlichen Verhandlung des Plenums gem. Art.42 GG bemühen, ihr Verhalten möglichst positiv zu schildern, und ist damit ein "befangener" Berichterstatter. Das betrifft nicht nur ihr Handeln als ausführendes Organ der Gesetze, sondern insbesondere auch die beherrschende Stellung im Gesetzesinitiativstadium[86].

(3) Zusammenfassend läßt sich jedoch feststellen, daß das parlamentarische Berichtswesen die nachträgliche Überprüfung von Gesetzen in einer Weise ermöglicht, die bisher kein anderes parlamentarisches Informationsinstrument vermittelt. Den verfassungsrechtlichen Überprüfungspflichten des Gesetzgebers muß das Berichtswesen aber noch besser gerecht werden.

---

84 Vgl.auch Schulze-Fielitz, Gesetzgebung, S.514.

85 Vgl. etwa Stern, Staatsrecht I, § 20 IV 4 b δ m.w.N.; P.Kirchhof, Rechtsquellen und Grundgesetz, in: FS 25 Jahre BVerfG II, S.80ff.

86 Das betont auch Ismayr, ZParl 1990, 556; vgl. außerdem B.Becker, Öffentliche Verwaltung, S.276f. In der 10.Legislaturperiode (1983-87) stammten 53,6 % aller Gesetzentwürfe von der Bundesregierung; bezüglich der auch verabschiedeten Initiativen waren es 74,1 %; dazu im einzelnen Schindler, Datenhandbuch 1949-82, S.679ff.; 1980-87, S.546ff.; die Zahlen nahmen gegenüber den vorherigen Wahlperioden ab.

7. Teil: Die Berichtspflicht der Bundesregierung

I. Einleitung

Sofern der Bundestag die Bundesregierung durch Gesetz oder Beschluß zu einem Bericht auffordert, stellt sich die Frage, ob der Berichtsanforderung rechtliche Verbindlichkeit zukommt[1]. Eine politische "Pflicht" zu berichten, besteht jedenfalls für sie unabhängig davon, da sie sich das Ignorieren der Wünsche einer parlamentarischen Mehrheit, die in rechtlicher Hinsicht zudem über die Möglichkeiten der Art.67 und 68 GG verfügt, in der Regel nicht leisten kann.

Die Frage einer Rechtspflicht zur Berichterstattung ist trotzdem in der Praxis nicht von geringer Relevanz, wie man eigentlich vermuten möchte. Von den ca. 510 Berichtsanforderungen des Bundestages durch Gesetz oder Beschluß in der Zeit von 1949 bis 1987 wurden in ca. 40 Fällen keine Berichte abgegeben[2]. Diese Zahlen sind allerdings mit gewissen Ungenauigkeiten behaftet. In einigen Fällen ist es etwa denkbar, daß der angeforderte Bericht durch einen anderen von der Bundesregierung in der gleichen Zeit zu einem ähnlichen Thema erstatteten Bericht abgedeckt wird. Auch wird auf informeller Ebene mitunter Fristverlängerung gewährt oder ganz auf den Bericht verzichtet.

Den nicht erstatteten Berichten liegen sämtlich Parlamentsbeschlüsse zugrunde. Allen *gesetzlichen* Berichtswünschen wurde auch nachgekommen[3].

---

1 Für andere Adressaten vgl. den 8.Teil, II. Die Untersuchung bleibt hier auf die Bundesregierung beschränkt, da sie die meisten Berichte erstattet und die Verbindlichkeit nur im Verhältnis Bundestag/Bundesregierung bisher umstritten ist.

2 Die Zahlen ergeben sich an Hand einer Auswertung von Schindler, Datenhandbuch 1949-82, S.448ff. und 1980-87, S.379ff. Dort finden sich auch weitere Erklärungen für die leider nicht zu vermeidende Ungenauigkeit der Zahlen; vgl. dazu auch die Tabelle im Anhang.

3 Der "Bericht über den Stand und die Entwicklung der Luftverunreinigungen" gem. § 7 i.V.m. § 15 Abs.2 des Gesetzes über Vorsorgemaßnahmen zur Luftreinhaltung v.17.5.1965, BGBl.I 413 wurde in formal rechtlich einwandfreier Weise nicht erstattet, da es in § 15 Abs.2 hieß: "Die Berichte nach § 7 Abs.1 und Abs.2 sind erstmalig im zweiten auf das Inkrafttreten der Rechtsverordnung nach § 2 folgenden Kalenderjahr zu erstatten."

Zeitliche Verzögerungen der Berichte sind sehr oft festzustellen, wobei häufig die Bundesregierung von sich aus um eine Hinausschiebung des Berichtszeitpunktes bittet, die vom Bundestag in der Regel gewährt wird. Desweiteren kann bei Berichtsbeschlüssen, die die Bundesregierung zur regelmäßigen Berichterstattung auffordern, festgestellt werden, daß zwar zunächst ein oder auch zwei Berichte erstattet werden, aber es dann dabei bleibt und keine weiteren folgen[4].

Den nicht erstatteten Berichten ist häufig gemeinsam, daß die jeweiligen Berichtsbeschlüsse keinen Berichtszeitpunkt bestimmen[5]. Der Grund, weswegen die Berichte gar nicht oder erst mit Verzögerung erstattet werden, liegt sicherlich in der Arbeitsbelastung der Ministerien, die für eine derartige "Auftragsforschung" oft nicht gewappnet sind. Der Bundesminister des Innern teilte etwa in einem Schreiben vom 28.Januar 1982 mit, der vom Bundestag angeforderte "Erste Bericht über die bis dahin erfolgten Maßnahmen sowie die vorgesehenen weiteren Schritte zur Herbeiführung des durch

---

Eine solche Rechtsverordnung wurde aber nie erlassen - vgl. dazu die Anfrage des Abg. Ollesch in BT-StenoB V/134/ 15.11.1967, S.6803; das Bundes-Immissionsschutzgesetz v.15.3.1974, BGBl.I 721, hob schließlich in § 72 Nr.1 das Gesetz auf.

4 "Bericht über die Situation der Frauen in Beruf, Familie und Gesellschaft" gem.Beschl.v.9.12.1964, BT-Ds IV/2771, 2 Berichte wurden erstattet: BT-Ds V/909, VI/3689; "Bericht über die Lage der deutschen Luft- und Raumfahrtindustrie" gem.Beschl.v.5.4.1968, BT-Ds V/2758, 2 Berichte wurden erstattet: BT-Ds VI/1044, 7/2986.

5 "Bericht über das Konzept der Politik der BReg für die Kinder ausländischer Arbeitnehmer" gem.Beschl.v.21.6.1978, BT-Ds 8/1758, es wurde nur ein Zwischenbericht erstattet: BT-Ds 8/2796; Bericht betr. Bauausgabendringlichkeitsverordnung gem.Beschl. v.27.6.1979, BT-Ds 8/2962; "Bericht betr. Vorschläge für die personelle Ausstattung der Kulturabteilung des Auswärtigen Amtes" gem.Beschl.v.24.2.1965, BT-Ds IV/2888; "Bericht über die Verhandlungen, die mit ausländischen Staaten geführt worden sind, um die Gegenseitigkeit bei der Kostenübernahme für Dolmetscher und Übersetzer gem. § 12 Abs.5a des Arbeitsgerichtsgesetzes in der Arbeitsgerichtsbarkeit sicherzustellen" gem.Beschl.v.17.1.1979, BT-Ds 8/2535; "Bericht über die im Jahre 1969 beginnenden Verhandlungen über die Neuregelung der EWG-Agrarfinanzierung" gem. Beschl. v. 2.7.1969, BT-Ds V/4489; "Bericht über die Einführung des Hebesatzrechts" gem. Beschl.v.17.6.1969 bei der Verabschiedung des Gemeindefinanzreformgesetzes; "Bericht über eine in Auftrag zu gebende Studie betreffend Forschungsauftrag zur Herstellung von Kraftstoffen aus Kohle" gem.Beschl.v.2.7.1969, BT-Ds V/4496; "Bannmeilenbericht" gem. Beschl. v.27.3.1969, BT-Ds V/3996; "Bericht über das Ergebnis der bilateralen Verhandlungen mit europäischen Staaten zum Zwecke der Intensivierung des Austauschs und der Zusammenarbeit der jungen Generation" gem.Beschl. v.9.12.1964, BT-Ds IV/2772; "Bericht über die Auswirkungen der Einführung eines degressiv gestaffelten Pflegesatzes in der gesetzlichen Krankenversicherung" gem. Beschl.v.12.6.1969, BT-Ds V/3983, 3985, 4285.

das Verwaltungsverfahrensgesetz angestrebten einheitlichen Verfahrensrechtes"[6] habe aus Personalmangel zum vorgesehenen Zeitpunkt (1.1.1982) noch nicht vorgelegt werden können. Allerdings ist auch festzustellen, daß sich der Bundestag oft für die Nichterstattung der Berichte nicht (mehr) interessiert. Aufgrund der parlamentarischen Diskontinuität ist es möglich, daß das sich in den folgenden Wahlperioden anders zusammensetzende Parlament die Berichtsanforderungen seiner Vorgänger schlicht vergißt oder zumindest das Interesse an vor mehreren Jahren aktuellen Themen erlahmt ist und auf ein "Nachhaken" verzichtet wird.

Wie man aus der erwähnten Tatsache, daß gesetzlichen Berichtswünschen im Gegensatz zu solchen aufgrund von Beschlüssen in höherem Maße nachgekommen wird, schließen kann, dürfte aus der Sicht der Bundesregierung für die Nichterstattung von Berichten auch die Vorstellung von der rechtlichen Unverbindlichkeit von Berichtsbeschlüssen maßgebend sein. Auf die Überprüfung dieser Ansicht ist deshalb im folgenden besonders einzugehen.

II. Verbindlichkeit von Berichtsgesetzen?

Zunächst ist jedoch festzuhalten, daß den an die Bundesregierung gerichteten Berichtsgesetzen Verbindlichkeit zukommt. Dies ergibt sich aus Art.20 Abs.3 GG, wonach die vollziehende Gewalt an das Gesetz gebunden ist. Der darin enthaltene Gesetzesbegriff ist nach einhelliger Ansicht ein bloß formeller, so daß das formelle Gesetz auch im "Inter-Organ-Verhältnis" Pflichten begründen kann[7]. Die Bundesregierung ist gegenüber dem Bundestag in dieser Beziehung untergeordnet.

III. Verbindlichkeit von Berichtsbeschlüssen?

Nunmehr soll geklärt werden, ob an die Bundesregierung gerichtete Berichtsbeschlüsse für diese eine Berichts*pflicht* bedeuten. Berichtsbeschlüsse werden vom Bundestag erheblich häufiger als Gesetze zur Anforderung von Berichten verwandt[8]. Das Problem der Verbindlichkeit von Berichtsbeschlüssen hat daher besondere Relevanz.

---

6 Gem. Beschl.v.15.1.1976, BT-Ds 7/4494; vgl. Schindler, Datenhandbuch 1980-87, S.402, 404 FN 1.

7 Herzog in: M/D/H/S, Art.20 Abschn.VI Rdnr.50; Linck, DÖV 1979, 119.

8 Vgl. Berichtsstatistik in Anhang II.

Parlamentsbeschlüsse sind nach völlig herrschender Meinung unverbindlich, sofern sie keine Grundlage in der Verfassung oder in einem einfachen Gesetz haben[9]. Berichtsbeschlüsse werden in der Literatur in der Regel in Ermangelung einer solchen Grundlage als unverbindlich angesehen[10].

Bisher nicht ausreichend geprüft wurde dabei aber, ob Berichtsbeschlüsse nicht doch auf eine derartige Grundlage in der Verfassung oder im einfachen Gesetz zurückzuführen sind. Da der Beschluß der Information des Parlamentes dient, müssen Berichtsbeschlüsse im Zusammenhang mit anderen parlamentarischen Informationsmitteln, insbesondere den parlamentarischen Anfragen, gesehen werden. Es wäre ein zumindest erstaunliches Ergebnis, die Bundesregierung als verpflichtet anzusehen, mit Minderheit gestellte Anfragen beantworten zu müssen, während die inhaltlich übereinstimmenden Informationsersuchen parlamentarischer Mehrheiten nicht befolgt werden müßten[11]. Insbesondere Große und Kleine Anfragen weisen inhaltliche und historische Parallelen mit Berichtsersuchen auf. Die erforderliche Grundlage in der Verfassung oder im einfachen Gesetz stellte dann das - wie auch immer strukturierte - Informationsrecht des Bundestages und die entsprechende, in der Literatur umstrittene Informationspflicht der Bundesregierung dar[12].

---

9 Siehe nur Stern, Staatsrecht II, § 26 II 2 c m.w.N.; H.H.Klein in: HdBStR II, § 40 Rdnr.11.

10 Stern, aaO.; Ismayr, ZParl 1990, 553; Linck, DÖV 1979, 120; a.A.: ders., DÖV 1983, 959 FN 12; sowie bisher am ausführlichsten Wuttke in: Lemke (Hrsg.), Parlamentspraxis des schleswig-holsteinischen Landtags, 1982, § 68, 1.

11 Diese Ansicht vertritt jedoch Stern, aaO., § 26 II 3b, der parl. Anfragen wegen der verfassungsrechtlichen Bedeutung parlamentarischer Minderheitenrechte als bindend ansieht, Berichtsbeschlüssen jedoch die Verbindlichkeit abspricht, aaO., § 26 II 2 c. Mit dieser Ansicht müßte man auch zur Unverbindlichkeit von mit *Mehrheit* gestellten parl. Anfragen gelangen (das waren in der 10.LP 15,4 % der Großen Anfragen, vgl. Schindler, Datenhandbuch 1980-87, S.646), während solche von Minderheiten beantwortet werden müßten!

12 In den USA ist eine umfassende Informationspflicht der Regierung ebenfalls umstritten. Der Meinungsstreit wird unter dem Stichwort "executive privilege" geführt, vgl. Raoul Berger, Executive Privilege: A Constitutional Myth, 1974; H.-J.Mengel, Auskunftsverweigerung der Exekutive und Informationsanspruch des Kongresses in den Vereinigten Staaten von Amerika, in: JöR n.F. 33(1984), S.367ff.

1. Konkretisierungsthese (Art.43 Abs.1 GG)

Ausgangspunkt der Diskussion der Informationspflicht der Regierung in der Literatur[13] und auch in kurzen Anmerkungen der Rechtsprechung des Bundesverfassungsgerichts[14] war das Zitierrecht in Art.43 Abs.1 GG und seinen fast gleichlautenden Vorgängern in Art.33 Abs.1 WRV und Art.60 Abs.2 der preußischen Verfassungen von 1848/50, die dem Parlament nach seinem Wortlaut zunächst nur die Befugnis geben, die Anwesenheit eines Regierungsmitglieds zu verlangen. Insbesonders von *Anschütz* wurde jedoch schon in der Zeit der Weimarer Reichsverfassung die Ansicht vertreten, daß sich die Verpflichtung eines zitierten Regierungsmitglieds nicht im "stummen Dabeisitzen" erschöpfe, sondern daß es darüberhinaus befragt werden könne und "Rede und Antwort zu stehen" habe. Demzufolge enthalte das Zitierrecht auch ein Fragerecht des Parlamentes und die Antwortpflicht der Regierung. Dieses Fragerecht wird als in den Bestimmungen der Geschäftsordnungen über die Fragerechte, vgl. §§ 100ff. GOBT, konkretisiert gesehen.

Meinhard Schröder hat an der "*Konkretisierungsthese*" kritisiert, daß das Zitierrecht und die parlamentarischen Anfragen in ihrer Struktur nicht identisch seien, so daß die Anfragen nicht die Konkretisierung des Zitierrechts darstellen könnten. So handele es sich bei den parlamentarischen Anfragen um Minderheitenrechte, während die Zitierung einen Mehrheitsbeschluß voraussetze[15]. Außerdem seien die parlamentarischen Anfragen und das Zitierrecht an unterschiedliche Adressaten gerichtet[16]. Anfragen haben sich an "die Bundesregierung" zu wenden, vgl. §§ 100ff. GOBT, während nach Art.43 Abs.1 GG "jedes Mitglied der Bundesregierung" zitiert werden könne. Schließlich gehe Art.43 Abs.1 GG von einer Präsenz des Zitierten aus, wohingegen dies für parlamentarische Anfragen nicht gelte[17].

---

13 Anschütz, WRV, Art.33 Anm.1; Maunz in: M/D/H/S, Art.43 Rdnr.1; Schmidt-Bleibtreu/Klein, Art.43 Rdnr.1; Versteyl in v.Münch, Art.43 Rdnr.22; Vonderbeck, Parlamentarische Informations- und Redebefugnisse, S.20ff.; Troßmann, JöR n.F. 28(1979), 218; für Art.60 Abs.2 der preuß.Verf. vgl. Rosegger, Interpellationsrecht, S.75f. "Äußerungspflicht"; Hatschek, Interpellationsrecht, S.111, folgert aus Art.81 Abs.3 preuß.Verf (Auskunftsrecht der Kammern gegenüber den Ministerien über Petitionen) die "Verpflichtung zur Berücksichtigung der Interpellationen".

14 BVerfGE 13, 123, 125; 44, 308, 320; 57, 1, 5; 67, 100, 129.

15 In: BKGG(Zweitbearb.), Art.43 Rdnr.6; ihm folgend nunmehr auch v.Mangoldt/Klein/Achterberg/Schulte, Art.43 Abs.1 Rdnr.7, 13ff.

16 AaO., Rdnr.6.

17 AaO., Rdnr.7.

Angewandt auf Berichtsbeschlüsse sind die Argumente auf den ersten Blick weniger stichhaltig. Berichtsbeschlüsse verlangen genauso wie ein Zitierbeschluß ein Mehrheitsvotum. Beide Arten von Beschlüssen können durch Anträge herbeigeführt werden. Jedoch sind die Anträge nicht identisch. Nach der Geschäftsordnung handelt es sich bei einem Zitierantrag um einen Antrag zur Geschäftsordnung nach § 29 GOBT, der an den jeweiligen Beratungsgegenstand gebunden ist. Begründet wird dies zutreffend damit, daß erst während der Beratung feststeht, ob das jeweilige Mitglied der Bundesregierung auch abwesend ist[18]. Ein Berichtsbeschluß geht hingegen auf eine Vorlage gemäß § 75 GOBT zurück und darf auf die Tagesordnung gesetzt werden. Auch die weitere Regelung in der Geschäftsordnung des Bundestages ist unterschiedlich. Das zu einem Zitierbeschluß führende Verfahren ist geregelt in § 42 GOBT, während die Behandlung der Anträge bzw. Beschlußempfehlungen den §§ 77ff. GOBT zu entnehmen ist.

Schließlich ist ebenso wie bei parlamentarischen Anfragen der Adressat der Berichtsbeschlüsse "die Bundesregierung"[19]. Eine körperliche Anwesenheit eines Mitglieds der Bundesregierung ist bei der Abgabe des Berichts ebenfalls in der Regel nicht erforderlich; vielmehr wird der Bericht - ebenso wie bei Kleinen Anfragen - üblicherweise schriftlich abgegeben.

Um diesen Bedenken gerecht zu werden und trotzdem zu einem Informationsanspruch des Parlamentes zu gelangen, sind verschiedene andere Lösungsansätze unternommen worden:

2. *Gewohnheitsrecht*

Maunz[20] und im Anschluß daran *Vonderbeck*[21] vertreten die Ansicht, die Pflicht zur Beantwortung parlamentarischer Auskunftsbegehren folge aus *Verfassungsgewohnheitsrecht*. Die Interpellation, hier verstanden als Große Anfrage gemäß §§ 100ff. GOBT[22], habe im Zitierrecht eine gesicherte Anspruchsgrundlage gefunden. Der Regierung sei die Verpflichtung auferlegt, auf Fragen des Parlamentes Auskunft zu geben.

Außer den gegen die Annahme von Verfassungsgewohnheitsrecht an sich bestehenden Bedenken[23] ist diese Ansicht angewandt auf Berichtsbeschlüsse

18 Ritzel/Bücker, § 29 IIa, cc und § 42 a und d.

19 Vgl. dazu auch 8.Teil, II. 1.

20 In: M/D/H/S Art.43 Rdnr.8.

21 Vonderbeck, Parlamentarische Informations- und Redebefugnisse, S.20f.

22 Vonderbeck, aaO., S.21 FN 47.

23 Vgl. dazu Tomuschat, Verfassungsgewohnheitsrecht?, 1972.

auch weiteren Einwänden ausgesetzt. Zwar mag eine entsprechende langandauernde Übung festzustellen sein. Die eingangs erwähnten ca. 40 unbeantworteten Berichtsbeschlüsse des Bundestages widersprechen dem nicht, da sie in der Regel wohl nicht wegen der grundsätzlich fehlenden Bindung der Beschlüsse zu keinem Bericht führten, sondern wegen der Auswirkungen des noch eingehend zu untersuchenden Grundsatzes der sachlichen Diskontinuität der Parlamentsarbeit, der deshalb auch den eigentlichen praktisch relevanten Streitpunkt bildet.

Doch fehlt es an einer entsprechenden Rechtsüberzeugung. Zum einen wird dies schon durch die typische Eingangsformel der Beschlüsse verdeutlicht ("Die Bundesregierung wird *ersucht*, ...zu berichten."), die im Gegensatz zu gesetzlichen Berichtsanforderungen eher eine Bitte äußert, als daß sie eine Pflicht konstituiert. Zum anderen ist die Frage der Rechtsverbindlichkeit in der Literatur umstritten, so daß von einer einheitlichen Rechtsüberzeugung nicht ausgegangen werden kann.

Demzufolge kann das Verfassungsgewohnheitsrecht nicht die Grundlage für eine Informationspflicht der Regierung gegenüber dem Parlament bieten.

3. Verfassungsorgantreue

Nach *Würtenberger* komme in den Art.43 Abs.1 GG und 53 Satz 3 GG eine Konzeption zum Ausdruck, die auf eine enge Kooperation, Information und Integration der staatsleitenden Organe angelegt sei[24]. Es sei geradezu eine staatsrechtliche Selbstverständlichkeit, daß die obersten Staatsorgane zu einer Zusammenarbeit verpflichtet seien, solle "sich im Zusammenspiel der obersten Staatsorgane das Staatsganze ... integrieren."[25] Eine allgemeine Planungsinformationspflicht der Regierung liege in der Konsequenz eines politischen Systems, in dem die Gewaltenbalance auch als kooperatives System ausgestaltet sein soll. *Würtenberger* nimmt damit Bezug auf den von *W.-R. Schenke* entwickelten *Grundsatz der Verfassungsorgantreue*, dem dieser über das Planungsrecht hinaus Informationspflichten der Regierung gegenüber dem Parlament entnimmt[26].

Es erscheint jedoch zu weitgehend, diesem allgemeinen Grundsatz konkrete Rechtspflichten zu entnehmen. Zwar ist es aus rechtspolitischer Sicht geboten, daß die Staatsorgane im Sinne eines "Miteinanders" und nicht cincs

24 Staatsrechtliche Probleme politischer Planung, S.317.

25 Würtenberger, aaO., S.317 m.w.N.

26 Die Verfassungsorgantreue, 1977, S.44ff.

"Gegeneinanders" zusammenwirken. Bei der Frage der Rechtspflicht stehen jedoch die nie zu vermeidenden Konfliktfälle im Vordergrund, bei denen sowohl auf Regierungs- als auch auf Parlamentsseite oft politisch legitime Anliegen stehen, für deren Lösung das Recht eine Antwort bieten muß. Anders als es *Würtenberger* tut, lassen sich die die Zusammenarbeit zwischen Verfassungsorganen regelnden Bestimmungen der Art.43 Abs.1 und 53 Satz 3 GG - anzuführen wäre im übrigen auch Art.35 Abs.1 GG, da darin nach h.M. die "Einheit der Staatsgewalt" zum Ausdruck kommt[27] - nämlich statt einer Bestätigung eines allgemeinen Rechtsgrundsatzes der Verfassungsorgantreue auch als abschließende Regelungen deuten, die zu einer Zusammenarbeit über den darin gesteckten Rahmen hinaus nicht verpflichten. Welche Auslegung den Vorzug verdient, kann nicht eindeutig beantwortet werden.

Eine Informationspflicht der Regierung gegenüber dem Parlament aus dem Grundsatz der Verfassungsorgantreue läßt sich also nicht überzeugend nachweisen.

4. Ministerverantwortlichkeit

Auch dem *Grundsatz der Ministerverantwortlichkeit* wird eine Informationspflicht der Regierung gegenüber dem Parlament entnommen. Nach *K.Kröger* beinhaltet das Prinzip u.a. eine Rechenschaftspflicht der Regierungsmitglieder, kraft derer diese dem Parlament Auskunft zu geben haben[28]. Die "Ministerverantwortlichkeit" wird als in Art.43 Abs.1 GG und in Art.65 Satz 2 GG bestätigt gesehen. Art.65 Satz 2 GG geht zurück auf den fast identischen Art.56 Satz 2 der Weimarer Reichsverfassung, in dem noch ausdrücklich die Verantwortung "gegenüber dem Reichstag" festgestellt wurde. Außerdem bestand nach Art.54 Satz 2 WRV die Möglichkeit, auch den Reichsministern das Vertrauen zu entziehen; schließlich konnten auch die Minister nach Art.59 WRV vor dem damaligen Staatsgerichtshof angeklagt werden, weswegen der Ministerverantwortlichkeit damals erhöhte Bedeutung zugemessen wurde[29]. Im Grundgesetz sind die beiden letzteren Möglichkeiten nicht mehr vorgesehen, vgl. Art.67, 61 GG; außerdem fehlt in Art.65 Satz 2 GG der Passus "gegenüber dem Bundestag" - eine Ände-

---

27 Vgl. Stern, Staatsrecht II, § 41 IV 10 a m.w.N.

28 Ministerverantwortlichkeit, S.6; vgl. auch M.Schröder in: HdBStR II, § 51 Rdnr.52.

29 Vgl. Fritz Freiherr Marschall von Bieberstein, Die Verantwortlichkeit der Reichsminister, in: Anschütz/Thoma, HdBDStR I, S.520ff., 536.

rung, die nach h.M. aber keine Bedeutung hat[30]. Art.43 Abs.1 GG wurde fast wortgleich dem Art.33 Abs.1 WRV entnommen, so daß im Grundgesetz die Mittel der Geltendmachung der Ministerverantwortlichkeit lediglich abgeschwächt noch vorhanden sind.

Es zeigt sich auch hier das schon beim Grundsatz der Verfassungsorgantreue angewandte Argumentationsmuster: Einzelne Regelungen des Grundgesetzes werden als Bestätigung allgemeiner Grundsätze aufgefaßt, so daß bei deren wörtlicher Unergiebigkeit auf vermeintliche oder tatsächliche "allgemeine Grundsätze" rekurriert wird[31]. Ein solches Vorgehen mag zwar unter Umständen seine Berechtigung haben; zuvorderst sollte jedoch eine gründliche Auslegung der jeweiligen konkreten Verfassungsbestimmungen stehen, der deshalb auch im folgenden der Vorrang eingeräumt wird.

5. *Statusrechte der Abgeordneten*

Die Berichtspflicht könnte aus den *Statusrechten des Abgeordneten* nach Art.38 Abs.1 Satz 2 GG herzuleiten sein. Sofern einem Abgeordneten ein Informationsanspruch gegenüber der Regierung zusteht, könnte das für einen Berichtsbeschluß, der von einer großen Anzahl von Abgeordneten gefaßt wird, erst recht gelten. Das Bundesverfassungsgericht hat in einer Entscheidung vom 14.Januar 1986 ausgeführt[32], daß dem einzelnen Abgeordneten aus seinem in Art.38 Abs.1 GG garantierten Status ein Recht darauf erwachse, daß ihm grundsätzlich diejenigen Informationen nicht vorenthalten werden, die ihm eine sachverständige Beurteilung des Haushaltsplanes ermöglichten. Das Gericht schließt das aus Art.42 Abs.1 GG, wonach ein Abgeordneter außer dem Recht "zu beschließen" auch das Recht habe "zu verhandeln". Eine Verhandlung verfehle aber ihren Zweck, wenn über den Beratungsgegenstand keine oder nur unzureichende Informationen zur Verfügung stünden. Abgeordnete bedürften daher grundsätzlich einer umfassenden Information, um ihren Aufgaben genügen zu können; das gelte insbesondere für parlamentarische Minderheiten.

Über die Frage einer Information bei der Beratung des Haushaltsplans hinaus ist deshalb die Entscheidung des Bundesverfassungsgerichts von einigen Autoren als Anerkennung einer Informationspflicht der Regierung gewertet worden. So folgert ein Teil der Literatur aus dieser Entscheidung die

---

30 Herzog in: M/D/H/S, Art.65 Rdnr.48 m.w.N.; Schröder in: HdBStR II, § 51 Rdnr.52.

31 Methodische Bedenken auch bei M.Schröder in: BKGG, Art.43 Rdnr.14, 22.

32 BVerfGE 70, 324, 354ff. Entscheidung zur Zusammensetzung der Parlamentarischen Kontrollkommission.

Anerkennung einer allgemeinen Informationspflicht der Bundesregierung nicht nur gegenüber einzelnen Abgeordneten sondern auch gegenüber dem Bundestag insgesamt[33]. Die "Krücke des Art.43 Abs.1 GG" sei nunmehr überflüssig[34]. Dafür spricht auch die Herleitung der Informationspflicht als "Annex" der Kompetenz der Abgeordneten nach Art.42 Abs.1 GG "zu verhandeln", da nach Art.42 Abs.1 GG zunächst nur "der Bundestag" und erst über die Bestimmung des Art.38 Abs.1 GG auch seine Abgeordneten daran beteiligt werden.

Allerdings war Gegenstand der Entscheidung lediglich der Haushaltsplan. Gegenüber dem regulären Gesetzgebungsverfahren ist das Verfahren der Haushaltsgesetzgebung von einem besonderen Übergewicht der Regierung gekennzeichnet. Insbesondere verfügt sie über das Initiativmonopol zur Einbringung des Haushaltsgesetzentwurfs und -plans[35]. Damit ist aber dieses Verfahren dem regulären Gesetzgebungsverfahren und dem dort bestehenden Informationsbedürfnis des Gesetzgebers nicht vergleichbar.

Auch entstünde mit der Verankerung als Annex zu Art.42 Abs.1 GG ein Widerspruch zu den Entscheidungen, die die Informationspflicht aus Art.43 Abs.1 GG herleiten.

Darüberhinaus begegnet die Begründung aus Art.42 Abs.1 i.V.m. 38 Abs.1 GG aber noch weiteren Bedenken. So wird damit zwar zutreffend zum Ausdruck gebracht, daß ohne eine Information der Parlamentarier über den jeweiligen Beratungsgegenstand eine Beratung nicht sinnvoll durchzuführen wäre; weswegen dieses berechtigte Anliegen aber zu einem Informationsanspruch gerade gegenüber der Bundesregierung führt, wird nicht erläutert. Der Bundestag könnte sich zunächst selbst "originär" informieren, desweiteren kämen als Adressaten parlamentarischer Informationsbegehren auch alle anderen Verfassungsorgane in Betracht, etwa der Bundesrat.

Ein Informationsanspruch gerade gegenüber der Bundesregierung ließe sich dann rechtfertigen, wenn diese über eine "monopolartige" informierte Stellung verfügte.

Dafür könnten eine Reihe von Gründen sprechen: So handelt es sich bei den Bundesministerien um oberste Bundesbehörden in der hierarchisch gegliederten (Bundes-)Verwaltung. Bei der Vorbereitung von Gesetzen hat die Bundesregierung daher unmittelbaren Zugang zu unteren Verwaltungsein-

---

33 Magiera in: Schneider/Zeh, § 52 Rdnr.52ff., 56; vgl. auch die Urteilsanmerkung im gleichen Sinne von Walther W.Schmidt, DÖV 1986, S.236ff., 236 sowie Magiera, Parlament und Staatsleitung in der Verfassungsordnung des Grundgesetzes, S.315. Vorsichtig bejahend auch v.Mangoldt/Klein/Achterberg/ Schulte, Art.43 Abs.1 Rdnr.17.

34 Walther W.Schmidt, aaO., S.236.

35 Vgl. Art.110 Abs.1 GG, §§ 28, 29 BHO.

heiten, der "Anwenderebene"[36], die auch über allgemeine Erfahrungen mit bestimmten, schon bestehenden Regeln bei der Anwendung verfügen. Hinzu kommt das damit verbundene, rein personelle Übergewicht des Verwaltungsunterbaus. Außerdem kann die Bundesregierung über die Bundesebene hinaus auch mittels der nur ihr und nicht dem Plenum des Bundestages zustehenden Amts- und Rechtshilfebefugnisse gemäß Art.35 Abs.1 GG sich über die Erfahrungen von Länderbehörden und Gerichte Kenntnis verschaffen. Darüberhinaus stehen ihr, sofern die Bundesländer die (Bundes-) Gesetze ausführen, gemäß Art.83ff. GG bestimmte abgestufte Aufsichtsmittel zu, die etwa im Bereich der Auftragsverwaltung das Recht umfassen, nach Art.85 Abs.4 Satz 2 GG Berichte von den Bundesländern zu verlangen.

Für einen Informationsanspruch des Parlamentes kann jedoch diese, durchaus überlegene, informierte Stellung nicht ausreichen. Für den Bundestag bestehen Möglichkeiten, auch ohne die Bundesregierung zu Informationen zu gelangen. Informationen können etwa die einzelnen Abgeordneten von ihren Wählern erhalten, welche sich mit Petitionen auch an das gesamte Parlament wenden können. Mit Hilfe der Wissenschaftlichen Dienste, der Fraktionshilfsdienste sowie der Abgeordnetenassistenten kann sich der Bundestag außerdem ohne die Bundesregierung informieren. Schließlich bestehen für die meisten Hilfsorgane des Bundestages, wie etwa den Wehrbeauftragten, die Parlamentarische Kontrollkommission, den Petitions- und Wahlprüfungsausschuß, zahlreiche Auskunftsmöglichkeiten, u.a. Amts- und Rechtshilfebefugnisse und Akteneinsichtsrechte[37]; der Verteidigungsausschuß und Untersuchungsausschüsse können sogar mit strafprozessualen Befugnissen Beweise erheben[38]. Diese Möglichkeiten haben im übrigen im Laufe der Parlamentsgeschichte immer mehr zugenommen, so daß man durchaus eine Tendenz zur "Selbstinformation" des Parlamentes feststellen kann.

Ein "Informationsmonopol" der Bundesregierung ergibt sich daher nicht, wenn auch zuzugeben ist, daß die Bundesregierung insbesondere im Bereich der Anwendung von Gesetzen die "informierte Gewalt"[39] ist. Ein Informationsanspruch des Parlamentes gegenüber der Bundesregierung läßt sich aber nicht alleine aus dem Gedanken der Notwendigkeit der Information für die Parlamentsarbeit begründen.

---

36 Hill in: VVDStRL 1989, S.186.

37 Dazu im 4.Teil, IV.

38 Art.45a Abs.2 Satz 1; 44 Abs.1, 2 GG.

39 So Leisner, Regierung als Macht kombinierten Ermessens, JZ 1968, 727ff., 729.

6. Annexkompetenztheorie

Demzufolge ist auch die in der Literatur entwickelte "*Annexkompetenztheorie*" abzulehnen. Diese Theorie folgert aus allen dem Bundestag zustehenden Kompetenzen[40] - Gesetzgebung, Kreation, Regierungskontrolle -, oder auch nur aus der Kontrollkompetenz[41] zunächst als "Annex" eine Informationszuständigkeit[42] und darüberhinaus die Informationspflicht der Bundesregierung gegenüber dem Bundestag. Auch hier ist zuzugeben, daß das Parlament seine Aufgaben nur erfüllen kann, wenn es bei jeder ihm von der Verfassung zugewiesenen Aufgabe informiert ist. Sofern in der Verfassung bestimmten Organen Handlungs- und Entscheidungsbefugnisse zugewiesen worden sind, ist es geboten, daß die Entscheidungen nicht "blind", sondern auf der Basis von gesicherten und umfangreichen Informationen über das Regelungsgebiet getroffen werden[43]. Alleine diese Überlegung vermag jedoch nicht eine Informationspflicht der Regierung zu begründen, da, wie eben dargelegt wurde, das Parlament sich auch ohne die Bundesregierung informieren kann.

7. Eigene Lösung: Überprüfung der Konkretisierungsthese

Den verschiedenen Theorien zur Begründung einer Informationspflicht der Bundesregierung gegenüber dem Bundestag soll keine weitere hinzugefügt werden. Vielmehr wird noch einmal die Konkretisierungsthese überprüft:

a) Wörtliche Auslegung

Die wörtliche Auslegung des Art.43 Abs.1 GG ist einfach zu bestimmen und eindeutig: Danach kann der Bundestag lediglich die Anwesenheit eines Regierungsmitglieds verlangen. Das Regierungsmitglied ist nach dem Wortlaut

---

40 Linck, DÖV 1983, 958, der auch der Artikulations- und Integrationsfunktion kompetenzbegründende Wirkung zuspricht; anders ders., in: ZRP 1987, 11ff., 12.: nur Gesetzgebungs-, Kontroll- und Kreationskompetenz.

41 Bodenheim, Kollision parlamentarischer Kontrollrechte, S.42; Geck, Fragestunde, S.72ff., der allerdings die Begründung aus einer Annexkompetenz oder der Kontrollkompetenz selbst offenläßt; Ritzel/Bücker, Vorbem.zu §§ 100 Anm.IV.

42 Dazu unten 9.Teil, II.

43 Vgl. Dürig in: M/D/H/S, Art.17 Rdnr.75; Troßmann, JöR 28(1979), S.47, 48, 218; Vonderbeck, aaO., S.9f.; Linck, DÖV 1983, 958 m.w.N.; Achterberg, DÖV 1966, 699; sowie auch schon Triepel, Laband-FS, S.303.

der Bestimmung nur dazu verpflichtet, vor dem Bundestag zu erscheinen. Mehr läßt sich der Vorschrift zunächst nicht entnehmen.

Allerdings lassen sich einige Argumente *Schröders* schon mit Hilfe der wörtlichen Auslegung entkräften:

Die unterschiedliche Behandlung der Zitierung im eigentlichen Sinne und der parlamentarischen Fragerechte in der Geschäftsordnung des Bundestages muß nicht zwangsläufig verfassungsrechtliche Unterschiede bedeuten. Im Rahmen seiner Geschäftsordnungsautonomie kann das Parlament die ihm von der Verfassung eingeräumten Spielräume unterschiedlich ausfüllen[44].

Ein solcher Spielraum ist aber bei Art.43 Abs.1 GG, insbesondere was die Frage der Ausgestaltung der Rechte in Art.43 Abs.1 GG als Minderheiten- oder Mehrheitenrechte anbelangt, festzustellen. So besteht zwischen der Regelung der parlamentarischen Anfragen in der Geschäftsordnung des Bundestages als Minderheitenrechte und der Formulierung in Art.43 Abs.1 GG, wonach nur "der Bundestag" die Herbeirufung verlangen kann, kein Gegensatz. Die Wortwahl "der Bundestag" muß nicht in dem Sinne aufgefaßt werden, daß lediglich die Mehrheit des Bundestages von dem Recht Gebrauch machen könnte. So fände ein durch die Geschäftsordnung des Bundestages den parlamentarischen Minderheiten gewährtes Recht, ein Regierungsmitglied herbeizurufen, seine Grundlage ebenfalls in Art.43 Abs.1 GG. Mit dem Beschluß, der die jeweilige Geschäftsordnung mit den darin enthaltenen Minderheitenrechten bestätigt, macht sich das Parlament die Interpellation der Minderheit vorab zu eigen[45].

Die Regelung der in der Geschäftsordnung enthaltenen Fragerechte als Minderheitenrecht steht daher ihrer Herleitung aus Art.43 Abs.1 GG nicht entgegen.

Auch das Problem des unterschiedlichen Adressaten der Berichtspflichten und der Regelung in Art.43 Abs.1 GG kann schon die wörtliche Auslegung entkräften. Die Mitglieder der Bundesregierung und "die Bundesregierung" sind nicht etwas Anderes, sondern sind nach Art.62 GG identisch. Wenn der Bundestag seine Berichtsbegehren keinem bestimmten Mitglied zuordnen will, führt dies nicht zu einem Verlust des Rechts aus Art.43 Abs.1 GG; vielmehr ist dies von Art.43 Abs.1 GG mitumfaßt.

Praktischer Grund für die heutige Regelung der parlamentarischen Informationsbegehren, wonach diese "an die Bundesregierung" statt an ein "Mitglied der Bundesregierung" zu richten sind, dürfte außerdem oft der Gedanke sein, daß sich das Parlament mit dieser Formulierung der Aufgabe

44 Vgl. Troßmann, JöR n.F. 28(1979), S.218.

45 Vgl. Schmidt-Bleibtreu/Klein, Art.43 Rdnr.6.

enthebt, die jeweilige Zuständigkeit eines Ministers klären zu müssen[46]. Die Klärung der internen Zuständigkeit innerhalb der Bundesregierung soll dieser vorbehalten bleiben. Ein solches Vorgehen ist selbstverständlich zulässig und führt nicht zu einem Verlust des Herbeirufungsrechts.

Trotzdem muß festgehalten werden, daß die wörtliche Auslegung des Art.43 Abs.1 GG gegen eine Informationspflicht der Bundesregierung gegenüber dem Bundestag spricht, da danach lediglich "die Anwesenheit" und keine umfassende Information verlangt werden kann.

b) Systematische Auslegung

Ein anderes Ergebnis ergibt aber die systematische Auslegung: Dabei muß Art.43 Abs.1 GG im Zusammenhang mit anderen Normen betrachtet werden, die Informationspflichten zwischen Verfassungsorganen anordnen.

Insbesondere ist hier der 1968 in das Grundgesetz eingefügte Art.53a Abs.2 Satz 2 GG[47] zu nennen, der in der Literatur zur Informationspflicht der Bundesregierung in der Regel übersehen wird und bestimmt:

> "(2) Die Bundesregierung hat den Gemeinsamen Ausschuß über ihre Planungen für den Verteidigungsfall zu unterrichten. *Die Rechte des Bundestages und seiner Ausschüsse nach Artikel 43 Abs.1 bleiben unberührt."*

Zunächst ergibt sich aus dem Wortlaut der Bestimmung und ist auch einhellige Ansicht, daß Satz 2 lediglich klarstellen soll, daß "die Bundesregierung" zusätzlich zur Unterrichtung des Gemeinsamen Ausschusses weiterhin ihren Verpflichtungen aus Art.43 Abs.1 GG gegenüber dem Plenum und den Ausschüssen des Bundestages nachzukommen hat[48]. Es fragt sich nun, wie "die Rechte des Bundestages und seiner Ausschüsse nach Artikel 43 Abs.1" nach der Vorstellung des Art.53a Abs.2 Satz 2 GG ausgestaltet sind.

Der Wortlaut der Vorschrift ist nicht eindeutig, da offenbleibt, welchen Inhalt die Rechte des Bundestages nach Art.43 Abs.1 GG haben. Ein Zitierrecht im engen Sinne, das lediglich das Regierungsmitglied zur "schweigenden Anwesenheit" verpflichtete, umfassende Informationspflichten und vieles dazwischen ist vorstellbar.

Die systematische Auslegung bestätigt hingegen die Konkretisierungsthese, da der Satz 2 auf den Satz 1 der Vorschrift folgt, der eine allgemeine Informationspflicht der Bundesregierung gegenüber dem Gemeinsamen Aus-

---

46 Vgl. dazu im 8.Teil, II. 1.

47 Durch G.v.24.6.1968, BGBl.I 709.

48 Herzog in: M/D/H/S, Art.53a, Rdnr.65.

schuß vorsieht. Demzufolge könnte Gegenstand der Regelung in Satz 2 eben auch eine Informationspflicht, diesmal gegenüber dem Bundestag, sein. Es ist von daher auch nicht verwunderlich, daß in den Kommentierungen zu Art.53a GG durchweg von einer Informationspflicht der Bundesregierung gegenüber dem Bundestag nach Art.43 Abs.1 GG ausgegangen wird[49].

Die Entstehungsgeschichte der Vorschrift ist wenig ergiebig, da eine Änderung der bestehenden Rechtslage mit Art.53a Abs.2 Satz 2 GG nicht beabsichtigt war[50]. Wie die bestehende Rechtslage ausgestaltet war, kann der Bestimmung nicht entnommen werden.

Jedenfalls die systematische Auslegung des Art.53a Abs.2 Satz 2 GG spricht damit für eine Informationspflicht der Bundesregierung gegenüber dem Bundestag nach Art.43 Abs.1 GG. Die anderen Auslegungen schließen sie nicht aus.

Auch eine weitere Norm des Grundgesetzes deutet für die systematische Auslegung des Art.43 Abs.1 GG auf eine Informationspflicht der Bundesregierung hin:

Nach Art.35 Abs.1 GG haben sich alle Behörden des Bundes und der Länder Amts- und Rechtshilfe zu leisten. Die "Informationshilfe" ist der wichtigste Anwendungsfall der Amts- und Rechtshilfe; demzufolge ist die Norm auch hier von Relevanz. Nach h.M. ist der Begriff der "Behörde" in Art.35 Abs.1 GG weit zu verstehen, da mit dieser Norm die "Einheit der Staatsgewalt" zum Ausdruck komme[51]. Der Behördenbegriff ist nicht identisch mit dem des § 1 Abs.4 VwVfG des Bundes und erfaßt über die Exekutive hinaus auch Gerichte. Nach ebenfalls h.M. zählen aber Parlamente nicht zu den "Behörden" im Sinne des Art.35 Abs.1 GG[52]. In den Behördenbegriff sind somit alle Einheiten der Staatsorganisation einbezogen außer den

---

49 Herzog in: M/D/H/S, Art.53a Rdnr.65; Blumenwitz in: BKGG, Art.53a Rdnr.35; Schmidt-Bleibtreu/Klein, Art.53a Rdnr.9; a.A. Linck, DÖV 83, 961, der jedoch den Verweis auf Art.43 Abs.1 GG schlicht unterschlägt und die Bestimmung lediglich als "Bestätigung" der Existenz einer allgemeinen, anders begründeten Informationspflicht auffaßt.

50 Die Anfügung des Satzes 2 geht auf einen Antrag des Abgeordneten Reischl (SPD) im Rechtsausschuß zurück (vgl. Kurzprot.Nr.73 d.Rechtsausschusses v.7.3.1968, S.5). Derselbe führte in der 2.Beratung des Gesetzes dazu aus:
"Erstens einmal ist in Art.53a Abs.2, so wie er jetzt in der Ausschußvorlage enthalten ist, klargestellt, daß durch dieses Informationsrecht die Rechte des Bundestages und seiner Ausschüsse in keiner Weise beeinträchtigt werden." (in: BT-StenoB VI/174/15.5.1968, S.9370C).

51 Vgl. Stern, Staatsrecht II, § 41 IV 10 a m.w.N.; Gubelt in: v.Münch, Art.35 Rdnr.1.

52 Vgl. FN 63 und 64.

Parlamenten, obwohl mit der Schaffung des Art.35 Abs.1 GG die Rechts- und Amtshilfe "auf alle Gebiete und Behörden" ausgedehnt werden sollte[53].

Martin Dreher, dessen Untersuchung zur Amtshilfe die Grundlage für die späteren §§ 4ff. VwVfG darstellte[54], führte dazu aus[55]:

"Die Anfänge einer ausdrücklich angeordneten gegenseitigen Unterstützungspflicht staatlicher Einrichtungen fielen in Deutschland - insbesondere in Preußen - mit der Einführung des Konstitutionalismus zusammen[56]. Die Prägung des Amtshilfeinstituts erfolgte infolgedessen ganz selbstverständlich an Hand der Leitlinien dieses neuen Verfassungsprinzips.

1. Das ist vor allem für das Verhältnis der *Volksvertretungen* zum Amtshilferecht von entscheidender Bedeutung gewesen, wofür die Entwicklung in Preußen bezeichnend ist.

Der Rechtszustand nach den preußischen Verfassungsurkunden vom 5.12.1848 und 31.1.1850 war zwar auf dem Gebiete der Gesetzgebung durch ein Zusammenwirken exekutivischer und legislativer Organe gekennzeichnet[57], im Bereiche der vollziehenden Gewalt war dagegen das Prinzip der Gewaltentrennung scharf durchgeführt. Aus Art.43 Satz 1 Verf.1848 (Art.45 Satz 1 Verf.1850)[58] geht hervor, daß den dem Monarchen abgetrotzten Kammern jede Einwirkungsmöglichkeit, jede Einflußnahme auf den staatlichen Vollzugsapparat verwehrt sein sollte[59]. Unter diesem Gesichtspunkt ist die o.a. Verordnung vom 2.1.1849 zu verstehen, die mit ihrer Erwähnung von Gerichten und Verwaltungsbehörden eine Brücke zwischen der rechtsprechenden und der vollziehenden Gewalt schlug, ohne irgendwelche - logisch nicht ausgeschlossene - Kontaktmöglichkeiten zwischen den Dienststellen dieser Gewalten und der Volksvertretung zu eröffnen. Bei dieser Abschließung und Isolierung der Volksvertretungen gegenüber anderen staatlichen Einrichtungen ist es verblieben. Seit den Tagen der preußischen Verfassungsurkunden von 1848 und 1850 ist das Parlament auf sein *Interpellationsrecht gegenüber der Regierung*[60] beschränkt[61]."

Nach *Dreher* haben die Parlamente damit lediglich ihr "Interpellationsrecht" zur Verfügung, d.h. die verschiedenen, in der Geschäftsordnung enthaltenen Auskunftsinstitute gegenüber der Bundesregierung.

---

[53] JöR n.F. 1 (1951), S.330 m.w.N.

[54] Musterentwurf eines Verwaltungsverfahrensgesetzes (EVwVfG 1963), 1964, S.88.

[55] Die Amtshilfe, 1959, S.42f.

[56] Vgl. die erste preußische Rechtshilfe- und Amtshilfenorm: § 38 VO v.2.1.1849, preuß.GS S.1 (Fußnote von Dreher).

[57] Art.60 Abs.1 Verf.1848, 62 Abs.1 Verf.1850: "Die gesetzgebende Gewalt wird gemeinschaftlich durch den König und durch zwei Kammern ausgeübt." (FN v.Dreher).

[58] "Dem König allein steht die vollziehende Gewalt zu." (FN v.Dreher).

[59] Dazu Arndt, Art.45 Anm.1 (FN v.Dreher).

[60] Nachträgl. Hervorhebung.

[61] Art.58 Abs.2 Verf.1848, 60 Abs.2 Verf.1850; 33 Abs.1 WVer.; 43 Abs.1 GG; vgl. auch die Abschnitte IX und X der Geschäftsordnung des Bundestages vom 6.12.1951 (BGBl.1952 II 389) (FN v.Dreher).

Es wäre stattdessen naheliegend, auch Parlamente in den Behördenbegriff des Art.35 Abs.1 GG einzubeziehen[62]. Damit gelangte man unproblematisch zur Informationspflicht der Exekutive. So werden in der Literatur "die Behörden der Gesetzgebung"[63] und Untersuchungsausschüsse als Behörden im Sinne des Art.35 Abs.1 GG angesehen. Der Bestimmung des Art.44 Abs.3 GG, die Untersuchungsausschüssen das Recht zu Amts- und Rechtshilfeersuchen gibt, wird nach h.M. im Verhältnis zu Art.35 Abs.1 GG nur deklaratorische Bedeutung zugesprochen[64]. Damit könnte, wenn schon das jeweilige Hilfsorgan des Bundestages zum Behördenbegriff der Vorschrift gezählt wird, auch der Bundestag selbst "Behörde" nach Art.35 Abs.1 GG sein.

Außerdem wird im Strafprozeßrecht nach einer Entscheidung des Bundesgerichtshofs die Regelung des § 96 StPO, ein Anwendungsfall der Amtshilfe, die ebenfalls nur für "Behörden" gilt, auf gesetzgebende Körperschaften entsprechend angewandt, zumindest was ihre Passivlegitimation als "ersuchte Behörde" betrifft[65].

Diese einfache Lösung verbietet sich jedoch aus folgenden Gründen: So fand die Bestimmung des Art.35 Abs.1 GG erst mit der Verabschiedung des Grundgesetzes Eingang in eine deutsche Verfassung, im Gegensatz zu anderen Normen, die "fast unbesehen" aus der Zeit des Konstitutionalismus übernommen wurden, wie etwa Art.43 Abs.1 GG. In der Bismarck'schen Reichsverfassung fehlte eine entsprechende Norm ganz; erst in der Weimarer Reichsverfassung war in Art.7 Nr.3 WRV eine kurze Bestimmung enthalten, wonach dem Reich die Gesetzgebung über die Amtshilfe zwischen Behörden zustand. Den Verfassungsvätern war daher in der parlamentarischen Demokratie durchaus bewußt, welchen Staatsorganen sie mit der Wahl des überkommenen Begriffs "Behörde" Amtshilfebefugnisse zubilligten. Man ging daher von einer vorrangigen Anwendbarkeit der Bestimmung auf die Exe-

---

62 So Uwe-Helmut Schneider, Die Pflicht der Behörden zur Aktenvorlage im Strafprozeß, 1970, S.61ff., der - etwas unklar - zunächst nur bezüglich der Aktenvorlage die Amtshilfegrundsätze für die Parlamente anwendet und offenbar von der Konkretisierungsthese für Art.43 Abs.1 GG ausgeht, vgl. S.63 FN 102. Bezüglich der Amtshilfe begreift er das Interpellationsrecht als deren Beschränkung, S.63.

63 Gubelt in v.Münch, Art.35 Rdnr.3; Schmidt-Bleibtreu/Klein, Art.35 Rdnr.5.

64 Versteyl in v.Münch, Art 44 Rdnr.23; Schmidt-Bleibtreu/ Klein, Art.44 Rdnr.9; v.Mangoldt/Klein, 2.Aufl., Art.44 III 5 e; Maunz in M/D/H/S Art.35 Rdnr.8 und Art.44 Rdnr.47, 27 m.w.N.; a.A. soweit ersichtlich nur: H.-P.Schneider in: AKGG Art.44 Rdnr.16 und v.Mangoldt, 1.Aufl., Art.44, 2.

65 BGHSt 20, 189; G.Schäfer in: Löwe/Rosenberg, StPO, § 96 Rdnr.10; Kleinknecht/Meyer, StPO, § 96 Rdnr.6; Laufhütte in: G.Pfeiffer (Hrsg.), Karlsruher Kommentar zur StPO, § 96 Rdnr.5.

kutive aus. Die Behördeneigenschaft der Gerichte läßt sich weniger aus dem Begriff "Behörde" als aus dem in Art.35 Abs.1 GG verwendeten Begriff der "Rechtshilfe" schließen[66].

Damit zählen Parlamente nicht zu den "Behörden" nach Art.35 Abs.1 GG.

Mit der von den Verfassungsvätern zur Verfestigung der Einheit der Staatsgewalt geschaffenen Amtshilfenorm in Art.35 Abs.1 GG wäre es aber nicht vereinbar, wenn dem als einzigem Verfassungsorgan demokratisch direkt legitimertem Parlament überhaupt keine Informationsbefugnisse zur Verfügung stünden. Angemessener erscheint hier die Deutung der Amts- und Rechtshilfenormen in dem Sinne von *Dreher*, der die Einbeziehung der Parlamente in die Amtshilfe des Art.35 Abs.1 GG lediglich deshalb als überflüssig betrachtet, da diese doch über ihr "Interpellationsrecht" nach Art.43 Abs.1 GG verfügen, also den in der Geschäftsordnung konkretisierten Fragerechten. Denen korrespondiert ebenso wie bei Informationsersuchen im Rahmen der Amtshilfe auch eine Informationspflicht des Ersuchten.

Bestätigt wird dieses Ergebnis durch die verschiedenen Informationspflichten, die der Bundesregierung gegenüber anderen Verfassungsorganen obliegen: Nach Art.53 Satz 3 GG besteht eine solche Pflicht gegenüber dem Bundesrat, nach Art.53a Abs.2 Satz 1 GG gegenüber dem Gemeinsamen Ausschuß sowie nach § 5 der Geschäftsordnung der Bundesregierung gegenüber dem Bundespräsidenten. Auch gegenüber dem früheren Ständigen Ausschuß nach Art.45 GG bestand eine Informationspflicht der Bundesregierung, da dieser nach Art.45 Abs.1 Satz 2 GG a.F. zu Amts- und Rechtshilfeersuchen berechtigt war.

Die Schaffung einer eigenständigen Informationsnorm auch für das Plenum des Bundestages wurde nur deshalb als nicht notwendig erachtet, da diese in Art.43 Abs.1 GG bereits vorhanden war.

Die systematische Auslegung des Art.43 Abs.1 GG bestätigt also die "Konkretisierungsthese".

c) Historische Auslegung

Die historische Auslegung des Art.43 Abs.1 GG ist weniger eindeutig als das Ergebnis der systematischen Auslegung: Art.43 Abs.1 GG durchlief die Beratungen des Parlamentarischen Rates ohne Diskussion und gab keinerlei Anlaß zu Zweifeln oder Kritik[67]. Fraglich ist, in welcher Richtung dies zu werten ist.

---

66 Vgl. auch § 11 Abs.1 Nr.7 StGB.

67 Meier, Zitierrecht, S.137.m.w.N.

Es kann davon ausgangen werden, daß eine Interpretation des Zitierrechts im engen, dem Wortlaut entsprechenden Sinne ohne eine Informationsbefugnis des Bundestages zu Auseinandersetzungen geführt hätte, da etwa im Bereich der Amtshilfe gerade der Ausbau der die Zusammenarbeit der Staatsorgane betreffenden Bestimmungen der Weimarer Reichsverfassung beabsichtigt war.

Dafür spricht auch die Tatsache, daß *Anschütz* im führenden Kommentar zur Weimarer Reichsverfassung die Konkretisierungsthese vertreten hatte[68]. Eine h.M. mag sich zwar in der Weimarer Zeit nicht gebildet haben[69]; eine Auslegung in einem die Parlamentsrechte beschränkenden Sinne entgegen der Ansicht von *Anschütz* hätte jedoch zumindest Diskussionen zur Folge gehabt. Wegen der fast unveränderten Übernahme des Zitierrechts in das Grundgesetz ist daher auch dessen Interpretation von maßgebender Bedeutung. So gingen nach dem Inkrafttreten des Grundgesetzes zunächst alle Kommentatoren von einer Informationspflicht der Regierung nach Art.43 Abs.1 GG aus[70].

Außerdem wird die Konkretisierungsthese durch die Rechtslage in Preußen nach den Verfassungsurkunden von 1848/50 und der Geschäftsordnung des Abgeordnetenhauses bestätigt. Ebenso wie heute im Grundgesetz war in den Verfassungsurkunden lediglich "das Zitierrecht" (Art.60 Abs.2) geregelt; die Fragerechte hatten in den Verfassungen keine ausdrückliche Erwähnung gefunden. Trotzdem wurden beide Rechte im Zusammenhang gesehen, da es in den §§ 33 und 34 der Geschäftsordnung des Abgeordnetenhauses, die die Behandlung des *Frage*rechts regelten, in § 34 Abs.2 hieß:

"Anträge im Sinne des Art.60 der Verfassungsurkunde, Abs.2 (Zitierrecht), sind jederzeit zulässig."[71] Das Zitierrecht im engen Sinne und die parlamentarischen Fragerechte standen also historisch im Zusammenhang.

Die fehlende Diskussion im Parlamentarischen Rat dürfte ihre Ursache demnach darin gehabt haben, daß man von einem in Art.43 Abs.1 GG verankerten Informationsrecht des Parlamentes und einer Informationspflicht der Regierung ausging, ohne sich weiter mit derartigen "Selbstverständlichkeiten" zu beschäftigen.

Die historische Auslegung bestätigt daher das Ergebnis der systematischen Auslegung.

---

68 In: WRV, Art.33 Anm.1; a.A. jedoch Poetzsch-Heffter, WRV, Art.33 Erl.2.

69 So jedenfalls Meier, Zitierecht, S.136ff.

70 Maunz in: M/D/H/S, Art.43 Rdnr.8 m.w.N.; H.Schneider in: BKGG (Erstbearb.), Art.43 Erl.II 2; v.Mangoldt/Klein, Art.43 III 2.

71 Abgedruckt bei Hatschek, Interpellationsrecht, S.110; vgl. auch den 4.Teil, II. 1.

d) Teleologische Auslegung

Die teleologische Auslegung schließlich führt zum gleichen Ergebnis: Es ist müßig, über den Sinn einer Herbeirufung alleine zum Zwecke des "stummen Dabeisitzens" eines Ministers oder des Kanzlers zu spekulieren. Die Information des Bundestages dürfte als Sinn der Zitierung auf der Hand liegen[72]. Zum Zwecke einer Information muß es dem Parlament aber möglich sein, das Regierungsmitglied befragen und eine Antwort verlangen zu können.

Darüberhinaus ist nach der teleologischen Auslegung auch die Anwesenheit des jeweiligen Regierungsmitglieds nicht erforderlich. Sofern die gewünschten Informationen von der Bundesregierung ohne ein anwesendes Regierungsmitglied übermittelt werden und der Bundestag auf dessen Präsenz nicht besteht, reicht dies nach dem Sinn des Art.43 Abs.1 GG aus. Die Informationsweiterleitung ohne die körperliche Präsenz eines Regierungsmitglieds stellt hier ein im Zitierrecht enthaltenes "Weniger" dar, zu dem das Parlament "erst recht" befugt ist, da es sogar die Anwesenheit eines Regierungsmitglieds verlangen kann. Bei der Koppelung zwischen Anwesenheits- und Auskunftspflicht handelt es sich um eine lediglich historisch zu verstehende Nebensächlichkeit, die nicht das Wesen parlamentarischer Informationsrechte ausmacht[73].

Auch ohne die Anwesenheit eines Regierungsmitglieds besteht daher die Informationspflicht der Regierung.

e) Ergebnis

Die systematische, historische und teleologische Auslegung des Art.43 Abs.1 GG ergeben somit eine allgemeine Informationspflicht der Bundesregierung gegenüber dem Bundestag. Lediglich die grammatische Auslegung führt zu einem gegenteiligen Ergebnis. Damit sprechen die überwiegenden Gründe für einen Informationsanspruch des Plenums gegenüber der Bundesregierung. Die Bestimmung bietet deshalb auch die Grundlage einer Berichtspflicht aufgrund von Berichtsersuchen.

Die Bundesregierung ist grundsätzlich nach einer Anforderung des Parlamentsplenums durch einen Berichtsbeschluß zu Berichten verpflichtet.

"Ersucht" demnach der Bundestag die Bundesregierung um bestimmte Berichte, muß diese dem "Ersuchen" nachkommen. Der Bundestag selbst bringt zwar mit dieser zurückhaltenden Wortwahl wohl zum Ausdruck, daß er sich hinsichtlich der Verbindlichkeit des Berichtsauftrags nicht sicher ist.

---

72 Dies gesteht selbst Meier, Zitierrecht, S.144 zu.

73 So Wuttke in: Lemke, Parlamentspraxis des schleswig-holsteinischen Landtags, § 68, 1.

Damit bleibt jedoch die Berichtsanforderung nicht hinter dem rechtlich Zulässigen zurück, indem sie etwa trotz der grundsätzlichen bestehenden Möglichkeit, eine Berichtspflicht zu begründen, der Bundesregierung freistellt zu berichten. Aufgrund der bisher nicht geklärten Rechtslage war es nicht bekannt, daß ein "schlichter" Parlamentsbeschluß eine Berichtspflicht der Regierung schafft.

IV. Zusagen

Wie bereits erwähnt, kommt es in einigen Fällen dazu, daß die Bundesregierung vor dem Plenum oder den Ausschüssen des Bundestages eine *Zusage* abgibt, bestimmte Berichte zu erstatten[74]. In seiner Regierungserklärung vom 28.Oktober 1969 versprach etwa Bundeskanzler *Brandt*, acht neue Berichte dem Bundestag zuzuleiten, ohne daß dieser sie angefordert hätte[75]. Fraglich ist, ob diese Zusage rechtsverbindlich ist. Dieses Problem ist jedoch weniger schwerwiegend, als es auf den ersten Blick scheint. Denn es muß davon ausgegangen werden, daß dann, wenn der Bundestag etwa durch einen Beschluß auf der Einhaltung der Zusage besteht, ein Auskunftsersuchen vorliegt, dem die Bundesregierung wegen ihrer Informationspflicht gegenüber dem Bundestag nachzukommen hat. Damit ist die Zusage selbst möglicherweise unverbindlich; das Bestehen auf ihrer Einhaltung führt jedoch zu ihrer Verbindlichkeit. Die Frage der Verbindlichkeit der Zusage kann deshalb dahingestellt bleiben.

74 Vgl. eingangs des 3.Teils.

75 Vgl. 2.Teil, V. 2.

8.Teil: Inhalte

I. Das Thema der Berichtspflicht

Grundsätzlich kann eine Berichtspflicht Berichte zu allen Themen verlangen, sofern nicht verfassungsrechtliche oder einfachgesetzliche Grundsätze eine Begrenzung darstellen. Das Problem der Grenzen parlamentarischer Berichtspflichten wird unten gesondert ausführlich untersucht[1].

II. Der Adressat

Parlamentarische Berichtsanforderungen durch Gesetz oder Beschluß sind in ihrer Mehrzahl an die Bundesregierung gerichtet. Jedoch existieren auch andere Adressaten. Im folgenden soll untersucht werden, welche Einheiten der Staatsorganisation aus staatsrechtlicher Sicht zulässige Adressaten der Berichtswünsche sein können.

1. Die Bundesregierung und ihre Mitglieder

Berichtsbeschlüsse sind ebenso wie parlamentarische Anfragen, vgl. §§ 100ff. GOBT, ausschließlich an "die Bundesregierung" gerichtet, obwohl eine ausdrückliche Vorschrift in der Geschäftsordnung des Bundestages fehlt. Die Einleitungsformel lautet typischerweise: "Die Bundesregierung wird ersucht, bis zum ... über ... zu berichten." Aber auch Berichtsgesetze verlangen meistens, aber nicht ausschließlich, eine Berichterstattung durch "die Bundesregierung".

Für den Bundestag hat diese Form den praktischen Vorteil, daß er die Zuständigkeit zur Berichterstattung nicht selbst im einzelnen klären muß. In bestimmten Fällen können nämlich Zweifel bestehen, welcher Minister zuständig ist. Als Beispiel kann etwa die Aufspaltung des früheren Ressorts für Jugend, Familie, Frauen und Gesundheit in drei neue Ressorts für Jugend und Frauen, Familie und Senioren sowie für Gesundheit genannt werden, die selbst innerhalb der Bundesregierung zu Problemen in der Kompetenzabgrenzung geführt hat. Mit der Formulierung "die Bundesregierung" aber

1 Dazu im 9.Teil.

auch der Formel "der zuständige Bundesminister"[2] belastet sich der Bundestag damit nicht.

In einigen Fällen bestehen allerdings auch gesetzliche Berichtspflichten einzelner Minister, z.B. für den Bundesminister für Finanzen nach Art.114 Abs.1 GG (Haushaltsrechnung), § 31 BHO (Finanzbericht) und nach § 37 Abs.4 BHO (Bericht über über- und außerplanmäßige Ausgaben)[3]. Auch weitere Bundesminister haben Berichtspflichten zu erfüllen: Gemäß § 26 PostVerfG[4] der Bundesminister für Post und Telekommunikation; gemäß § 7 Fernstraßenausbaugesetz[5] der Bundesminister für Verkehr; gemäß § 1383 Abs.1 RVO sowie § 141 SGB V[6] der Bundesminister für Arbeit und Sozialordnung; gemäß § 5 Strahlenschutzvorsorgegesetz[7] der Bundesminister für Umwelt, Naturschutz und Reaktorsicherheit. Schließlich legte § 4 des 21.Gesetzes zur Änderung des Lastenausgleichgesetzes[8] eine Berichtspflicht für den früheren Bundesminister für Vertriebene, Flüchtlinge und Kriegsgeschädigte fest.

Eine Berichtspflicht des Bundeskanzlers ist bisher in keinem Fall begründet worden.

Die Zulässigkeit und Bindung von Berichtspflichten, die sich an "die Bundesregierung" richten und diese kontrollieren sollen, könnte zweifelhaft sein. So ist es in der Literatur umstritten, ob die Verfassung die parlamentarische Verantwortlichkeit der Bundesregierung als Kollegium kennt. Mittlerweile anerkannt ist auf der Grundlage der Art.65 und 43 Abs.1 GG lediglich die individuelle Verantwortlichkeit der Bundesminister und des Bundeskanzlers[9].

Jedoch wäre allenfalls bei einem im Grundgesetz enthaltenen *Verbot*, die Bundesregierung als Kollegium parlamentarisch zu kontrollieren, ein an sie gerichtetes Berichtsersuchen unzulässig. Ein solches Verbot läßt sich aber der Verfassung nicht entnehmen. Zwar mag das Grundgesetz die parlamen-

---

2 Vgl. § 3 Berufsbildungsförderungsgesetz (Berufsbildungsbericht) v. 23.12.1981, BGBl I 1962

3 Der Finanzminister als Adressat der Berichtspflicht ist zwar nicht ausdrücklich in § 37 Abs.4 BHO aufgeführt. Seine Berichtspflicht ergibt sich jedoch im Zusammenspiel mit § 37 Abs.1 BHO und Art.112 GG, vgl. auch Piduch, Bundeshaushaltsrecht II, § 37 Rdnr.9.

4 V.8.6.1989, BGBl.I 2610.

5 V.26.8.1980, BGBl.I 1615.

6 Eingef. durch G.v.20.12.1988, BGBl.I 2477.

7 V.19.12.1986, BGBl.I 2610.

8 V.18.10.1969, BGBl.I 1232ff. (Berichtspflichten für die Jahre 1972, 1974, 1976).

9 Vgl. M.Schröder in: HdBStR II, § 51 Rdnr.53 m.w.N.

tarische Verantwortlichkeit des Kabinetts expressis verbis nicht kennen[10]. Daraus kann jedoch nicht geschlossen werden, daß das Grundgesetz es auch verbietet, die Regierung parlamentarisch zu kontrollieren. Vielmehr wird im Grundgesetz ausdrücklich keine Aussage getroffen, so daß die Verfassung dafür offen ist, auch das Kabinett kollektiv zur Verantwortung zu ziehen[11].

Dafür sprechen auch verschiedene, im Grundgesetz enthaltene Mittel zur Geltendmachung der kollektiven Verantwortlichkeit der Regierung: So hat zwar der Finanzminister nach Art.114 Abs.1 GG die Haushaltsrechnung vorzulegen; entlastet wird aber "die Bundesregierung". Nach Art.53a Abs.2 GG hat "die Bundesregierung" den Gemeinsamen Ausschuß über ihre Planungen für den Verteidigungsfall zu unterrichten. Insbesondere im Haushaltsrecht steht "die Bundesregierung" dem Bundestag mit einer Reihe von Kompetenzen und Verantwortungen gegenüber. Die Zuständigkeit des Finanzministers zur Vorlage der Haushaltsrechnung nach Art.114 Abs.1 GG und nach Art.112 GG ist gegenüber der Kompetenz der Bundesregierung als Kollegium die Ausnahme[12].

Kontrollierende, an die Bundesregierung gerichtete Berichtsaufträge sind damit zulässig.

Auch sofern eine Berichtspflicht lediglich Gesetzgebungsfunktionen erfüllt, bestehen keine Bedenken, den Bericht vom Kabinett zu verlangen.

Eine Berichtspflicht kann sich somit an "die Bundesregierung", an einzelne Bundesminister und an den Bundeskanzler richten.

2. *Nachgeordnete Verwaltungsbehörden*

Auch nachgeordnete Verwaltungsbehörden könnten vom Bundestag zu Berichten aufgefordert werden.

Problematisch ist bereits die Zulässigkeit der Berichtsgesetze oder -ersuchen. Sofern den Behörden gegenüber dem Parlament ein "Verwaltungsvorbehalt" zustünde, könnten derartige Informationsersuchen verboten sein.

Ein Bericht nachgeordneter Behörden wird oft deren Kontrolle bezwekken. Die Verwaltungskontrolle wird in der Literatur zur Organisationsge-

10 Stern, Staatsrecht II, § 31 IV 4 c.

11 Stern, aaO.; M.Schröder, aaO.

12 So ausdrücklich BVerfGE 45, 1, 46f. zum Notbewilligungsrecht nach Art.112 GG mit weiteren Beispielen.

walt der Exekutive gezählt[13]. Auf diese hat aber die Legislative im Bereich der Bundesverwaltung nach Art.86 Satz 2 GG grundsätzlich ein Zugriffsrecht[14], sofern sie durch Gesetz handelt. Lediglich wenn der Kernbereich der Organisationsgewalt berührt ist[15], etwa bei der Frage der Einrichtung der Behörden[16], wird von einigen Autoren ein Zugriffsrecht abgelehnt.

Sofern jedoch eine Behörde vom Bundestag zu Informationen aufgefordert würde, wäre auch ein solcher Kernbereich nicht betroffen. Bei der bloßen Information handelt es sich um ein mildes Kontrollmittel[17], das auf die Einrichtung und die Amtsführung der Behörde unmittelbar keinen Einfluß hat.

Nach Art.86 Satz 2 GG besteht ein solches Zugriffsrecht nur, wenn die Legislative durch Gesetz handelt. Demnach sind an nachgeordnete Verwaltungsbehörden gerichtete, kontrollierende "schlichte" Parlamentsbeschlüsse unzulässig. Allein durch Gesetz könnten derartige Behörden zu Berichten aufgefordert werden.

Wenn mit dem jeweiligen Bericht keine Kontrolle der Behörde als Berichterstatter bezweckt wird, steht Art.86 Satz 2 GG einem Berichtsersuchen nicht entgegen. Allerdings sind nur schwer derartige Ersuchen vorstellbar, da in den meisten Fällen die Kontrolle "uno actu" mit anderen Funktionen wahrgenommen wird[18].

Wenn eine gesetzliche Berichtspflicht einer nachgeordneten (Bundes-) Behörde besteht, ist sie für die Behörde nach Art.20 Abs.3 GG auch bindend.

Somit können nachgeordnete Verwaltungsbehörden vom Bundestag durch Gesetz zu Berichten aufgefordert und auch verpflichtet werden.

Solche Berichtspflichten bestehen für das Bundeskartellamt und die Jugendberichtskommission, wenn man sie als "nachgeordnete Behörden" betrachtet. Dafür spricht, daß das Bundeskartellamt zwar nach § 48 GWB eine selbständige Bundesoberbehörde ist, jedoch trotzdem eine Bindung an die

---

13 Wolff/Bachof, Verwaltungsrecht II, § 78 I a und § 77 II.

14 Wolff/Bachof, aaO., § 78 II b 5.

15 F.E.Schnapp, Der Verwaltungsvorbehalt, in: VVDStRL 43 (1985), S.172ff., 193 m.w.N.

16 Schmidt-Aßmann, Verwaltungsorganisation zwischen parlamentarischer Steuerung und exekutivischer Organisationsgewalt, in: FS-Ipsen, S.332ff., 351.

17 Vgl. dazu die abgestuften Aufsichtsmittel in den Gemeindeordnungen (z.B. §§ 120ff. bad.-württ. GemO). Beim Informationsrecht handelt es sich um das mildeste Mittel. Weitreichender sind Beanstandungs- und Anordnungsrechte, die Ersatzvornahme und die Bestellung eines Beauftragten.

18 Vgl. 5.Teil, I. 2.

Weisungen des Bundesministers für Wirtschaft besteht[19]. Auch die Jugendberichtskommission nach § 84 SGB VIII wird von der Bundesregierung eingesetzt und ist damit im Grunde ihr nachgeordnet. Das Bundeskartellamt hat nach § 50 GWB, die Jugendberichtskommission nach § 84 SGB VIII dem Bundestag zu berichten.

3. Gerichte

Auch für Berichte von Gerichten besteht mitunter auf Seiten des Bundestages ein Bedürfnis, etwa um im Rahmen der Überprüfung bestehender Gesetze die Spruchpraxis der Gerichte kennenzulernen.

Alleine durch die Adressierung der Berichtsgesetze oder -ersuchen - zunächst ungeachtet ihres Inhalts[20] - könnte bereits gegen die von den Art.20 Abs.2 und 3, 92 und 97 GG garantierte Unabhängigkeit der Gerichte[21] verstoßen werden. Sie beinhaltet die sachliche und persönliche Unabhängigkeit der Gerichte. Die hier insbesondere in Frage stehende sachliche Unabhängigkeit bedeutet, daß der Richter frei von Weisungen zu stellen ist. Jeder vermeidbare Einfluß auf die Rechtsstellung der Richter ist verboten[22]. Ein solcher, von Art.92 GG verbotener Einfluß würde etwa durch "Parlamentsjustiz" ausgeübt, die mißliebige Gerichtsentscheidungen kassierte[23]. Schon bei der bloßen "Urteilsschelte", etwa durch einen Parlamentsbeschluß, ist ein Verstoß gegen die richterliche Unabhängigkeit jedoch oft zweifelhaft[24]. Wenn ein Berichtsgesetz oder -ersuchen lediglich Informationen von Gerichten anforderte, bliebe sie noch hinter der "Urteilsschelte" zurück, da in der bloßen Anforderung von Informationen grundsätzlich[25] unmittelbar noch keine Bewertung liegt. Die Bewertung wird erst später an Hand dieser Informationen vorgenommen und muß dann kritisch im Lichte der richterlichen Unabhängigkeit betrachtet werden. Wegen dieser, in der Regel bei Informationsersuchen fehlenden Bewertung wird aber mit ihnen noch kein Einfluß auf die Rechtsstellung der Richter ausgeübt.

---

19 Vgl. W.Junge in: Müller-Henneberg/Schwartz/Benisch, GWB, § 48 Rdnr.2 m.w.N.

20 Dazu 9.Teil, V.

21 BVerfGE 60, 253, 296 zu § 85 Abs.2 ZPO.

22 BVerfGE 12, 81, 88 zur bad.-württ. Richterbesoldung; vgl. auch E 26, 79, 93; 55, 372, 389.

23 Kisker, Zur Reaktion von Parlament und Exekutive auf "unerwünschte" Urteile, NJW 1981, 889, 893.

24 Vgl. Kisker, aaO., 891 einerseits und 894 andererseits.

25 Zu Ausnahmefällen vgl. 9.Teil, V.

An Gerichte adressierte Berichtsgesetze und -ersuchen sind also grundsätzlich zulässig[26].

Bindend sind jedoch lediglich Berichtsgesetze, da nach Art.97 Abs.1 GG die Richter nur dem *Gesetz* unterworfen sind. Der Gesetzesbegriff in Art.97 Abs.1 GG umfaßt u.a. alle förmlichen Gesetze[27] - also auch Berichtsgesetze.

4. Hilfsorgane des Bundestages

Hilfsorgane des Bundestages können gegenüber dem Plenum ohne weiteres zur Berichterstattung verpflichtet werden. Als derartige Organe kommen etwa der Wehrbeauftragte und die Bundestagsausschüsse in Betracht. In der Regel besteht im Verhältnis Plenum/Hilfsorgan ein Über-/Unterordnungsverhältnis, so daß schon kraft dieses Verhältnisses durch einen Beschluß Berichte angefordert werden können. Insbesondere Ausschüsse sind nicht "autonom" sondern weisungsgebunden[28], es sei denn, ihnen wird durch Gesetz besondere Selbständigkeit verliehen, z.B. Art.45a Abs.2 GG für den Verteidigungsausschuß und Art.45c GG für den Petitionsausschuß. Die Stellung des Wehrbeauftragten ist nach dem Wehrbeauftragtengesetz zwar verselbständigt; gemäß § 1 Abs.2 WBeauftrG ist er jedoch an Weisungen des Bundestages gebunden, so daß auch eine Weisung in Form eines Berichtsbeschlusses, einen Bericht - zusätzlich zum Jahresbericht - zu erstatten, erteilt werden kann[29].

5. Bundesländer

Auch Organe der Bundesländer könnten vom Bundestag zu Berichten aufgefordert werden. So haben etwa nach § 139b Abs.3 der Gewerbeordnung die Bundesländer dem Bundestag Jahresberichte über die Tätigkeit der Gewerbeaufsichtsbehörden oder zumindest Auszüge daraus vorzulegen. Die Bundesländer als Adressaten dieser Berichtspflicht aus dem Jahre 1878[30] sind zwar nicht ausdrücklich in § 139b Abs.3 GewO aufgeführt. Ihre Passivlegitimation ergibt sich aber daraus, daß es sich bei den Gewerbeauf-

26 Zur Frage des zulässigen Inhalts der Ersuchen vgl. 9.Teil, V.

27 Herzog in: M/D/H/S, Art.97 Rdnr.5; W.Meyer in: v.Münch, Art.97 Rdnr.10.

28 Troßmann, § 60 Rdnr.1; C.Arndt in: Schneider/Zeh, § 21 Rdnr.42.

29 Vgl. Hernekamp in: v.Münch, Art.45b Rdnr.22.

30 Vgl. dazu auch 2.Teil, II.

sichtsbehörden nach § 139b Abs.1 GewO um besondere Polizeibehörden der Länder handelt.

Mit dieser Berichtspflicht wird eine Kontrolle oder Aufsicht über die Tätigkeit der Gewerbeaufsicht direkt durch den Bundestag angestrebt. Wie sich aus den Gesetzesmotiven ergibt, war Ziel der Vorschrift, die einheitliche Handhabung der Gewerbeaufsicht durch die damaligen Fabrikinspektoren in den Ländern sicherzustellen, nachdem ursprüngliche Bestrebungen, die Fabrikinspektoren als Reichspolizei einzuführen, gescheitert waren[31].

Die Aufsicht über die Ausführung der Bundesgesetze durch die Länder obliegt gemäß Art.83ff. GG der Bundesregierung. Dies ergibt sich auch aus Art.85 Abs.4 Satz 2 GG, wonach die Bundesregierung bei der Auftragsverwaltung die Bundesaufsicht dadurch ausüben kann, daß sie Berichte von den Ländern verlangt. Beim landeseigenen Vollzug von Bundesgesetzen nach Art.84 GG kann die Bundesregierung nach h.M. ebenfalls Berichte verlangen[32].

Fraglich ist, ob die Vorschriften so zu verstehen sind, daß *lediglich* die Bundesregierung - und kein anderes Bundesorgan - Berichte von den Ländern verlangen kann. Außer dem Wortlaut von Art.85 Abs.4 Satz 2 GG spricht dafür auch, daß in anderen Vorschriften der Art.83ff. GG die Einwirkungsmöglichkeiten des Bundestages auf die Verwaltung genau umschrieben sind, wenn etwa in Art.86 Satz 2 GG die Möglichkeit, durch Gesetz die Einrichtung der Behörden zu regeln, zugelassen ist. In Art.85 Abs.4 Satz 2 GG ist ein solcher Parlamentsvorbehalt nicht enthalten.

Jedoch steht es außer Zweifel, daß der Bundestag im Rahmen seiner Kontrollkompetenz die Wahrnehmung der Aufsichtsbefugnisse gegenüber den Ländern durch die Bundesregierung kontrollieren kann. Wären Berichte der Länder direkt an den Bundestag aufgrund der Art.83ff. verboten, so könnte der Bundestag die dafür erforderlichen Informationen allein von der Bundesregierung anfordern. Das Parlament wäre auf die Angaben des Kontrollierten verwiesen. Damit wäre aber eine effektive Kontrolle der Bundesregierung nicht möglich.

Außerdem ist es oft im Rahmen der Gesetzgebungsfunktion des Bundestages erforderlich, die Erfahrungen der Länder mit der Anwendung bestimmter Bundesgesetze kennenzulernen. Der Verweis auf die Bundesregierung als Informationsmittler könnte auch hier zu verfälschten Ergebnissen führen.

Die Kontroll- und Gesetzgebungskompetenzen des Bundestages führen daher zur Zulässigkeit der Anforderung von Berichten der Bundesländer.

---

31 Vgl. RT-StenoB 3.LP/II.Sess.1878, 44.Sitz. v.9.5.1878, S.1179ff.

32 Lerche in: M/D/H/S, Art.84 Rdnr.118.

Für § 139b Abs.3 GewO wird die Rechtslage allerdings zusätzlich durch den in § 722 Abs.1 RVO geforderten Unfallverhütungsbericht der *Bundesregierung* verkompliziert, der u.a. "die Jahresberichte der Gewerbeaufsicht zusammenfaßt" und damit Bezug auf § 139b Abs.3 GewO nimmt. Auch § 51 Abs.3 des Jugendarbeitsschutzgesetzes von 1976 verweist auf § 139b Abs.3 GewO. Die Berichtspflichten müssen dahingehend ausgelegt werden, daß der Bericht der Bundesregierung ausreicht. Der Gesetzgeber hat den Adressaten der Berichtspflicht in § 139b Abs.3 GewO durch die späteren § 722 Abs.1 RVO und § 51 Abs.3 JArbSchG geändert ("lex posterior derogat legi priori")[33].

6. Sonstige Adressaten

Wie bereits erläutert wurde, bestehen Berichtspflichten für Adressaten, die sich in die bisher aufgeführten Kategorien nicht einordnen lassen. Zu nennen sind folgende Institutionen mit Berichtspflichten:
- der Ausschuß für die Hochschulstatistik (§ 7 Abs.2 HStatG[34]),
- der Bundesbeauftragte für den Datenschutz (§ 26 BDSG),
- der Bundesrechnungshof (Art.114 Abs.2 Satz 2 GG, §§ 97, 101, 114 BHO),
- der Bundesschuldenausschuß (§ 35 Abs.2 Reichsschuldenordnung[35]),
- die Monopolkommission (§ 24b GWB),
- der Sachverständigenrat zur Begutachtung der gesamtwirtschaftlichen Entwicklung (§ 6 des Gesetzes über dessen Bildung),
- der Sozialbeirat (§ 155 SGB VI),
- die Wahlkreiskommission (§ 3 BWahlG).

Darüberhinaus werden Berichte auch von besonderen, mehr oder weniger unabhängigen Gremien dem Bundestag über die Bundesregierung ohne eine Berichtspflicht übermittelt, so etwa die Gutachten des Rates von Sachverständigen für Umweltfragen[36].

---

33 Nach Auffassung des Bundesministeriums für Arbeit und Sozialordnung wird mit dem Unfallverhütungsbericht der *Bundesregierung* deshalb gleichzeitig der Verpflichtung der *Bundesländer* nach § 139b Abs.3 GewO Genüge getan.

34 V.2.11.1990, BGBl.I 2414.

35 V.13.2.1924, BGBl.III Nr.650-1, RGBl.1924 I 95.

36 Vgl. die Berichtspflicht des Rates gegenüber dem Innenminister in § 10 des Erlasses über die Einrichtung des Rates vom 20.12.1971, BAnz.1972 Nr.8 und GMBl.1972, Nr.3, S.27. Der Rat erstattete u.a. folgende, dem Bundestag zugeleitete Gutachten: Umweltgutachten 1974, BT-Ds 7/2802, 1978, BT-Ds 8/1939, 1987, BT-Ds 11/1568; Sondergutachten Energie und Umwelt 1981, BT-Ds 9/872, Waldschäden und Luftverunrei-

Bei all diesen Institutionen handelt es sich um staatliche im Sinne der Definition des "parlamentarischen Berichts"[37], da sie durch Gesetz gebildet worden sind[38].

Lediglich die Berichte des Bundesrechnungshofs gemäß Art.114 Abs.2 Satz 2 GG, des Datenschutzbeauftragten gemäß § 26 Abs.1 Satz 1 BDSG und des Bundesschuldenausschusses nach § 35 Abs.2 Reichsschuldenordnung werden dem Bundestag direkt zugeleitet[39]. Die Berichte der anderen Gremien werden von der Bundesregierung dem Bundestag übermittelt. Da diese die Weiterleitung jedoch ohne Vorbehalte, Einschränkungen, Kürzungen etc. vorzunehmen hat, fungiert sie nur als Berichtsmittler ohne eigene unmittelbare Einflußmöglichkeit auf den Bericht. Ihr bleibt lediglich die Möglichkeit, eine Stellungnahme zu dem jeweiligen Bericht abzugeben. Damit besteht auch für die anderen Gremien im Grunde eine Berichtspflicht gegenüber dem Bundestag, so daß es gerechtfertigt erscheint, sie hier als gesonderte Adressaten der Berichtspflicht aufzuführen.

All diese Institutionen sind gegenüber anderen Organen mehr oder weniger verselbständigt. Für den Bundesrechnungshof, die Monopolkommission, den Sachverständigenrat zur Begutachtung der gesamtwirtschaftlichen Entwicklung und den Datenschutzbeauftragten ist dies im Gesetz ausdrücklich bestimmt[40]. Für die Wahlkreiskommission und den Sozialbeirat ist die besondere Unabhängigkeit des Gremiums zwar nicht ausdrücklich geregelt,

---

nigungen 1983, BT-Ds 10/113, Umweltprobleme der Landwirtschaft 1985, BT-Ds 10/3613, Luftverunreinigungen in Innenräumen 1987, BT-Ds 11/613, Altlasten, BT-Ds 11/6191.

37 Vgl. 1.Teil, I. 7.

38 Vgl. Art.114 Abs.2 GG, das BRHG; § 24b GWB; §§ 22ff. BDSG; § 3 BWG; Gesetz üb. d. Bildung des Sachverständigenrates zur Begutachtung der gesamtwirtschaftlichen Entwicklung; § 1274 RVO; § 7 HStatG.

39 Vgl. Art.114 Abs.2 Satz 2 GG: "Er (der Bundesrechnungshof) hat außer der Bundesregierung *unmittelbar* dem Bundestage und dem Bundesrate jährlich zu berichten."
§ 26 Abs.1 Satz 1 BDSG: "Der Bundesbeauftragte für den Datenschutz erstattet dem Deutschen Bundestag alle zwei Jahre einen Tätigkeitsbericht."
§ 35 Abs.2 RSchO: "Der Reichsschuldenausschuß hat dem Reichsrat und dem Reichstag jährlich über seine Tätigkeit sowie über die unter seine Aufsicht gestellte Verwaltung der Reichsschuld im abgelaufenen Jahr Bericht zu erstatten."

40 Vgl. Art.114 Abs.2 Satz 1 GG für den Bundesrechnungshof, § 3 Abs.1 des Gesetzes üb. d. Bildung des Sachverständigenrates zur Begutachtung der gesamtwirtschaftlichen Entwicklung (v.14.8.1963, BGBl.I 685), § 24b Abs.4 Satz 1 GWB für die Monopolkommission, § 22 Abs.4 Sätze 2 und 3 BDSG für den Datenschutzbeauftragten. Vgl. auch § 3 des Erlasses über die Einrichtung des Sachverständigenrates für Umweltfragen, aaO: "Der Rat von Sachverständigen für Umweltfragen ist nur an den durch diesen Erlaß begründeten Auftrag gebunden und in seiner Tätigkeit unabhängig."

aber doch anerkannt - insbesondere wegen der Entstehungsgeschichte der Institutionen[41].

Ihnen können Berichtspflichten nur durch (Berichts-) Gesetze auferlegt werden. Wenn die betreffende Norm bestimmt, die Institution sei an das Gesetz "gebunden"[42] oder ihm "unterworfen"[43], so würde dem eine Bindung an "schlichte" Parlamentsbeschlüsse widersprechen.

Die gesetzlichen Berichtspflichten sind in der Regel schon in den jeweiligen Gesetzen enthalten. Berichtsersuchen durch Parlamentsbeschlüsse braucht das jeweilige Gremium nicht nachzukommen, es sei denn, das jeweilige Gesetz bindet das Gremium auch ausdrücklich an bloße Beschlüsse. Für den Datenschutzbeauftragten heißt es dazu in § 26 Abs.2 Sätze 1 und 2 BDSG:

> "Auf Anforderung des Deutschen Bundestages oder der Bundesregierung hat der Bundesbeauftragte Gutachten zu stellen und Berichte zu erstatten. Auf Ersuchen des Deutschen Bundestages, des Petitionsausschusses, des Innenausschusses oder der Bundesregierung geht der Bundesbeauftragte ferner Hinweisen auf Angelegenheiten und Vorgänge des Datenschutzes bei den öffentlichen Stellen des Bundes nach."

Damit ist auch eine Bindung an "schlichte" Parlamentsbeschlüsse festgeschrieben.

Zusammenfassend kann festgehalten werden, daß kein Hindernis besteht, unabhängige staatliche Institutionen um Berichte zu ersuchen. Der Berichtsauftrag ist nur bindend, wenn dies durch Gesetz oder auf Grund eines Gesetzes bestimmt wird.

III. "Berichtsfrequenz" bei periodischen Berichten; Bedingungen

Das Problem, wie oft regelmäßig vorzulegende Berichte dem Bundestag zur Kenntnis zu bringen sind, kann hier als die Frage der "Berichtsfrequenz" bezeichnet werden.

---

41 Vgl. für die Wahlkreiskommission: W.Schreiber, Handbuch des Wahlrechts zum Deutschen Bundestag, 4.Aufl., § 3 Rdnr.2; W.Ridder, Die Einteilung der Parlamentswahlkreise, 1976, S.45 m.w.N. auch auf die Entstehungsgeschichte. Zum Sozialbeirat vgl. Aye/Göbelsmann, RVO, Bd.7, § 1274 m.w.N., § 1275; Hensen, Der Sozialbeirat und seine Aufgabe, in: Zeitschrift für Sozialreform 1958, 297ff., 298f.

42 Vgl. § 3 Abs.1 Gesetz üb. d. Bildung eines Sachverständigenrates zur Begutachtung der gesamtwirtschaftlichen Entwicklung und § 24b Abs.4 Satz 1 GWB.

43 Vgl. § 22 Abs.4 Sätze 2 und 3 BDSG.

Dabei handelt es sich in der Regel nur um ein Problem der Zweckmäßigkeit. Zu bestimmten Themen können etwa sehr häufige Berichte sinnvoll sein; anderen Gebieten, auf denen tatsächliche Veränderungen längere Zeit in Anspruch nehmen - etwa im Bereich der Raumordnung -, mag ein langer Zeitraum angemessener sein. Als Beispiel für eine hohe Berichtsfrequenz kann die Berichtspflicht gemäß § 37 Abs.4 BHO genannt werden, wonach über- und außerplanmäßige Ausgaben *vierteljährlich*, in Fällen von grundsätzlicher oder erheblicher finanzieller Bedeutung *unverzüglich* mitzuteilen sind. Die niedrigste Frequenz beträgt in der Praxis meist vier Jahre[44]. Damit soll offensichtlich erreicht werden, daß in jeder Legislaturperiode der jeweilige Bundestag zumindest einen Bericht erhält. Sinnvoller wäre dazu allerdings - um auch die Fälle vorzeitiger Neuwahlen zu erfassen - die Formulierung "einmal in jeder Wahlperiode", wie es etwa in § 26 PostVerfG schon angeordnet ist[45]. In den Ausnahmefällen sehr kurzer Legislaturperioden wird dann allerdings lediglich der alte Bericht neu aufgelegt werden können.

Zwischen diesen beiden Werten gibt es auch weitere: 1 Jahr[46], 2 Jahre[47], 3 Jahre[48].

Für den Bundestag ist es oft nicht einfach, die zweckmäßigste Berichtsfrequenz zu bestimmen. So ordnete § 11 des Raumordnungsgesetzes des Bundes in seiner ersten Fassung vom 8.4.1965[49] einen Bericht alle zwei Jahre an; das Gesetz vom 10.8.1976[50] verlängerte den Zeitraum auf 4 Jahre. An § 11 wurde ein Satz 2 angefügt, wonach der nächste Bericht dem Bundestag im Jahre 1978 vorzulegen ist. Das Gesetz vom 10.8.1976 bestimmte damit für den ersten Bericht nach der neuen vierjährigen Regelung die alte 2-Jahres-Frist. Schließlich wurde mit der Änderung vom 11.7.1989[51] Satz 2 gestrichen.

---

44 4 Jahre: § 11 BROG; § 61 BImSchG; § 3 Abs.3 BWahlG; § 84 SGB VIII; § 26 PostverfG; § 9 Abs.2 HStatG. Vgl. aber den Beschluß v. 10.12.1982, BT-Ds 9/1286, der um einen Familienbericht jede zweite Legislaturperiode ersuchte.

45 Vgl. auch § 61 BImSchG: "jeweils ein Jahr nach dem ersten Zusammentritt".

46 1 Jahr: Art.110, 114 GG; § 97 BHO; § 46 HGrG; §§ 4, 5 LWG; § 722 RVO; § 6 Gesetz üb.d.Bildung eines Sachverst.-Rates zur Begutachtung d.ges.-wirtschaftl. Entwicklung; §§ 2, 9, 10 StabG, 50 HGrG; § 7 FernstraßenausbauG; § 30 AbgG; § 2 Abs.1 WehrbeauftrG; § 5 Abs.2 StrahlenschutzvorsorgeG.

47 2 Jahre: § 96 BVertrG; § 12 StabG; § 5 Abs.3 BStatG; §§ 24b Abs.5, 50 GWB; § 16d TierschutzG; § 26 Abs.1 BDSG; § 8 Abs.7 WohngeldG; § 35 BAföG.

48 3 Jahre: § 141 Abs.4 SGB V.

49 BGBl.I 306.

50 BGBl.I 2127.

51 BGBl.I 1417.

Im Zusammenhang mit der nachträglichen Überprüfungspflicht bei Gesetzen hat das Bundesverfassungsgericht entschieden, daß der Gesetzgeber gehalten ist, *in regelmäßigen Abständen* Überprüfungen bestehender Regelungen durchzuführen, etwa bei Sonderabgaben[52]. Für diese wird wegen der gegen die Haushaltsflüchtigkeit bestehenden Bedenken die jährliche Mitteilung der Einnahmen und Ausgaben des jeweiligen Fonds entsprechend der jährlichen Vorlage des Entwurfs des Haushaltsplanes angemessen sein. Hinzukommen muß - in größeren Abständen - die Überprüfung der besonderen Finanzverantwortlichkeit der belasteten Gruppe[53].

Mit Bedingungen, deren Eintritt erst die jeweilige Berichtspflicht auslöst, sind ebenfalls einige Berichtspflichten versehen. Zum Beispiel bestehen gemäß §§ 64, 65 BHO Berichtspflichten bei der Veräußerung bestimmter bundeseigener Grundstücke und Beteiligungen an privatrechtlichen Unternehmen. Erst im Fall der Veräußerung muß berichtet werden. Auch die Regelung des § 37 Abs.4 BHO bestimmt nur im Falle über- und außerplanmäßiger Ausgaben eine Berichtspflicht.

Schließlich hat nach Art.2 ZustGRömV die Bundesregierung den Bundestag über die Entwicklungen in den Räten der Europäischen Wirtschaftsgemeinschaft und der Atomgemeinschaft "laufend" zu unterrichten[54]. Es kann hier dahingestellt bleiben, ob es sich dabei um eine Pflicht zur regelmäßigen Berichterstattung handelt, die auch die Mitteilung beinhaltet, daß keine neuen Entwicklungen zu verzeichnen sind, oder ob nur bedingt durch neue Entwicklungen, dann aber umgehend, berichtet werden soll. In der Praxis bedeuten diese theoretischen Differenzierungen wegen der sehr großen Zahl der "laufenden" EG-Vorlagen keinen Unterschied[55].

IV. Berichtszeitpunkt

Auch die Frage des Berichtszeitpunktes bei einmaligen oder periodisch vorzulegenden Berichten ist in der Regel ein Problem der Zweckmäßigkeit[56]. Zum einen muß dabei der für den Bericht erforderliche Zeitaufwand berücksichtigt werden, der bei umfangreichen Berichten mehrere Jahre umfas-

---

52 Vgl. BVerfGE 82, 181.

53 Vgl. 6.Teil, II. 3.

54 Näher dazu 3.Teil, III. 2. b).

55 In der 7.Wahlperiode betrug die Zahl der EG-Vorlagen 1189; vgl. Ritzel/Bücker, § 93 S.2.

56 Zum Berichtszeitpunkt vgl. Schindler, Datenhandbuch 1949-82, S.448ff., 1980-87, S.379ff. mit den Berichtszeitpunkten sowie den Berichtsfrequenzen aller Berichtswünsche von 1949 bis 1987.

sen kann. Sehr oft liegt der Berichtszeitpunkt dann in den folgenden Wahlperioden, was schwierige, mit dem Grundsatz der sachlichen Diskontinuität zusammenhängende Probleme aufwirft[57]. Zum anderen können auch politische Erwägungen eine Rolle spielen. Ein Bericht am Ende einer Wahlperiode kann etwa schon in den Wahlkampf einbezogen werden und damit der politischen Auseinandersetzung und weniger der Sacharbeit dienen. Ein Bericht in der Mitte der Legislaturperiode wird mehr die Sacharbeit des Bundestages unterstützen und dafür möglicherweise in den Ausschüssen "verschwinden".

In der Praxis werden deshalb zahlreiche unterschiedliche Zeitpunkte bestimmt. Meist wird ein bestimmtes Datum angegeben; andere Angaben sind jedoch auch festzustellen[58].

Häufig verzichtet die Praxis ganz auf die Angabe eines Berichtszeitpunktes[59]. Dieses Verfahren empfiehlt sich jedoch nicht. In diesen Fällen kommt es vergleichsweise oft dazu, daß gar kein Bericht erstattet wird und die Berichtsanforderung sowohl beim beauftragten Berichterstatter als auch beim Bundestag in Vergessenheit gerät[60].

In einigen Geschäftsordnungen der Landtage ist für parlamentarische Berichte ein genereller Berichtszeitpunkt bestimmt, z.B. in § 37 Abs.1 bad.-württ.GOLT und § 105 rheinl.-pfälz. GOLT. Danach hat die Regierung innerhalb von 6 Monaten zu berichten. Ein gesonderter Berichtszeitpunkt wird in den einzelnen Berichtsersuchen nur dann festgelegt, wenn von der allgemeinen Regel abgewichen wird.

V. Berichtsform

Bereits eingangs wurde erwähnt, daß parlamentarische Berichte grundsätzlich in beliebiger Form übermittelt werden können[61].

Auch das Berichtsgesetz oder -ersuchen kann einen schriftlichen oder mündlichen Bericht verlangen; hier von Interesse ist die Frage, in welcher Form die Bundesregierung als hauptsächlich in Anspruch genommener Berichterstatter die Berichtspflicht zu erfüllen hat.

---

57 Dazu unten im 10.Teil.

58 Der Beschluß vom 22.6.1978, BT-Ds 8/565, verlangte einen einmaligen "Bericht über die Erfahrungen mit der Einführung der Sommerzeit" "nach Ablauf der beiden ersten Sommerzeitperioden".

59 Vgl. Schindler, aaO. "ohne Termin".

60 Dazu anfangs des 6.Teils.

61 Vgl. oben 1.Teil, I. 6.

Fordert ein Berichtsgesetz einen schriftlichen Bericht, ist dies nach Art.20 Abs.3 GG bindend. Die Bundesregierung muß also schriftlich berichten.

Wird von einem Berichtsbeschluß ein schriftlicher Bericht verlangt, könnte das Ersuchen ebenfalls nach Art.43 Abs.1 GG verbindlich sein[62]. Art.43 Abs.1 GG kann jedoch nicht entnommen werden, daß das Parlament auch die Form des Berichts bestimmen kann. Wenn um einen schriftlichen Bericht ersucht wird und die gewünschten Informationen inhaltsgleich mündlich mitgeteilt werden, ist der Berichtsauftrag erfüllt. Ein zusätzlicher, schriftlicher Bericht gleichen Inhalts wäre überflüssig, zumal die mündlichen Ausführungen protokolliert werden und damit außer dem mündlichen nach kurzer Zeit auch ein schriftlicher Bericht vorliegt.

Verlangt die Berichtspflicht einen mündlichen Bericht, ist darin, sofern die Bundesregierung zu berichten hat, gleichzeitig ein Zitierverlangen nach Art.43 Abs.1 GG zu sehen. Ein schriftlicher Bericht genügt daher nicht, da nach Art.43 Abs.1 GG der Bundestag die Anwesenheit des jeweiligen Regierungsmitglieds verlangen kann. Ein Regierungsmitglied muß in diesem Fall vor dem Plenum erscheinen und mündlich berichten.

62 Vgl. dazu oben im 7.Teil, II., 7.

9.Teil: Grenzen

I. Das Problem der Grenzen parlamentarischer Berichtspflichten als Problem der Normenkollision

Ebenso wie andere Informationsmittel des Parlamentes sind auch Berichtspflichten rechtsstaatlichen Grenzen unterworfen. Die Information ist nicht schrankenlos zulässig, da alleine die Information schon Belastungen und Eingriffe in Rechte von Bürgern und anderen staatlichen Institutionen bedeuten kann[1]. Anders als bei den sonstigen Informationsmitteln verkompliziert sich die Frage der Begrenzungen der Berichtspflichten aber wegen ihrer unterschiedlichen Formen:

Berichtspflichten können durch eine Verfassungsnorm, ein einfaches Gesetz oder einen "schlichten" Parlamentsbeschluß festgelegt werden; ebenso liegen Verfassungsnormen und Gesetze den in Frage kommenden Grenzen zugrunde. Damit bedeutet das Problem der Grenzen der Berichtspflichten zunächst ein Problem der *Normenkollision.*

Allgemein werden Normenkollisionen dadurch gelöst, daß nach Art.20 Abs.3 GG die Verfassung Vorrang vor dem einfachen Gesetz hat und dieses wiederum anderen Handlungsformen übergeordnet ist ("Vorrang des Gesetzes"). Damit besteht ein unterschiedliches Rangverhältnis, bei dem die höherrangige der niederrangigen Norm vorgeht. Sind die kollidierenden Normen jedoch gleichrangig, muß versucht werden, beiden im Wege "praktischer Konkordanz" zu optimaler Wirksamkeit zu verhelfen[2]. Gelingt dies nicht, geht die spätere der früheren Norm vor ("lex posterior derogat legi priori")[3].

Angewandt auf Berichtspflichten bedeutet dies, daß die Grenzen einer Berichtspflicht umso weiter sind, je höherrangig die Form der Berichtspflicht ist. Eine Berichtspflicht auf Verfassungsebene muß sich nicht an einfachgesetzliche Grenzen halten; eine durch "schlichten" Parlamentsbeschluß festgelegte Berichtspflicht hingegen ist sowohl Verfassungs- als auch einfachgesetzlichen Normen unterworfen.

---

1 Vgl. BVerfGE 65, 1, 41ff., 43 Volkszählungsurteil.

2 Hesse, Grundzüge des Verfassungsrechts, Rdnr.72.

3 Vgl. nur H.Schneider, Gesetzgebung, Rdnr.553ff.

Befinden sich die Berichtspflicht und die jeweilige Grenze auf der gleichen Ebene, geht, sofern keine "praktische Konkordanz" herzustellen ist, im Kollisionsfall die (spätere) Berichtspflicht der (früheren) Grenze vor. Damit kann etwa ein Berichtsgesetz allgemeine gesetzliche Schranken im Einzelfall aufheben.

Es ist aber in jedem Fall zu prüfen, ob die Durchbrechung allgemeiner Prinzipien im Einzelfall der Berichtspflicht tatsächlich beabsichtigt war. Nur wenn durch Auslegung ermittelt werden kann, daß ein Fall der Kollision der Berichtspflicht mit bestimmten Grenzen vorliegt und das Parlament hier der Berichtspflicht den Vorrang einräumen und allgemeine Grenzen durchbrechen wollte, kann der "lex-posterior-Grundsatz" zur Anwendung kommen.

Um die Auslegung zu erleichtern, ist zu fordern, daß derartige Einschränkungen allgemeiner Gesetze aus Gründen der Normenklarheit in der Berichtspflicht *ausdrücklich* angeordnet werden. Für verfassungsändernde Gesetze ist dies in Art.79 Abs.1 GG im übrigen bestimmt, ebenso nach § 30 Abs.4 Nr.2 AO für das Steuergeheimnis.

II. Die Informationszuständigkeit des Bundestages

Die Informationszuständigkeit des Bundestages ist im Grundgesetz nicht ausdrücklich geregelt. Regelungen gefunden haben jedoch seine Befugnisse zur Gesetzgebung und seine Kreationskompetenz, etwa die Befugnis zur Wahl des Bundeskanzlers nach Art.63 GG. Die Kontrollkompetenz ist lediglich in Art.45b GG beiläufig und nachträglich erwähnt; allerdings werden im Grundgesetz eine Reihe von Mitteln zur Wahrnehmung der Kontrollkompetenz aufgeführt, z.B. Art.43 Abs.1, 44, 45b, 45c, 67 GG, so daß eine grundsätzliche Kontrollkompetenz unstreitig ist.

Die Kompetenz zur Information kann nicht weitergehen, als die Befugnis, "in der Hauptsache" regelnd und entscheidend tätig zu werden. Eine Information über Gegenstände, zu deren Regelung auf Seiten des Bundestages keine Befugnis besteht, wäre überflüssig und für die Betroffenen eine unnötige und zu vermeidende Belastung. Andererseits kann die Informationszuständigkeit vom Umfang her auch nicht geringer sein als die Kompetenzen "in der Hauptsache", da grundsätzlich für jede Regelungskompetenz Informationen notwendig sind. Demzufolge steht die Informations- mit Handlungs- und Entscheidungskompetenzen in unmittelbarem Zusammenhang.

Damit ist die Kompetenz des Bundestages zur Information als *Annexkompetenz* seiner ihm als Entscheidungskompetenzen zustehenden Befugnisse aufzufassen[4]. Bestandteil einer Annexkompetenz sind schon nach der älteren Literatur sog. "Vorbereitungshandlungen", wozu auch die Information über den jeweiligen Gegenstand gehört[5].

Damit ist die Informationszuständigkeit als Annex der Kompetenzen "in der Hauptsache" sehr umfassend, so daß man mit einer gewissen Berechtigung von einer "Allzuständigkeit" des Parlamentes sprechen kann[6], ohne daß dies jedoch für den Bundestag eine pauschale Zuständigkeit ohne nähere Prüfung bedeuten könnte.

Das oben entwickelte Stufenverhältnis der Grenzen hat hier folgende Auswirkungen:

Zunächst ist festzuhalten, daß sich die Informationszuständigkeit des Bundestages und somit deren Begrenzung aus Verfassungsnormen ergibt. Damit sind Berichtspflichten unproblematisch, die durch ein "einfaches" Gesetz oder einen "schlichten" Parlamentsbeschluß festgelegt werden. Sie haben sich an der bestehenden Informationszuständigkeit des Bundestages zu orientieren. Demzufolge sind grundsätzlich Informationen unzulässig, die in Gesetzgebungskompetenzen der Länder eingreifen[7]. Sofern allerdings ein Bericht mit dem Ziel einer Änderung bestehender Zuständigkeiten zugunsten des Bundes angefordert wird, ist dies zulässig. Art.79 GG muß hier kompetenzbegründende Wirkung beigemessen werden[8]. Ansonsten gelangte man zum Ergebnis, daß, allein um die notwendigen Informationen über das fragliche Regelungsgebiet zu erlangen, die Verfassung geändert werden müßte, bevor man zur eigentlichen Verfassungsänderung schreiten könnte.

Sofern die Änderung bestehender Kompetenzverteilungsregeln jedoch nicht beabsichtigt ist, müßte ein verfassungsänderndes Berichtsgesetz in das Grundgesetz aufgenommen würde. Nur in diesem Fall könnten Kollisionen gleichrangiger Rechtsvorschriften auftreten, die nach der lex-posterior-Regel zugunsten der Berichtspflicht gelöst werden könnten. Diese Berichtspflicht auf Verfassungsebene könnte also bestehende Kompetenzverteilungsregeln für den Fall der Information des Bundestages bis in die Grenzen des

---

4 So insbesondere J.Linck, DÖV 1983, 958.

5 Vgl. Triepel in: Die Kompetenzen des Bundesstaates und die geschriebene Verfassung, in: Staatsrechtliche Abhandlungen, Festgabe für Paul Laband, 2.Bd., 1908, S.247ff., 303; ihm folgend Achterberg, Die Annexkompetenz, DÖV 1966, S.695ff., 699; in diesem Sinne auch v.Münch in: ders, Art.70 Rdnr.20.

6 Herzog in: M/D/H/S, Art.20 Abschnitt VI Rdnr.44.

7 J.Linck, DÖV 1979, 120, nennt als Beispiel einen Bericht an den Bundestag, der sich mit Mängeln im Schulwesen eines bestimmten Bundeslandes beschäftigen wollte, und umgekehrt einen Bericht an einen Landtag, der sich mit außenpolitischen Fragen befassen soll.

8 In diesem Sinne J.Linck, DÖV 1979, 120.

Art.79 Abs.3 GG ändern[9]. Zulässig wäre daher eine Berichtspflicht auf Verfassungsebene, die sich mit ausschließlichen Länderzuständigkeiten beschäftigte und diese im Einzelfall ausdrücklich (Art.79 Abs.1 GG) änderte. Unzulässig wäre eine Berichtspflicht etwa, die vorbereitend über die Auswirkungen einer Gliederung der Bundesrepublik als Zentralstaat zu Berichten aufforderte, da damit die nach Art.79 Abs.3 GG unveränderbare Gliederung des Bundes in Länder berührt wäre.

Das Fortbestehen des Art.146 GG in veränderter Form trotz der Wiederherstellung der deutschen Einheit durch den Einigungsvertrag 1990 führt zu keinem anderen Ergebnis, da nunmehr außer Zweifel steht, daß auch im Verfahren nach Art.146 GG die Bindungen des Art.79 GG zu beachten sind[10].

III. Grundrechte

Grenzen parlamentarischer Berichtspflichten ergeben sich außerdem aus den Grundrechten. Berichtspflichten sind zwar als Gegenstand dieser Arbeit nicht an Bürger gerichtet[11]; jedoch ist es denkbar, daß etwa die Bundesregierung zur Übermittlung ihr zur Verfügung stehender personenbezogener Daten an den Bundestag verpflichtet werden soll.

1. Verfassungsrechtlicher Maßstab

Da Gegenstand der Berichtspflichten die Weiterleitung von Informationen ist, kommt für möglicherweise betroffene natürliche Personen das allgemeine Persönlichkeitsrecht in seiner Ausprägung als "Recht auf informationelle Selbstbestimmung" nach Art.2 Abs.1 i.V.m. Art.1 Abs.1 GG in Betracht[12]. Juristische Personen können am Schutz des allgemeinen Persönlichkeitsrechts nicht teilhaben; für sie bleibt als in Frage kommendes Recht Art.14 GG[13].

---

9 Vgl. J.Linck, ZRP 1987, 11ff., 12.

10 Vgl. v.Mangoldt/Klein/v.Campenhausen, Art.146 Rdnr.17; Denkschrift zum Einigungsvertrag in BT-Ds 11/7760, S.355ff., 359. Huba, Das Grundgesetz als dauerhafte gesamtdeutsche Verfassung in: Der Staat 30(1991), S.367ff., 373ff., hält Art.146 GG n.F. sogar für verfassungswidrig.

11 Vgl. 1.Teil, I. 7.

12 BVerfGE 65, 1, 43 (Volkszählung); 67, 100, 142f. (Flick-Untersuchungsausschuß); Schmitt Glaeser in: HdBStR VI, § 129 Rdnr.88; Breuer, ebenda, § 148 Rdnr.26.

13 Schmitt Glaeser, aaO., Rdnr.88; Breuer in HdBStR VI, § 148 Rdnr.26.

Der Schutz der informationellen Selbstbestimmung ist in verschiedenen gesetzlichen Vorschriften konkretisiert. Beachtet werden müssen etwa das Statistikgeheimnis nach § 16 BStatG, das Steuergeheimnis nach § 30 AO, das Sozialgeheimnis nach den §§ 67ff. SGB X und das Brief, Post- und Fernmeldegeheimnis nach Art.10 GG.

Insbesondere das Statistikgeheimnis ist in der Praxis von Relevanz, da Statistiken in Berichten ein sehr gebräuchliches Mittel zur Darstellung bestimmter Sachgebiete sind. Als Beispiel für ein Grundrechte betreffendes Berichtsgesetz kann § 6 des "Gesetzes über eine Untersuchung der Konzentration in der Wirtschaft" vom 31.Dezember 1960[14] angeführt werden. Der "Bericht über das Ergebnis einer Untersuchung der Konzentration in der Wirtschaft" vom 5.Juni 1964[15] nannte u.a. die größten Unternehmen bestimmter Wirtschaftszweige in Statistiken namentlich und führte Ursachen für Wirtschaftskonzentrationen auf, um dann durch Gesetz gegen die Wirtschaftskonzentrationen und damit auch gegen die jeweiligen Unternehmen vorgehen zu können[16]. Ein Beispiel für einen Bericht, der das allgemeine Persönlichkeitsrecht einer natürlichen Person berührte, ist nicht ersichtlich. Das Problem ist daher praktisch von geringer Bedeutung.

Das "Recht auf informationelle Selbstbestimmung" hat mit dem Urteil des Bundesverfassungsgericht zum Volkszählungsgesetz seine Anerkennung gefunden[17]. Es gewährleistet den Schutz des Einzelnen vor der Preisgabe *und der Verwendung* seiner persönlichen Daten. Einschränkungen bedürfen einer gesetzlichen Grundlage[18].

Auch für die Übermittlung persönlicher Daten an den Bundestag - die "Verwendung und Weitergabe" - ist daher eine gesetzliche Grundlage erforderlich, da das Gericht den Schutz vor der Preisgabe und vor der Verwendung der Daten gleichwertig nebeneinander stellt[19]. Außerdem verlangt das Gericht einen "amtshilfefesten Schutz" der Daten[20], was ebenfalls für die Geltung des Vorbehalts des Gesetzes in diesem Falle spricht.

---

14 BGBl.1961 I 9.

15 BT-Ds IV/2320, S.27, 33, 84, 85; zu IV/2300.

16 Der Bericht diente der Vorbereitung des 1.Gesetzes zur Änderung des GWB v.15.9.1965, BGBl.I 1363.

17 BVerfGE 65, 1, 43f.; vgl. auch 67, 100, 142f. Flick-Urteil.

18 BVerfGE 65, 1, Ls 1 und 2, 43.

19 Ebenso Gerhard Groß, Das Recht auf informationelle Selbstbestimmung mit Blick auf die Volkszählung 1987, das neue Bundesstatistikgesetz und die Amtshilfe, in: AöR 113 (1988), S.161ff., 207f.; a.A.: Scholz/Pitschas, Informationelle Selbstbestimmung und staatliche Informationsverantwortung, S.177.

20 BVerfGE 65, 46.

Fraglich ist, welche Norm die erforderliche Ermächtigungsgrundlage darstellen könnte. Hinsichtlich der der Exekutive gewährten "Amtshilfe durch Informationshilfe" zieht die Literatur als erforderliche gesetzliche Grundlage zunächst Art.35 Abs.1 GG in Betracht[21]. Bezogen auf die Informationshilfe gegenüber dem Bundestag kommt Art.43 Abs.1 GG als notwendige Ermächtigungsnorm in Frage[22]. Ebenso wie Art.35 Abs.1 GG sagt Art.43 Abs.1 GG jedoch nichts über den Umfang der Informationspflicht aus. Beide Normen legen nur grundsätzliche Informations- und Beistandspflichten fest; ob diese Pflichten soweit gehen, auch in das allgemeine Persönlichkeitsrecht des Einzelnen einzugreifen, läßt sich den Bestimmungen nicht entnehmen[23]. Demnach sind andere gesetzliche Normen erforderlich, um dem Parlament die Übermittlung personenbezogener Daten zu ermöglichen.

Derartige Gesetze können gesetzliche Berichtspflichten sein. Berichtsgesetze haben zwar als Organgesetze[24] in der Regel individuellen und nicht generellen Charakter[25]. Trotzdem sind sie mit Art.19 Abs.1 Satz 1 GG zu vereinbaren. Das Verbot des grundrechtsbeschränkenden Einzelfallgesetzes bezieht sich lediglich auf den grundrechtsrelevanten Einzelfall des Bürgers und nicht auf andere, nicht grundrechtsfähige Staatsorgane[26].

Damit dürfen aber "schlichte" Parlamentsbeschlüsse, die von der Bundesregierung die Übermittlung personenbezogener Daten verlangen, grundsätzlich nicht in das "Recht auf informationelle Selbstbestimmung" eingreifen, da sie dem Gesetzesvorbehalt nicht genügen. Lediglich wenn ein Gesetz die Übermittlung personenbezogener Daten an das Parlament aufgrund von Berichtsersuchen zuließe, wäre die Übermittlung erlaubt. Ein solches generelles Gesetz ist nicht ersichtlich; allerdings bestehen für bestimmte Einzelfälle Ermächtigungsgrundlagen:

---

21 Vgl. dazu etwa Bernhard Schlink, Datenschutz und Amtshilfe, NVwZ 1986, S.249; ders., Das Recht der informationellen Selbstbestimmung, in: Der Staat 25 (1986), S.253ff.; Schmitt Glaeser, aaO., Rdnr.105 FN 351 m.w.N.

22 Vgl. den 7.Teil, I. 1. und 7.

23 Vgl. zu Art.35 Abs.1 GG Groß, aaO., S.209 mit zahlreichen Nachweisen auch auf die Rspr. des BVerwG; Scholz/Pitschas, aaO., S.117 FN 401 mit Nachweisen auf die Rspr. des BVerfG.

24 Vgl. Stern, Staatsrecht I, § 20 IV 4 f m.w.N.; P.Kirchhof in: HdBStR III, § 59 Rdnr.143.

25 So auch J.Linck, DÖV 1979, S.119.

26 Vgl. zum Ganzen Herzog in: M/D/H/S, Art.19 Abs.1 Rdnr.31ff. m.w.N.

2. *Ermächtigungsgrundlagen*

a) *§ 16 Abs.4 BStatG (Statistikgeheimnis)*

Nach § 16 Abs.4 BStatG ist die Übermittlung der in der Praxis wichtigen "Tabellen mit statistischen Angaben", darunter auch der sog. "statistischen Eins"[27], trotz des in § 16 BStatG angeordneten Statistikgeheimnisses gestattet. Das Bundesstatistikgesetz vom 22.Januar 1987[28] wurde aufgrund des "Volkszählungsurteils" neu gefaßt.

Nach dem Wortlaut von § 16 Abs.4 darf das Statistische Bundesamt derartige Tabellen den obersten Bundes- oder Landesbehörden - den Ministerien, die parlamentarische Informationswünsche federführend bearbeiten - *zur Verwendung gegenüber den gesetzgebenden Körperschaften* übermitteln. Davon umfaßt ist auch die weitere Übermittlung der Tabellen von den Ministerien an die Parlamente, da eine Weiterleitung des Statistischen Bundesamtes an die Ministerien wenig sinnvoll wäre, wenn diese sie gegenüber den gesetzgebenden Körperschaften nur aufgrund eines zusätzlichen Gesetzes verwenden könnten. Auch Berichtsersuchen, ebenso wie im übrigen die nicht gesetzlich geregelten parlamentarischen Anfragen[29], können daher Tabellen mit personenbezogenen statistischen Angaben anfordern.

Die Regelung des § 16 Abs.4 BStatG ist als verfassungsgemäß zu beurteilen, da sie dem besonderen Informationsbedürfnis des Gesetzgebers Rechnung trägt[30]. Angesichts der vielen und immer komplexeren Regelungsmaterien ist eine vernünftige Gesetzgebung ohne statistische Angaben heute kaum mehr möglich[31]. Auch die Übermittlung der "statistischen Eins" ist mit dem "Recht auf informationelle Selbstbestimmung" zu vereinbaren, da es dem Bundestag möglich ist, Maßnahmegesetze, die nicht in Grundrechte eingreifen, zu verabschieden. Das Parlament muß sich auch über diesen Einzelfall informieren können.

---

27 Ein bestimmter Tatbestand der Statistik wird nur von einer Person erfüllt, vgl. Dorer/Mainusch/Tubies, BStatG, § 16 Rdnr.1ff.

28 BGBl.I 462.

29 Vgl. Dorer/Mainusch/Tubies, BStatG, § 16 Rdnr.39.

30 Vgl. ebenso Groß, aaO., S.201.

31 So der Abg. Broll in der 2.Lesung des BStatG in BT-StenoB 10/253/4.12.1986, S.19763D; vgl. auch BVerfGE 65, 47.

b) § 30 Abs.4 Nr.5 AO (Steuergeheimnis)

Das Steuergeheimnis als solches ist nach der Entscheidung des Bundesverfassungsgerichts zum Flick-Untersuchungsausschuß kein Grundrecht[32], ist aber nach § 30 AO zu wahren. Jedoch kann die Geheimhaltung bestimmter steuerlicher Angaben und Verhältnisse durch grundrechtliche Verbürgungen, insbesondere das allgemeine Persönlichkeitsrecht, geboten sein.

Eine gesetzliche Grundlage für die Offenlegung von Daten, die dem Steuergeheimnis unterliegen, ist § 30 Abs.4 Nr.5 AO. Danach können solche Daten offenbart werden, wenn ein "zwingendes öffentliches Interesse" besteht. Das Bundesverfassungsgericht hat ein "zwingendes öffentliches Interesse" im Flick-Urteil im Rahmen einer verfassungskonformen Auslegung bei Offenbarungen gegenüber parlamentarischen Untersuchungsausschüssen namentlich dann bejaht, wenn nach § 30 Abs.4 Nr.5 Buchstabe c AO "die Offenbarung erforderlich ist zur Richtigkeit in der Öffentlichkeit verbreiteter unwahrer Tatsachen, die geeignet sind, das Vertrauen in die Verwaltung erheblich zu erschüttern."[33] Von der Literatur ist die Entscheidung darüberhinaus dahingehend gewertet worden, daß bei Offenbarungen gegenüber parlamentarischen Untersuchungsausschüssen das nach § 30 Abs.4 Nr.5 AO notwendige "zwingende öffentliche Interesse" gegeben ist[34].

Für Berichtsersuchen, die das Parlamentsplenum faßt, muß dies erst recht gelten. Wegen der unbestimmten Formulierung in § 30 Abs.4 Nr.5 AO erscheint allerdings eine bestimmtere Regelung - entsprechend § 16 Abs.4 BStatG - wünschenswert, die die Informationsbedürfnisse des Bundestages berücksichtigt[35].

Berichts*gesetze* stellen schon selbst die erforderliche Ermächtigungsgrundlage dar. Daten, die dem Steuergeheimnis nach § 30 AO unterliegen, können daher in der Regel durch Berichtsgesetze angefordert werden.

Als höherrangige Grenze kommen dann jedoch die grundrechtlichen Verbürgungen des (einfachgesetzlichen) Steuergeheimnisses in Betracht, etwa das allgemeine Persönlichkeitsrecht in Art.2 Abs.1, 1 Abs.1 oder Art.14 GG. Da diese Grundrechte Gesetzesvorbehalte enthalten, kann aber ein Berichtsgesetz in diese Rechte unter Berücksichtigung des Verhältnismäßigkeitsgrundsatzes und des Gebotes der Normenklarheit eingreifen[36].

---

32 BVerfGE 67, 100, vgl. Ls 5b, S.142ff.; BVerfG NJW 1991, 2129, 2132 zur Besteuerung von Einkünften aus Kapitalvermögen.

33 BVerfGE 67, 141f.; vgl. auch BVerfG NJW 1991, 2132.

34 Vgl. Tipke/Kruse, AO, § 30 Rdnr.68a m.w.N.

35 Vgl. Tipke/Kruse, aaO.

36 BVerfGE 65, 44.; BVerfG NJW 1991, 2132.

3. *Scheinbare Ausnahmen*

Die Übermittlung personenbezogener Daten bedarf daher einer gesetzlichen Grundlage, wobei diese ein Berichtsgesetz sein kann.

Scheinbare Ausnahmen erfährt dieser Grundsatz allerdings in mehreren Fällen[37]:

Zunächst handelt es sich nicht um personen- sondern "amtsbezogene" Daten, wenn das Parlament sich im Rahmen seiner Kontrollfunktion über die Amtsführung eines bestimmten Regierungsmitglieds informiert. Das jeweilige Regierungsmitglied muß sich die öffentliche Auseinandersetzung mit seiner Amtsführung gefallen lassen, was sich aus der verfassungsrechtlichen Anerkennung der Kontrollkompetenz, vgl. Art.45b GG, und dem Grundsatz der Öffentlichkeit der Plenarverhandlungen, vgl. Art.42 Abs.1 GG, ergibt.

Desweiteren ist eine Geheimhaltung personenbezogener Daten nicht geboten, wenn das jeweilige Datum bereits allgemein bekannt ist und damit die Übermittlung an den Bundestag keinen Eingriff in die Rechte des Betroffenen darstellt. So müssen etwa die Namen bei Angaben über die marktbeherrschende Stellung der verschiedenen Unternehmen der Mineralölwirtschaft nicht geheimgehalten werden, da die Zuordnung der einzelnen Angaben zu den wenigen Unternehmen dieses Industriezweigs unschwer möglich ist.

Schließlich kann auf eine Geheimhaltung verzichtet werden, wenn der jeweilige Betroffene mit der Offenlegung einverstanden ist.

4. *Geheimhaltung durch den Bundestag*

Wie sich für das Statistikgeheimnis aus § 16 Abs.10 BStatG ergibt, müssen die personenbezogenen Daten nach ihrer Übermittlung an den Bundestag geheimgehalten werden. Es muß bezweifelt werden, ob die Vorschriften insbesondere der Geschäftsordnung des Bundestages dies gewährleisten. Die Geheimschutzordnung des Bundestages betrifft lediglich aus Gründen des Staatsschutzes geheimzuhaltende Gegenstände, vgl. § 2 GSOBT[38]. Zwar kann bei Verhandlungen des Plenums die Öffentlichkeit nach Art.42 Abs.1 Satz 2 GG ausgeschlossen werden. Allerdings ist dafür eine Zweidrittelmehrheit erforderlich; außerdem müssen die jeweiligen Berichte nach § 77 Abs.1 GOBT gedruckt und verteilt (Auflage: 3.500 Stück[39]) werden.

---

37 Vgl. dazu Geck, Fragestunde, S.96.

38 Die GSOBT wird jedoch in der Praxis analog auf die Geheimhaltung privater Angelegenheiten angewandt, vgl. Jahn/Engels in: Schneider/Zeh, § 20 Rdnr.20f.

39 Kißler in: Schneider/Zeh, § 36 Rdnr.34.

Insoweit ist daher auf Seiten des Bundestages die Geheimhaltung personenbezogener Daten noch nicht umfassend gewährleistet.

IV. Der "Kernbereich exekutiver Eigenverantwortung"[40]

Der Kernbereich der Exekutive ist Bestandteil der "Ewigkeitsgarantie" des Art.79 Abs.3 GG[41] und daher in allen Fällen, in denen die Regierung zu Berichten verpflichtet wird, zu beachten[42].

Der Kernbereich exekutiver Eigenverantwortung folgt nach der Entscheidung des Bundesverfassungsgerichts zum Flick-Untersuchungsausschuß[43] aus dem Gewaltenteilungsprinzip und der Verantwortung der Regierung gegenüber Parlament und Volk. Er beinhalte einen "nicht ausforschbaren Initiativ-, Beratungs- und Handlungsbereich" der Regierung. Dazu gehöre z.B. die Willensbildung der Regierung selbst, sowohl hinsichtlich der Erörterungen im Kabinett als auch bei der Beratung von Kabinetts- und Ressortentscheidungen, die sich vornehmlich in ressortübergreifenden und -internen Abstimmungsprozessen vollziehe.

Die Kontrollkompetenz des Bundestages erstrecke sich demnach grundsätzlich nur auf *bereits abgeschlossene* Vorgänge. Sie enthalte nicht die Befugnis, in laufende Verhandlungen und Entscheidungsvorbereitungen einzugreifen. Aber auch bei abgeschlossenen Vorgängen seien Fälle möglich, in denen die Regierung aus dem Kernbereich exekutiver Eigenverantwortung geheimzuhaltende Tatsachen mitzuteilen nicht verpflichtet sei.

Die beiden vom Gericht herausgestellten Merkmale haben auf das parlamentarische Berichtswesen folgende Auswirkungen:

Die Beschränkung auf abgeschlossene Vorgänge wird Berichte praktisch kaum betreffen, da der Berichtszeitpunkt meist recht weit in die Zukunft bemessen ist, so daß in der Regel der regierungsinterne Beratungsvorgang dann schon abgeschlossen sein wird.

Die Beschränkung auf abgeschlossene Vorgänge kann im übrigen nicht dahingehend ausgelegt werden, daß lediglich mit einem formellen Entscheidungsakt - etwa einem Kabinettsbeschluß - beendete Vorgänge, Gegenstand

---

40 Vgl. dazu instruktiv aus Sicht der Exekutive: Busse, DÖV 1989, 45ff.

41 Bryde in: v.Münch, Art.79 Rdnr.43.

42 Gegenüber den Grundrechten hat die Frage des Kernbereichs praktisch erheblich größere Relevanz, da für das Parlament, insbesondere für seine gesetzgebende Tätigkeit, "Regierungsinterna", wie ausgeschiedene alternative Gesetzesvorschläge, regelmäßig von Interesse sind.

43 BVerfGE 67, 100, 139.

eines parlamentarischen Informationsbegehrens sein könnten. Auch Vorgänge, die "im Sande verlaufen" sind und zu keiner Entscheidung führten, müssen hinterfragt werden können. Ansonsten wäre in keinem Fall eine Auskunft über exekutives Unterlassen möglich. Dabei dürfte es im Einzelfall schwierig sein, die Grenze zwischen einem Abschluß eines Vorganges durch ein Unterlassen und einem noch nicht abgeschlossenen Vorgang zu bestimmen. Ein Mittel, diese Zweifelsfrage zu umgehen, ist die Bestimmung eines angemessen langen Berichtszeitpunktes.

Wichtiger als die Beschränkung auf abgeschlossene Vorgänge ist daher die sachliche Reichweite des Kernbereichs der Exekutive. In den Bereich des "nicht ausforschbaren Initiativ-, Beratungs- und Handlungsbereichs" fällt der Inhalt aller Beratungen, Gespräche, Sitzungen etc. *auf dem Weg* zu "abgeschlossenen Vorgängen", also Entscheidungen. Umfaßt sind also die Protokolle derartiger Beratungen, insbesondere die Protokolle der Kabinettssitzungen, außerdem der Inhalt von Ministergesprächen oder auch den Gesprächen mit Fachleuten[44]. Sofern allerdings derartige Beratungen mit einer formellen Entscheidung zum Abschluß gelangt sind, muß es dem Parlament möglich sein, zumindest deren Inhalt zu erfahren, wenn ihm auch die Kenntnis des Wegs dorthin versperrt ist. Eine solche Entscheidung gehört nicht zum nicht ausforschbaren Beratungsbereich. Demzufolge besteht für das Parlament kein Hindernis, sich etwa über den Inhalt von Kabinettsbeschlüssen informieren.

Wie bereits ausgeführt wurde, halten Berichtspflichten die Bundesregierung in einigen Fällen zu Planungen an, deren Ergebnis dem Bundestag mitzuteilen ist. Damit informiert sich der Bundestag nicht über laufende oder abgeschlossene Vorgänge; vielmehr initiiert er oft über die Berichtspflicht die Planung. Auch in diesen Fällen muß es allerdings bei einem exekutiven Kernbereich bleiben; die Bundesregierung ist also nicht verpflichtet, den Inhalt der regierungsinternen Beratungen offenzulegen, sondern nur das Ergebnis, den Plan selber.

V. Die Unabhängigkeit der Richter

Die Unabhängigkeit der Gerichte gehört zum Kernbestand der Verfassung nach Art.79 Abs.3 GG. Art.20 GG mit dem in den Absätzen 2 und 3 verankerten Gewaltenteilungsprinzip, aus dem die Unabhängigkeit der Gerichte zu

---

44 Näher Busse, aaO., S.51ff.

folgern ist, ist von Art.79 Abs.3 GG mitumfaßt[45]. Demnach haben alle parlamentarischen Berichtspflichten diese Grenze zu beachten, selbst Berichtspflichten auf Verfassungsebene.

Wie erläutert wurde[46], sind an Gerichte adressierte Berichtsgesetze und -ersuchen grundsätzlich zulässig. Eine vermeidbare Einflußnahme auf die Rechtsstellung des Richters ist aber verboten[47]. Diese Einflußnahme wird durch ein bloßes Informationsersuchen in der Regel nicht ausgeübt. Allerdings ist es in seltenen Fällen denkbar, daß auch das Ersuchen bereits vorweggenommene Wertungen und Einflußnahmen enthält, die das Parlament zum Tribunal über das Richterhandeln machen[48], wenn etwa ein bestimmter Richter dazu aufgefordert würde, dem Parlament die Gründe für sein skandalöses Fehlurteil zu nennen[49]. In einem so krassen Fall muß bereits die Anforderung der Information unzulässig sein.

VI. Staatsschutz

Berichtspflichten und Berichte müssen auch den Schutz des Staates und der Verfassung berücksichtigen. Diesem Zweck sind alle drei Staatsgewalten verpflichtet. Dabei gibt es - anders beim "Kernbereich exekutiver Eigenverantwortung" - keinen Vorrang der Exekutive[50], da geheimzuhaltende Tatsachen nicht nur auf Seiten der Exekutive, sondern auch auf Parlamentsseite entstehen, vgl. § 17 GOBT i.V.m. Anl.3, § 1 GSOBT[51].

Der Schutz der Verfassung genießt als Entscheidung für die "streitbare Demokratie" Verfassungsrang, vgl. Art.9 Abs.2, 18, 21 Abs.2, 91 GG[52]. Zu deren Kernbereich dürfte der Staatsschutz jedoch nicht gehören.

Ausgangspunkt der Untersuchung muß die Feststellung sein, daß der Schutz des Staates nur dadurch zu bewerkstelligen ist, wenn dessen Bürger von besonders sicherheitsrelevanten Dingen nichts erfahren. Demnach muß

---

45 Vgl. Maunz/Dürig in: M/D/H/S, Art.79 Rdnr.48; Herzog, ebenda, Art.97 Rdnr.3; Bryde in: v.Münch, Art.79 Rdnr.43; W.Meyer, ebenda, Art.97 Rdnr.5.

46 8.Teil, II. 3.

47 BVerfGE 12, 81, 88; 26, 79, 93; 55, 372, 389.

48 Vgl. Kisker, NJW 1981, 894. Dazu auch Vogelgesang, ZRP 1988, 8; Weis, DVBl.1988, 272; Maunz in M/D/H/S, Art.44 Rdnr.25 alle m.w.N.

49 Es handelt sich um ein konstruiertes Beispiel ohne Vorbild.

50 Vgl. BVerfGE 67, 100, 136.

51 Satz 1: "Diese Geheimschutzordnung gilt für Verschlußsachen (VS), *die innerhalb des Bundestages entstehen* oder dem Bundestag, seinen Ausschüssen oder Mitgliedern des Bundestages zugeleitet wurden."

52 Vgl. Herzog in: HdBStR III, § 58 Rdnr.31.

geprüft werden, ob trotz der "Öffentlichkeitsvorschriften" in Art.42 GG insbesondere durch die Geschäftsordnung des Bundestages sichergestellt ist, daß die Öffentlichkeit keine Kenntnis von geheimzuhaltenden Beratungsgegenständen erhält.

Angewandt auf das parlamentarische Berichtswesen ist zu fragen, ob die bestehenden Normen bei der Erörterung der Berichtsanforderungen, die möglicherweise schon geheimzuhalten sind, sowie den Berichten selber den Ausschluß der Öffentlichkeit ermöglichen.

1. Geheimhaltung der Berichtspflichten?

Schon Berichtsaufträge durch Gesetz oder Beschluß können der Geheimhaltung bedürfen; z.B. ist denkbar, daß um Auskunft über die Bewährung eines bestimmten Waffensystems ersucht wird, und damit alleine durch die Nennung des Systems bereits mitgeteilt wird, daß die Bundeswehr darüber verfügt, was an sich geheimzuhalten wäre.

Berichtsanforderungen durch Gesetz sind in jedem Falle schon deshalb der Öffentlichkeit zugänglich, da nach Art.82 Abs.1 GG *alle* Gesetze grundsätzlich in vollem Umfang im Bundesgesetzblatt verkündet werden müssen. Lediglich der Haushaltsplan muß nach Auffassung des Bundesverfassungsgerichts nicht in vollem Umfange verkündet werden[53].

Es könnte deshalb das zwischen Beschlüssen und Gesetzen zur Berichtsanforderung grundsätzlich bestehende Auswahlermessen insoweit reduziert sein, als lediglich Beschlüsse die zulässige Form der Berichtsanforderung darstellten.

Bundestagsbeschlüsse werden vom Plenum gefaßt. Nach Art.42 Abs.1 Satz 2 GG kann mit Zweidrittelmehrheit die Öffentlichkeit ausgeschlossen werden; ebenso müssen die in einer nichtöffentlichen Plenarsitzung gefaßten Beschlüsse nicht protokolliert werden[54], so daß von daher ein gewisser Geheimschutz besteht. Allerdings kann der so gewährleistete Geheimschutz nicht in jedem Falle ausreichend sein. Trotz des Ausschlusses der Öffentlichkeit können bei der Beratung und Abstimmung über das Berichtsersuchen sämtliche Abgeordneten mitwirken; in der 12.Legislaturperiode sind dies 662 Parlamentarier. Alleine durch diese große Zahl besteht erfahrungsgemäß ein großes Risiko, daß "undichte Stellen" der Öffentlichkeit die Beratungsgegenstände bekanntmachen. Demzufolge kann diese Art des Geheimschutzes nur für eines geringen Schutzes bedürfende Gegenstände ausrei-

---

53 BVerfGE 20, 56, 93 zur Parteienfinanzierung durch Zuschüsse aus dem Haushalt 1965.

54 Ritzel/Bücker, § 19, 2 g.

chen, etwa des Grades VS-nur für den Dienstgebrauch oder VS-vertraulich, vgl. § 2 GSOBT. Andere, schon durch die Fassung des Berichtsersuchens bekanntwerdende Gegenstände können daher durch Berichtsersuchen des Plenums nicht angefordert werden.

Auf dem Gebiet der Überwachung der Nachrichtendienste besteht in diesen Fällen die Möglichkeit, daß die nur wenige Mitglieder umfassende Parlamentarische Kontrollkommission nach § 2 Abs.1 des Gesetzes über die parlamentarische Kontrolle nachrichtendienstlicher Tätigkeit des Bundes ein entsprechendes Auskunftsersuchen beschließt[55]. Der Verteidigungsausschuß kann außerdem nach Art.45a Abs.2 i.V.m. 44 Abs.3 GG Amts- oder Rechtshilfeersuchen an die Bundesregierung stellen sowie darüberhinaus auch, wie ein Untersuchungsausschuß, Beweise erheben. Für Informierungen dieser Gremien gilt eine besondere Grenze des Geheimschutzes nicht[56].

2. *Geheimhaltung der Berichte?*

Erstattet die Bundesregierung einen Bericht, der der Geheimhaltung aus Gründen des Staatsschutzes bedarf, kann er nach § 80 Abs.3 GOBT direkt dem - grundsätzlich nichtöffentlich tagenden, vgl. § 69 GOBT - zuständigen Ausschuß überwiesen werden oder auf die Tagesordnung gesetzt werden. Letzteres kommt wiederum nur für Gegenstände in Betracht, die eines geringen Schutzes bedürfen. Sofern der Bericht dann vom Plenum behandelt wird, *muß* in der Regel die Öffentlichkeit ausgeschlossen werden. Das dem Plenum grundsätzlich zustehende Ermessen, die Öffentlichkeit auszuschließen, ist hier reduziert. Sofern die Bundesregierung Bericht erstattet, kann sie den Ausschluß der Öffentlichkeit jedoch nicht erzwingen. Wenn der Bundestag den von der Bundesregierung für notwendig gehaltenen[57] Geheimschutz nicht gewährleistet, braucht diese aber die angeforderten Berichte nicht vorzulegen[58]. In diesem Fall muß die Bundesregierung detailliert und umfassend über die Art der Schriftstücke, die Natur der zurückgehaltenen Informationen, die Notwendigkeit der Geheimhaltung und den Grad der Geheimhaltungsbedürftigkeit unterrichten[59].

---

55 Vgl. dazu die umfassende Berichtspflicht in § 2 Abs.1.

56 BVerfGE 67, 135.

57 Die Ansicht der Bundesregierung ist nach § 3 Abs.2 GSOBT auch für den Bundestag bindend.

58 So BVerfGE 67, 137 für parlamentarische Untersuchungsausschüsse.

59 BVerfGE 67, 138.

Gelangt der Bericht in einen Bundestagsausschuß, gelten für dessen Beratungen nach § 69 Abs.7 GOBT die Bestimmungen der Geheimschutzordnung des Bundestages, die der früheren Verschlußsachenanweisung des Bundesministers des Innern nachgebildet und in der Definition der Geheimhaltungsgrade zum Teil strenger ist als die jetzt geltende Fassung der Verschlußsachenanweisung[60]. Die Ausschußprotokolle können im Wege des § 73 Abs.2 GOBT geheimgehalten werden.

Damit besteht die Möglichkeit, die Beratungen innerhalb des Bundestages und seiner Ausschüsse umfassend geheimzuhalten.

Nach § 77 Abs.1 GOBT müssen jedoch alle Vorlagen, also auch Berichte, gedruckt und verteilt werden. Lediglich für Berichte, die dem Bundestag ohne einen Berichtsauftrag übersandt werden, besteht nach § 77 Abs.2 GOBT eine Ausnahme. *Weis* schließt daraus, daß die Verfahrensregeln des Bundestages eine Geheimhaltung nicht gewährleisteten[61]. In der Tat wäre eine Geheimhaltung illusorisch und das Ergebnis absurd, wenn jeder geheimzuhaltende Bericht als Bundestagsdrucksache in einer Auflage von 3.500 Stück[62] verlegt werden müßte. Dagegen sprechen aber die einschlägigen Normen der GSOBT. Zwar fehlt eine ausdrückliche Bestimmung, die für geheimzuhaltende Berichte eine Ausnahme von der Drucklegungspflicht festlegt. Nach § 4 GSOBT dürfen Verschlußsachen des Geheimhaltungsgrades VS-vertraulich und höher aber nur bestimmten Personen zur Kenntnis gebracht werden. Insbesondere sind dies der Bundestagspräsident, die Fraktionsvorsitzenden und die Mitglieder des zuständigen Ausschusses[63]. Bei einer Drucklegung erhielten jedoch darüberhinaus auch andere Personen vom Inhalt Kenntnis, so daß die Drucklegungspflicht hier eine Ausnahme erfährt. Das gleiche Ergebnis läßt sich auch § 6 GSOBT entnehmen, der nur unter engen Voraussetzungen die Herstellung von (einzelnen) Duplikaten gestattet. So wird etwa der Verfassungschutzbericht auch nicht als Bundestagsdrucksache veröffentlicht[64].

Demzufolge kann der Geheimschutz auf der Seite des Bundestages, was die Geheimhaltung des Berichts anbelangt, gewährleistet werden.

---

60 BVerfGE 67, 135; ausführlich zur GSOBT Jahn/Engels in: Schneider/Zeh, § 20.

61 Aao., S.272.

62 Kißler in: Schneider/Zeh, § 36 Rdnr.34.

63 Näher dazu Jahn/Engels, aaO., Rdnr.34ff.

64 Schindler, Datenhandbuch 1949-82, S.493 FN 1.

VII. Sonstige Grenzen

Außer den erwähnten Grenzen kommen noch eine Reihe weiterer Gesichtspunkte in Betracht, z.B. die Überlastung der Bundesregierung mit Berichtspflichten; Berichtspflichten, die tatsächlich Unmögliches verlangen oder Berichtspflichten, die Mitteilungen fordern, die der Bundestag sich ohne Schwierigkeiten auch aus allgemein zugänglichen Quellen beschaffen kann.

1. Gefährdung eigener Aufgabenerfüllung

Die Bundesregierung braucht Berichtspflichten in der Regel nur verzögert, in Ausnahmefällen auch gar nicht nachzukommen, wenn durch die Hilfeleistung die Erfüllung ihrer anderen Aufgaben ernstlich gefährdet ist. Dabei handelt es sich um einen allgemeinen Rechtsgedanken, der alle Fälle von Informations- und anderen Beistandspflichten beschränken kann. Dies ergibt sich etwa aus den §§ 5 Abs.3 Nr.3 VwVfG, 4 Abs.3 Nr.3 SGB X, die dies für die Amtshilfe anordnen, und aus § 103 GOBT, der bestimmt, daß bei der Gefährdung der ordnungsgemäßen Erledigung der Geschäfte des Bundestages durch besonders zahlreiche Anfragen die Beratung beschränkt werden kann. Dem Rechtsgedanken dürfte einfachgesetzlicher Rang zukommen.

Auch hier ist damit ein unterschiedlicher Maßstab an die verschiedenen Berichtspflichtenformen anzulegen. Die Erfüllung von gesetzlichen oder Berichtspflichten auf Verfassungsebene ist vordringlich; hingegen gilt dies nicht für Berichtsersuchen gleichermaßen.

2. Tatsächliche Unmöglichkeit

Auch beim Fall der "tatsächlichen Unmöglichkeit" handelt es sich um einen allgemeinen Rechtsgedanken, vgl. §§ 5 Abs.3 Nr.2 und 3 VwVfG, 4 Abs.3 Nr.2 und 3 SGB X[65]. Denkbar sind hier etwa Berichtspflichten zu bestimmten, das Ausland betreffenden Gegenständen oder auch Berichtspflichten zu Themen, die nach dem Stand der Wissenschaft noch nicht erforscht sind.

Dem Rechtsgedanken dürfte zum Kernbereich der Verfassung zählender Rang zukommen, da das Recht nichts Unmögliches verlangen kann. Er ist daher in jedem Fall zu beachten.

---

65 Vgl. Dreher, Die Amtshilfe, S.109ff.

3. Mißbrauch

Kann der Bundestag sich ohne Probleme die angeforderten Informationen auch aus allgemein zugänglichen Quellen beschaffen, liegt ein Fall des Mißbrauchs einer Berichtspflicht vor. Das Mißbrauchsverbot gilt auch bei der Wahrnehmung verfassungsrechtlicher Kompetenzen[66] und führt hier zu einer Einschränkung der Berichtspflicht. So ist es nicht angängig, die Bundesregierung "als Lexikon" zu benutzen. Dafür stehen den einzelnen Abgeordneten und den Fraktionen die Wissenschaftlichen Dienste, die Fraktionshilfsdienste und die Abgeordnetenassistenten zur Verfügung.

66 BVerfGE 30, 1, 31; 70, 324, 365; Weis, DVBl.88, 272.

10.Teil: Die Diskontinuität im Berichtswesen

Der Grundsatz der sachlichen Diskontinuität, der nach h.M. inhaltlich mit § 125 Satz 1 GOBT übereinstimmt[1] und besagt, daß am Ende der Wahlperiode alle Vorlagen als erledigt gelten, hat auf das parlamentarische Berichtswesen besondere Auswirkungen. Dabei sind streng die schon erstatteten Berichte und die Berichtspflichten, sei es aufgrund Gesetz oder Beschluß, auseinanderzuhalten. Bei Berichten handelt es sich um Vorlagen gem. § 75 Abs.1 Buchstabe e GOBT; hier ist nun der Einfluß des Wechsels der Legislaturperioden auf die interne Behandlung eines vor Ende der Legislaturperiode erstatteten Berichts im "neuen" Bundestag zu untersuchen; mit anderen Worten die Frage der "*Behandlungspflicht*" auch für den neuen Bundestag. Gerade die parlamentarische Erörterung umfangreicher Berichte kann viel Zeit in den Ausschüssen in Anspruch nehmen. Manchmal werden die Berichte dort auch "auf die lange Bank geschoben"[2], so daß die Diskontinuität hier einen bequemen Weg der Erledigung bieten könnte. Häufig werden die Berichte schließlich von der Bundesregierung auch erst gegen Ende der jeweiligen Wahlperiode abgegeben, so daß dann die Berichte noch nicht abschließend beraten werden konnten.

Dic Frage der Diskontinuität der Berichtsanforderungen betrifft hingegen das Problem ihrer Verbindlichkeit im Außenverhältnis. Wie dargelegt wurde, sind Berichtsgesetze und -beschlüsse gegenüber der Bundesregierung grundsätzlich bindend. Nunmehr ist zu prüfen, ob dies auch gleichermaßen über den Wechsel der Legislaturperioden hinaus gilt. Es stellt sich also das Problem der Wirkung des Prinzips auf die *Berichtspflicht* des Berichterstatters.

Der Diskontinuitätsgrundsatz beeinflußt nach der überkommenen Lehre und parlamentarischen Praxis auch die Außenwirkung parlamentarischer Informationsinstrumente[3]. Insbesondere für die parlamentarischen Anfragen

---

1 Maunz in: M/D/H/S, Art.39 Rdnr.18 m.w.N.; Troßmann, § 126 Rdnr.2 m.w.N.; H.-P.Schneider in: AKGG, Art.39 Rdnr.7.

2 Ismayr, ZParl 1990, 558.

3 Vgl. Jekewitz, Der Grundsatz der Diskontinuität der Parlamentsarbeit im Staatsrecht der Neuzeit und seine Bedeutung unter der parlamentarischen Demokratie des Grundgesetzes, S.336, 338; Achterberg, Parlamentsrecht, S.209f.

ist dies unbestritten[4], sofern man überhaupt von der Geltung der sachlichen Diskontinuität ausgeht[5]. Besondere Relevanz erhält die Frage der Außenwirkung dadurch, daß die meisten Berichtspflichten zu einem Bericht erst in der folgenden Wahlperiode auffordern. Für die zahlreichen Berichte etwa, die eine Erfolgskontrolle von Gesetzen vornehmen sollen, ist eine Berichterstattung ohnehin erst sinnvoll, wenn nach einer Anlaufzeit des Gesetzes sicher über seine Bewährung geurteilt werden kann, so daß der Berichtszeitpunkt in der Regel erst in den nächsten Wahlperioden liegen kann[6].

Der Geltungsrang des Grundsatzes der sachlichen Diskontinuität ist strittig. Die h.M. geht von seiner Geltung im Verfassungsrang aus; die Vertreter der h.M. führen den Grundsatz entweder auf verfassungsrechtliches Gewohnheitsrecht[7] oder auf das in den Art.20 Abs.2, 38 Abs.1, 39 Abs.1 GG zum Ausdruck gekommene Prinzip der parlamentarischen Demokratie der sich periodisch erneuernden Repräsentanz[8] zurück. *v.Mangoldt/Klein*[9] und

---

4 Vgl. etwa Ritzel/Bücker, § 125, S.8; Hömig/Stoltenberg, Probleme der sachlichen Diskontinuität, DÖV 1973, S.689ff., 693. Letztere behandeln Anfragen und Berichtsbeschlüsse gleich, vgl.S.694.

5 Gegen die sachliche Diskontinuität grds. K.Müller, Kontinuierliche oder intervallierte Gesetzgebung?, DÖV 1965, S.505ff., der den Grundsatz lediglich aus § 126 GOBT (jetzt § 125 GOBT) herleitet; eine Vorschrift, die nach seiner Ansicht aber verfassungswidrig ist, vgl. S.508; außerdem ders., in: Model/K.Müller, Grundgesetz, Art.39.

6 Vgl. dazu Schindler, Datenhandbuch 1949-82, S.448ff., 1980-87, S.379ff.; z.B.: Bericht über die Erfahrungen bei der Anwendung des § 12a des Tarifvertragsgesetzes (Art.II § 1 des Heimarbeitänderungsgesetzes), Beschl.v.23.2.1978 *(8.LP)*, Antrag: BT-Ds 8/1483, Berichtszeitpunkt: bis zum 30.6.1981 *(9.LP)*; Bericht über die Erfahrungen bei der Anwendung des Arbeitnehmerüberlassungsgesetzes - AüG - und des Gesetzes zur Bekämpfung der illegalen Beschäftigung, zul. Beschl. v.12.11.1981 *(9.LP)*, Antrag: BT-Ds 9/975, Berichtszeitpunkt: regelmäßig alle 4 Jahre, erstmals zum 30.6.1984 *(10.LP)*; Bericht über die Erfahrungen mit der Einführung der Sommerzeit durch das Zeitgesetz, Beschl.v.22.6.1978 *(8.LP)*, Antrag: BT-Ds 8/565, Berichtszeitpunkt: nach Ablauf der beiden ersten Sommerzeitperioden *(9.LP)*; Bericht über die Erfahrungen beim Vollzug des § 42 des Waffengesetzes, Beschl. v.12.6.1980 *(8.LP)*, Antrag: BT-Ds 8/4119, Berichtszeitpunkt: bis zum 31.12.1982 *(9.LP)*; Bericht über die Erfahrungen bei der Anwendung des neuen Mikrozensusgesetzes, Beschl. v.14.5.1985 *(10.LP)*, Antrag: BT-Ds 10/3328, Berichtszeitpunkt: zum 1.1.1988 *(11.LP)*.

7 Für die Weimarer Zeit: Hatschek, Deutsches und Preußisches Staatsrecht, 1.Bd., 1.Aufl., 1922, S.409ff.; ihm folgend in der Zeit des Grundgesetzes: Troßmann, § 126 Anm.2ff.; Maunz in M/D/H/S, Art.39 Rdnr.16ff.; Hömig/Stoltenberg, aaO., S.691; Ossenbühl in: HdBStR III, § 63 Rdnr.41.

8 Belz, Die Diskontinuität der Parlamente, 1968, S.50ff., 59ff.; Jekewitz, Der Grundsatz der Diskontinuität der Parlamentsarbeit, S.330, 335; ders., Der Grundsatz der Diskontinuität in der parlamentarischen Demokratie, in: JöR 27(1978), S.75ff., 151ff.; Leinemann, Die parlamentarische Diskontinuität und ihre Wirkung im Gesetzgebungsverfah-

Achterberg[10] gestehen ihm hingegen nur den Rang von einfachgesetzlichem Gewohnheitsrecht zu, da die Verfassung Gewohnheitsrecht mit Verfassungsgesetzeskraft nicht kenne[11].

Die Frage des Geltungsgrundes des Diskontinuitätsprinzips haben diese Autoren bereits ausführlich erörtert[12]. Hier muß es genügen, seine Auswirkungen auf das parlamentarische Berichtswesen zu untersuchen. Dabei wird der Auffassung von der Fundierung im Prinzip der sich periodisch erneuernden Repräsentation der parlamentarischen Demokratie gefolgt. Das - einfachgesetzliche oder verfassungsrechtliche - Gewohnheitsrecht als Grundlage des Prinzips täuscht eine "Kontinuität des Diskontinuitätsgrundsatzes" vor, die bei näherer Betrachtung gerade nicht vorliegt. Zwar kann das in der Geschäftsordnung des Bundestages in § 125 angeführte Prinzip auf eine Reihe von weitgehend identischen Vorgängern in den deutschen Parlamentsgeschäftsordnungen bis zu den Geschäftsordnungen der Kammern des Preußischen Landtags und des Abgeordnetenhauses von 1851 zurückblicken (lediglich in der Weimarer Republik fehlte eine solche ausdrückliche Bestimmung)[13]; jedoch ist mit dem Übergang von der konstitutionellen Staatsform des Reichs von 1871 zur parlamentarischen (Weimarer) Demokratie ein entscheidender Bruch feststellbar[14]:

Unter der Geltung der Bismarck'schen Reichsverfassung wurde das Prinzip nach der damals h.M. aus der Befugnis des Kaisers, nach Art.12 RV den Reichstag schließen zu können, hergeleitet[15] und auf das monarchische Prinzip zurückgeführt[16].

---

ren, JZ 1973, S.618ff., 621; H.-P. Schneider in: AKGG, 2.Aufl., 1989, Art.39 Anm.6ff.; weitere Nachweise bei Schürmann, Grundlagen und Prinzipien des legislatorischen Einleitungsverfahrens nach dem Grundgesetz, S.153ff.

9 Das Bonner Grundgesetz, 2.Aufl., Bd.II, 1964, Art.39 Anm. III 5b im Anschluß an Anschütz, Die Verfassung des Deutschen Reichs, 14.Aufl., 1933, Art.24 Anm.8.

10 Parlamentsrecht, S.210; vgl. auch Scheuner, Vom Nutzen der Diskontinuität zwischen Legislaturperioden, DÖV 1965, S.510ff., 512.

11 So schon Anschütz, aaO.; aus heutiger Sicht Tomuschat, Verfassungsgewohnheitsrecht?, 1972, S.29ff., 85.

12 Vgl. insbes. Jekewitz, Der Grundsatz der Diskontinuität, 1977.

13 Ritzel/Bücker, Vorbem.zu § 125, S.1; Troßmann, § 126 Anm.2; zur Diskontinuität in den noch älteren Ständevertretungen vgl. Scheuner, aaO., S.511.

14 Dies betont u.a. auch Leinemann, aaO., S.621.

15 Vgl. dazu auch Adolf Arndt, Verfassung des Deutschen Reiches, 5.Aufl., 1913, Art.12 Anm.2 u. Art.26; ders., Die Verfassungsurkunde für den Preußischen Staat, 7.Aufl., 1911, Art.51 Anm.4; RGSt 22, 379ff., 384 v.25.2.1892; vg. auch Kühne in: Schneider/Zeh, § 2 Rdnr.102.

16 Vgl. die Äußerung des Abg. *Windthorst* in der Reichstagssitzung vom 10.Mai 1871 zu einem Gesetzentwurf betreffend die Behandlung umfangreicher Gesetzesvorhaben (in:

In der Weimarer Republik fehlte zwar eine entsprechende Geschäftsordnungsbestimmung; jedoch war man sich über die weitere Geltung des Prinzips auch in der parlamentarischen Demokratie einig. Reichsminister Preuß begründete dies damit, daß ansonsten "der Reichstag und sein Bureau ... in einer Fülle von Anträgen und unerledigten Geschäften ersticken" würde[17]. Im wesentlichen waren dies demnach praktische Bedürfnisse. *Hatschek* versuchte sie rechtlich zu untermauern, indem er 1922 nach dem Übergang in die Weimarer Republik und dem Wegfall des früheren Art.12 der Reichsverfassung erstmals die These vom Gewohnheitsrecht vertrat, ohne die grundlegenden Veränderungen der Verfassungen jedoch eigentlich zur Kenntnis zu nehmen[18]. Die heutige Begründung des Prinzips kann daher nicht einfach konstitutionelle Vorstellungen als angebliches Gewohnheitsrecht in die parlamentarische Demokratie übernehmen, sondern muß sich an den geltenden Verfassungsgrundsätzen orientieren.

Jekewitz hat die weitere verfassungsrechtliche Geltung nunmehr überzeugend nachgewiesen. Aus dem Grundsatz der parlamentarischen Demokratie folgt, daß die dem Parlament durch die Wahlen übertragene Handlungsgewalt nur für die Dauer einer Legislaturperiode ausgeübt werden darf, da die Verfassung in Art.39 Abs.1 GG nur für diese Zeit den Wählerauftrag gelten

---

RT-StenoB 1.LP/1.Sess.1871, S.641f.; wiedergegeben auch bei Hatschek, aaO., S.411): "Wenn wir bei dieser Lage der Sache noch die Kontinuität des parlamentarischen Körpers hinstellen, dann erklären wir in der Tat den Parlamentarismus in Permanenz. Diese Permanenzerklärung ist gegenüber dem *monarchischen Prinzip* nach meinem Dafürhalten bedenklich. Es muß zu den Attributen des einzelnen Monarchen oder der vielen Monarchen, die zusammentreten zur Herstellung einer Souveränetät, notwendig die Befugnis gehören, zu jeder Zeit das Parlament aufzulösen in allen seinen Teilen, in allen seinen Funktionen." (Nachträgl. Hervorhebung).

17 In: Bericht und Protokolle des 8.Ausschusses über den Entwurf einer Verfassung des Deutschen Reiches, 1920, S.250; wiedergegeben bei Hatschek, aaO., S.414.

18 Vgl. etwa seine Äußerung auf S.410, aaO.: "Daß er (der Diskontinuitätsgrundsatz) nicht ein bloßes Geschäftsordnungsprinzip ist,..., sondern ein Satz des verfassungsrechtlichen Gewohnheitsrechts, dessen Beseitigung oder Abänderung nur durch ein verfassungsänderndes Gesetz erfolgen könnte, steht für uns fest. Dies war schon unter der Herrschaft der Bismarckschen Reichsverfassung der Fall." Für seine auf S.411 ausgeführte Ansicht beruft er sich unrichtig auf die Entscheidung des Reichsgerichts vom 25.2.1892, RGSt 22, 379ff., 384 m.w.N., die das Prinzip gerade nicht aus Gewohnheitsrecht, sondern aus der Schließung der Parlamentssitzungen herleitet. Die von ihm auf den S.411ff. wiedergegebenen Äußerungen von Abgeordneten und Kommissionsberichte belegen die gewohnheitsrechtliche Geltung ebenfalls nicht, sondern untermauern eher die Verankerung des Prinzips in konstitutionellen Vorstellungen.

läßt[19] ("Herrschaftsausübung auf Zeit"[20]). Der Grundsatz hat demnach zwei Elemente: Zum einen das grundsätzliche Verbot des "Hinüberwirkens" der Parlamentsarbeit in die der Parlamente der folgenden Wahlperioden; zum andere dessen spiegelbildliche Entsprechung, nämlich die Freistellung der Parlamente von der Arbeit ihrer Vorgänger in den früheren Legislaturperioden[21]. Es muß bereits hier festgehalten werden, daß der mit dieser Begründung bestimmte Inhalt des Grundsatzes der sachlichen Diskontinuität nicht zwangsläufig identisch sein muß mit dem § 125 der Geschäftsordnung des Bundestages und seiner Vorläufer, so daß das Prinzip im Wandel der Verfassungen auch inhaltliche Veränderungen erfahren haben kann.

I. Diskontinuität parlamentarischer Berichte?

Die Diskontinuität der Berichte hat mit der Neufassung der Geschäftsordnung des Bundestages 1970[22] in § 126 Satz 2 Erwähnung gefunden. Im heutigen § 125 heißt es fast unverändert:

> "Am Ende der Wahlperiode gelten alle Vorlagen als erledigt. *Dies gilt nicht für Petitionen und für Vorlagen, die keiner Beschlußfassung bedürfen.*"

Bei Berichten handelt es sich in der Regel gem. § 75 Abs.1 Buchstabe e GOBT um "Unterrichtungen" und damit um Vorlagen im Sinne der Geschäftsordnung. Sie bedürfen meist nicht der Beschlußfassung, sondern nur der Kenntnisnahme[23]. Andere parlamentarische Berichte, über die ein Beschluß gefaßt werden muß, fallen aber schon nicht unter die Vorschrift des Satzes 2.

Sofern nur eine Kenntnisnahme erforderlich ist, muß auch über eine eventuelle Ausschußüberweisung gem. § 80 Abs.3 GOBT nicht abgestimmt werden. Allerdings können im Zusammenhang mit ihrer parlamentarischen Behandlung Beschlüsse gefaßt werden, etwa der, die Bundesregierung zu einem weiteren Bericht aufzufordern. Der die Einfügung des Satzes 2 vorschlagende Ausschuß für Wahlprüfung, Immunität und Geschäftsordnung führte in seiner Vorlage aus[24]:

---

19 In diesem Sinne Jekewitz, Der Grundsatz der Diskontinuität, S.331.

20 Versteyl in: Schneider/Zeh, § 14 Rdnr.1.

21 Jekewitz, Der Grundsatz der Diskontinuität, S.331.

22 V.22.5.1970, BGBl.I 628.

23 So auch J.Linck, DÖV 1979, S.121.

24 BT-Ds VI/521, S.6.

"In § 126 ist eine Ausnahmeregelung für Petitionen und für Vorlagen, die keiner Beschlußfassung bedürfen, aufgenommen. Zu letzteren gehören insbesondere von der Bundesregierung dem Bundestag zu erstattende Berichte und die EWG-Vorlagen. Mit der Neuregelung sollen Unklarheiten beseitigt werden."

Ausgehend von § 125 Satz 2 der Geschäftsordnung des Bundestages ist es deshalb bisher einhellige Ansicht, daß Berichte dem Diskontinuitätsgrundsatz nicht unterfallen[25]. Da das Prinzip jedoch, wie eben erläutert wurde, Verfassungsrang hat und es sich bei § 125 Satz 2 lediglich um eine im Range darunter stehende Geschäftsordnungsvorschrift handelt, muß untersucht werden, wie die h.M. diese - möglicherweise nur scheinbare - Ausnahme vom Diskontinuitätsprinzip rechtfertigt.

1. Ansicht von J.Linck

Joachim Linck ist der Ansicht, Berichte griffen dem "neuen" Parlament weder vor noch präjudizierten sie es, weil es allein im Ermessen des Parlaments liege, derartige Berichte aufzugreifen; sehe es eine eigene präjudizielle Gefährdung, könne es darauf verzichten[26]. *Linck* übersieht dabei, daß die Geschäftsordnung in § 125 Satz 2 GOBT Berichte aus der vorherigen und aus der laufenden Wahlperiode gleichstellt. Die Berichte aus früheren Wahlperioden präjudizieren das "neue" Parlament ebenso wie solche aus der laufenden Wahlperiode. In beiden Fällen muß zwar in der Regel kein Beschluß gefaßt werden, doch bedeutet der Bericht, selbst wenn er nur zur Kenntnis genommen wird, eine Arbeitsbelastung des "neuen" Parlaments mit Informationswünschen seiner Vorgänger. Unter Umständen besteht im Falle des Wechsels der Parlamentsmehrheit beim "neuen" Parlament kein derartiges Informationsbedürfnis. Sofern etwa die frühere Parlamentsmehrheit mit ihrem Berichtswunsch der Bundesregierung mit einem "Jubelbericht" alleine die Gelegenheit zur Selbstdarstellung einräumen wollte, muß dies nicht für die neue Parlamentsmehrheit gleichermaßen gelten[27].

---

25 Linck, DÖV 1979, S.121; Jekewitz, Der Grundsatz der Diskontinuität, S.296; Hömig/Stoltenberg, aaO., S.694; Ritzel/Bücker, § 125 S.7; Troßmann, § 126 Anm.3.5; Achterberg, aaO., S.212 u. FN 54; F.Schäfer, Der Bundestag, S.90.

26 Linck, DÖV 1979, S.121.

27 Vgl. Linck, DÖV 1979, S.122.

2. *Ansicht von Troßmann*

Nach *Troßmann* stellt die Bestimmung des § 125 Satz 2 GOBT lediglich eine schon gewohnheitsrechtlich geltende Ausnahme vom Diskontinuitätsprinzip klar. Bereits in der Geschäftsordnung des Preußischen Landtags von 1851 habe eine ähnliche Bestimmung existiert, die der Reichstag in § 70 seiner Geschäftsordnung von 1876 übernommen habe[28]. Darin hieß es:

> "Gesetzesvorlagen, Anträge und Petitionen sind mit dem Ablaufe der Sitzungsperioden, in welcher sie eingebracht *und noch nicht zur Beschlußfassung gediehen sind*, für erledigt zu erachten."

Daraus gehe hervor, daß § 70 Vorlagen, die keiner Beschlußfassung bedurften, nicht erfaßte und somit nicht für erledigt erklärt habe[29].

Außer den gegen die Anwendung von Gewohnheitsrecht an sich bestehenden Bedenken ist diese Ansicht jedoch noch weiteren Einwänden ausgesetzt. In der Weimarer Republik gab es in der Geschäftsordnung des Reichstages, wie schon erwähnt, keine ausdrückliche Bestimmung, die die Diskontinuität "klarstellte". Vielmehr wurde sie aus Gewohnheitsrecht hergeleitet. In der Geschäftsordnung des Bundestages von 1952 wurde zwar eine Vorschrift aufgenommen, die die Diskontinuität erläuterte; die nach *Troßmann* gewohnheitsrechtlich geltende Ausnahme jedoch gerade nicht. Als Ausnahme wurden lediglich die Petitionen aufgeführt. Erst 1970 gelangte die Bestimmung (wieder) in die Geschäftsordnung, so daß, wenn man allein die Geschäftsordnung betrachtet, die ein Indiz für das angebliche Gewohnheitsrecht darstellt, in der Zeit von 1922 bis 1970 keine solche Vorschrift existierte. Selbst wenn man von der gewohnheitsrechtlichen Geltung des Diskontinuitätsprinzips ausgeht, ist es deshalb nicht zwingend, die Bestimmung des § 125 Satz 2 GOBT ebenfalls mit gewohnheitsrechtlicher Geltung zu versehen.

Schließlich stimmt die Bestimmung des § 70 der Geschäftsordnung des Reichstages auch nicht in jeder Hinsicht mit dem § 125 Satz 2 GOBT überein. Petitionen galten nach § 70 GORT als erledigt, während sie hingegen nach § 125 Satz 2 vom Ende der Legislaturperiode nicht betroffen sind. Dies beruht auf dem Petitionsrecht in Art.17 GG[30], das in der Zeit des Kaiser-Reichs keine Entsprechung hatte[31]. Auch hier zeigt sich, daß der Wechsel

28 Troßmann, § 126 Rdnr.2ff.

29 Troßmann, § 126 Rdnr.3.5.

30 Näher dazu Maunz in: M/D/H/S, Art.17 Rdnr.59; Troßmann, § 126 Rdnr.3.4.

31 Ein Petitions-Grundrecht existierte nicht, vgl. aber Art. 23 RV (Petitionsüberweisungsrecht des Reichstages).

der Verfassungen auch den Diskontinuitätsgrundsatz betroffen hat und von seiner kontinuierlichen unveränderten Geltung nicht ausgegangen werden kann. Das Gewohnheitsrecht bietet daher nicht die richtige Grundlage für die in § 125 Satz 2 GOBT zum Ausdruck gekommene Ausnahme vom Diskontinuitätsprinzip.

3. Ansicht von F.Schäfer

Friedrich Schäfer ist der Ansicht, daß die Berichte der Bundesregierung sich nicht an die konkret-personelle Zusammensetzung einer Wahlperiode wendeten, sondern an den Bundestag als Verfassungsorgan, dessen Bestehen vom Ende einer Wahlperiode nicht betroffen werde[32]. Es fragt sich, weswegen die Berichte gerade dem Bundestag als "ständigem Organ" zuzuordnen sein sollen. Indem *Schäfer* ausführt, die Berichte wendeten sich an den Bundestag als Staatsorgan, spielt er vermutlich darauf an, daß die Regierung die Berichte dem Bundestagspräsidenten zuleitet, der dann gem. § 80 Abs.3 GOBT verfährt. Jedoch geschieht dies in gleicher Weise bei parlamentarischen Anfragen, die nach einhelliger Ansicht dem Diskontinuitätsgrundsatz unterfallen, da sie auf den Bundestag in seiner konkret-personellen Zusammensetzung zurückzuführen seien[33]. Möglicherweise ist die Meinung *Schäfers* darin begründet, daß die die Berichte herbeiführenden Berichtsersuchen im Gegensatz zu den Anfragen ein Mehrheitsvotum durch Gesetz oder Beschluß voraussetzen und deshalb von einem "Organhandeln" ausgegangen wird. Jedoch können sich bei jeder Neuwahl die Mehrheitsverhältnisse ändern, so daß die vormalige Mehrheit zur Minderheit wird. Jedenfalls durch einen "schlichten" Parlamentsbeschluß kann eine Parlamentsmehrheit die Arbeit ihrer Nachfolger nicht determinieren, was sich unmittelbar aus der hier vertretenen Ansicht von der Begründung des Diskontinuitätsprinzip im Prinzip der sich periodisch durch Wahlen erneuernden Repräsentation ergibt. Der Beschluß verstieße gegen das "Verbot des Hinüberwirkens". Die Unterscheidung des Handelns des Bundestages nach seiner konkret-personellen Zusammensetzung und als ständigem Verfassungsorgan ist daher nicht ergiebig.

---

32 In: Der Bundestag, S.90; ihm folgend Ritzel/Bücker, § 125, S.7.

33 Vgl. Ritzel/Bücker, § 125, S.8.

4. *Eigene Lösung*

Als weitere Möglichkeit wäre denkbar, § 125 Satz 2 GOBT für Berichte konstitutive Bedeutung zuzumessen. Da § 125 Satz 2 GOBT im Range unterhalb der Verfassung steht, muß aber geprüft werden, ob die Vorschrift, die eine Ausnahme vom verfassungsrechtlichen Diskontinuitätsprinzip darstellt, mit dem Grundsatz zu vereinbaren ist.

Es muß hier von folgender Überlegung ausgegangen werden: Nach der h.M. entspricht das Diskontinuitätsprinzip inhaltlich dem § 125 Satz 1 der Geschäftsordnung. Die Norm habe zwar nur deklaratorische Bedeutung, doch bringe sie das verfassungsrechtliche Prinzip zum Ausdruck. Insbesondere die Vertreter der Ansicht, die den Grundsatz aus Gewohnheitsrecht herleiten, sind - konsequent - dieser Meinung[34]; aber auch die Autoren, die das Prinzip aus der "Herrschaftsausübung (nur) auf Zeit" folgern, setzen den Grundsatz mit § 125 Satz 1 GOBT gleich[35]. Diese Gleichsetzung ist jedoch, wenn man der hier vertretenen Ansicht von der Herleitung aus dem Prinzip der sich periodisch erneuernden Repräsentation folgt, verfehlt. Danach beinhaltet das Diskontinuitätsprinzip zum einen das "Verbot des Hinüberwirkens", aber auch das Gebot der Freistellung der "neuen" Parlamente von der Arbeit ihrer Vorgänger. Mit einer Freistellung im eigentlichen Sinne muß auch die - negative - Freiheit gemeint sein, die Arbeit der früheren Parlamente fortzusetzen, worauf schon *Hömig/ Stoltenberg* hingewiesen haben[36]. Die Entscheidungsfreiheit des "neuen" Parlamentes ist durch die Vorschrift des § 125 Satz 1 GOBT, die alle Vorlagen etc. für erledigt erklärt, gerade eingeengt, da die Fortsetzung früherer Arbeit verboten wird. Der verfassungsrechtlich vorgegebene und der in der Geschäftsordnung des Bundestages festgelegte Inhalt des Diskontinuitätsgrundsatzes entsprechen sich daher nicht. Der Schluß auf die Verfassungswidrigkeit der Vorschrift wäre allerdings vorschnell. Vielmehr muß davon ausgegangen werden, daß der Bundestag zu Beginn jeder Wahlperiode durchaus die Entscheidungsfreiheit hat, über die Aufnahme alter Vorlagen zu entscheiden. Die Vorschrift der Geschäftsordnung steht ebenso wie die Geschäftsordnung insgesamt zu Beginn jeder Wahlperiode zur Disposition, da die Geschäftsordnung dem Grundsatz

---

34 Vgl. etwa Troßmann, § 126 Rdnr.1; Hatschek, aaO., S.409f.

35 Etwa Jekewitz, Der Grundsatz der Diskontinuität, S.336.

36 DÖV 1973, S.690; vgl. auch Stern, Staatsrecht II, § 26 III 4 a, der dann keine andere Lösung als das Gewohnheitsrecht sieht. Das Problem beantwortet auch Jekewitz, Der Grundsatz der Diskontinuität, nicht, vgl. dazu die Rezension von Gusy, ZParl 1978, 567f., 568.

der sachlichen Diskontinuität auch im hier verstandenen Sinne unterliegt[37]. Indem der "neue" Bundestag in der Regel die "alte" Geschäftsordnung ausdrücklich bestätigt[38], trifft er auch eine Entscheidung über die weitere Geltung des § 125 GOBT und erklärt damit konstitutiv grundsätzlich alle Vorlagen des früheren Bundestages für erledigt u.a. mit Ausnahme der Berichte[39]. Zwar werden die neu hinzugekommenen Abgeordneten gleich zu Beginn der ersten Sitzung nicht genau überschauen können, welche Vorlagen es verdienen, beibehalten zu werden und welche nicht. Jedoch ist der Großteil der Abgeordneten länger als eine Legislaturperiode Mitglied des Bundestages, so daß deshalb eine gewisse "praktische Kontinuität" gewahrt bleibt[40]. Berichte, sei es, daß sie auf Gesetz oder Beschluß beruhen, unterfallen damit nicht dem Diskontinuitätsgrundsatz. Allerdings wäre der Bundestag nicht daran gehindert, durch eine einfache Änderung der Geschäftsordnung dies für Berichte zu modifizieren.

Inwieweit die hier vertretene Ansicht auch für Gesetzesvorlagen gilt, kann in diesem Zusammenhang offengelassen werden. Konsequent wäre zwar die Ansicht, die es dem Bundestag freistellt, derartige Vorlagen zu übernehmen. Jedoch könnte dies außer den einschlägigen Normen der Geschäftsordnung auch dem in Art.76 GG zum Ausdruck gekommenen speziellen Verständnis des Diskontinuitätsprinzips für Gesetzesvorlagen widersprechen[41]. Darauf kann jedoch in dieser Untersuchung nicht weiter eingegangen werden.

II. Diskontinuität parlamentarischer Berichtspflichten?

Die Frage des Einflusses der sachlichen Diskontinuität auf Berichtsgesetze ist einfach zu beantworten. Die Diskontinuität spielt dann keine Rolle. Formelle Gesetze binden die Bundesregierung und andere Berichterstatter auch über

---

37 Vgl. etwa nur Troßmann, § 1 Rdnr.6ff.

38 Von der 3. bis 11.Legislaturperiode erfolgte eine solche ausdrückliche Bestätigung zu Beginn der ersten Sitzung des neu gewählten Bundestages; besonders ausführlich etwa in BT-StenoB 10/1/29.3.1983, S.8Bff., 16B; 11/1/18.2.1987, S.9Bff., 12B; weitere Nachweise für die früheren Perioden bei Troßmann, § 1, Rdnr.7; dazu auch K.-F.Arndt, Parlamentarische Geschäftsordnungsautonomie und autonomes Parlamentrecht, 1966, S.95ff.

39 Diese Lösung wird angedeutet bei Gusy, ZParl 1978, 568.

40 Zum Ende der 10.Wahlperiode betrug die durchschnittliche Zugehörigkeit der Abgeordneten - trotz des erstmaligen Eintritts der Fraktion der "Grünen" in den Bundestag - 10,5 Jahre; näher vgl. Schindler, Datenhandbuch 1949-82, S.176; 1980-87, S.170 m.w.N.

41 Vgl. dazu Hermann Maassen, Zur Einschränkung des Grundsatzes der Diskontinuität, in: FS-Schorn, S.68ff., 77ff.

das Ende der jeweiligen Legislaturperiode hinaus, da sie grundsätzlich auf eine zeitlich unbegrenzte Geltung angelegt sind[42]. Der verfassungsrechtliche Diskontinuitätsgrundsatz ist hier durch das ebenfalls verfassungsrechtliche Verständnis vom formellen Gesetz eingeengt.

Schwieriger, aber mit dem eben entwickelten Verständnis des Grundsatzes zu lösen, ist die Frage der Verbindlichkeit von Berichts*beschlüssen* nach dem Wechsel der Legislaturperioden zu beantworten. Zunächst muß davon ausgegangen werden, daß sich dieses Problem auch stellt, wenn man Berichtsbeschlüsse nicht, wie es hier vertreten wird, für rechtlich, sondern lediglich für "politisch" bindend hält[43]. Dem Rechtsgrundsatz der sachlichen Diskontinuität werden auch Einflüsse auf die "politische Bindung" entnommen. Sie werden in der Literatur gleichgesetzt mit dem rechtlichen Inhalt des Prinzips[44], was jedoch nicht zwingend ist.

Aus § 125 der Geschäftsordnung des Bundestages kann für die die Diskontinuität der Berichtsbeschlüsse nach seinem Wortlaut zunächst nichts entnommen werden[45], da darin ausdrücklich nur von Vorlagen die Rede ist und damit nur Vorlagen *an den Bundestag* gemeint sind, vgl. § 75 GOBT, worum es sich bei Berichtsersuchen an die Bundesregierung jedoch gerade nicht handelt.

Die Außenwirkung des Prinzips ergibt sich aber daraus, daß die Bundesregierung vom Bundestag gewählt wird und ihre Amtszeit durch die Wahlperiode des Bundestages begrenzt ist, vgl. Art.69 Abs.2 GG[46]. Demzufolge muß dem "Verbot des Hinüberwirkens" auch ein Verbot des Hinüberwirkens in die Amtsperiode späterer Bundesregierungen entnommen werden. Aus dem "Gebot der Freistellung" ergibt sich allerdings auch die Möglichkeit der Bundesregierung je nach Belieben entsprechenden Berichtsbeschlüssen doch nachzukommen[47].

Lediglich in den Fällen, in denen eine solche Koppelung der Amtszeit des Berichterstatters an die Wahlperiode des Parlamentes nicht besteht, könnte man zu einem anderen Ergebnis gelangen. In Frage kommen andere besondere Berichterstatter, die durch Berichtsersuchen verpflichtet werden können, wie etwa der Datenschutzbeauftragte[48].

---

42 Vgl. H.Schneider, Gesetzgebung, Rdnr.550.

43 So etwa J.Linck, DÖV 1979, S.120, 121ff., der nur eine politische Bindung der Beschlüsse bejaht, dann aber die Frage der Diskontinuität ausführlich untersucht.

44 Vgl. J.Linck, DÖV 1979, S.121ff.

45 So auch Jekewitz, Der Grundsatz der Diskontinuität, S.297.

46 Jekewitz, Der Grundsatz der Diskontinuität, S.338.

47 Jekewitz, Der Grundsatz der Diskontinuität, S.297.

48 Vgl. dazu im 8.Teil, II., 6.

Daher unterfallen jedenfalls Berichtsersuchen des Bundestages an die Bundesregierung dem Diskontinuitätsprinzip. Im übrigen wäre eine Pflicht der "neuen" Bundesregierung, aufgrund eines Berichtsersuchens des "alten" Bundestages, dem sie gar nicht verantwortlich ist, dem "neuen" Bundestag, also im Grunde einem Dritten, berichten zu müssen, auch verwunderlich. Die jeweilige Bundesregierung ist nur dem Bundestag verantwortlich, der sie auch gewählt hat, vgl. Art.20 Abs.2, 38 Abs.1, 39 Abs.1, 69 Abs.2 GG.

Etwas anderes könnte nur gelten, wenn die Berichtsersuchen lediglich die Beziehungen von Bundestag und Bundesregierung als "ständige Organe" beträfen. In Frage kommen Berichte, die nicht die jeweilige Bundesregierung kontrollieren sollen, sondern vielmehr von der jeweiligen Regierung unabhängig und damit "neutral"[49] sind. *Jekewitz* nennt als Beispiel Berichte, die die Bundesregierung damit beauftragen, über die Erfahrungen mit bestimmten Gesetzen nach einer gewissen Zeit zu berichten[50].

Wie bereits dargestellt[51], ist die parlamentarische Kontrolle aber Bestandteil der meisten Berichte. Es lassen sich zwar bestimmte Hauptanliegen der Berichtsersuchen feststellen; so dient etwa ein Bericht zur Gesetzeserfolgskontrolle in der Hauptsache der Gesetzgebungsfunktion des Parlaments. Da für den Erfolg eines Gesetzes jedoch auch exekutive Maßnahmen, wie Rechtsverordnungen oder Verwaltungsvorschriften, von Relevanz sind, kann selbst in diesem scheinbar eindeutigen Beispiel die Kontrollfunktion des Berichts nicht ausgeschlossen werden. Die parlamentarische Kontrolle ist daher in aller Regel mit jedem Bericht verbunden und wird "uno actu" mit anderen Parlamentsfunktionen wahrgenommen[52].

Allenfalls in schwer denkbaren Ausnahmefällen, in denen keine Kontrolle ausgeübt wird, wäre der Beschluß von der Diskontinuität nicht berührt.

Nach alledem sind Berichtsbeschlüsse vom Grundsatz der sachlichen Diskontinuität in der Regel betroffen[53]. Ihnen muß über den Wechsel der Legislaturperioden hinaus nicht nachgekommen werden.

Das Ergebnis entspricht der Lösung der h.M. für parlamentarische Anfragen und wird durch die historische Verwandtschaft beider Informationsinstrumente bestätigt[54].

---

49 J.Linck, DÖV 1979, S.122f.

50 Jekewitz, Der Grundsatz der Diskontinuität, S.297, 311; ablehnend dazu auch J.Linck, DÖV 1979, S.122.

51 Vgl. 5.Teil, I. 2.

52 H.H.Klein in: HdBStR II, § 40 Rdnr.30.

53 Ebenso Linck, DÖV 1979, 122; a.A.: Wuttke in: Lemke (Hrsg.), Parlamentspraxis des schleswig-holsteinischen Landtags, 1982, § 69, 2.4.

54 Dazu oben 2.Teil, I.

III. Ergebnis; Umgehungsmöglichkeiten

Zusammenfassend ist festzuhalten, daß parlamentarische Berichte aufgrund der hier konstitutiven Norm des § 125 Satz 2 GOBT von der Diskontinuität nicht berührt werden.

Gesetzliche Berichtspflichten werden vom Grundsatz der sachlichen Diskontinuität wegen ihrer zeitlich unbegrenzten Geltung ebenfalls nicht berührt.

Berichtsbeschlüsse unterfallen hingegen in der Regel der Diskontinuität. Dies bedeutet zunächst, daß die Bundesregierung zu einem Bericht rechtlich nicht verpflichtet ist, sofern das Berichtsersuchen den Berichtszeitpunkt in die nächste Wahlperiode legt. Ebenso müssen Berichtsersuchen, die zeitlich unbegrenzt zu regelmäßigen Berichten auffordern, nach dem Ende der Legislaturperiode von der (folgenden) Bundesregierung aufgrund der bisherigen Überlegungen nicht beantwortet werden. Allerdings ist die Regierung durch das Diskontinuitätsprinzip an einer Berichterstattung auch nicht gehindert.

Der Diskontinuitätsgrundsatz bewirkt daher bei Berichtsbeschlüssen den Wegfall der Rechtsbindung am Ende der jeweiligen Wahlperiode. Das Prinzip erweist sich damit - seinem eigentlichen praktischen Grundgedanken entsprechend - als sinnvolle Begrenzung der Belastung von Bundesregierung und Bundestag mit Berichtsanforderungen bzw. Berichten. Ohne die Geltung des Prinzips hätte die Bundesregierung am Anfang der 12.Legislaturperiode zumindest 78 Berichtsanforderungen, die regelmäßige Berichte verlangten, nachkommen müssen, worauf der Bundestag diese auch zu behandeln gehabt hätte. Damit wäre eine erhebliche Präjudizierung von Regierungs- und Parlamentsarbeit verbunden gewesen. So blieb es - abgesehen von den zahlreichen Berichtsanforderungen zu einmaligen Berichten - bei den 43 gesetzlichen Berichtspflichten, die die Regierung zu regelmäßigen Berichten verpflichteten.

Die Parlamente haben einige Möglichkeiten, doch eine rechtliche Bindung herbeizuführen:

- Der jeweilige Berichtsbeschluß aus früheren Wahlperioden wird in der laufenden Wahlperiode im Einzelfall durch einen weiteren Beschluß erneuert. Dieser neue Beschluß vermittelt dann für die laufende Wahlperiode die Rechtsbindung.
- Statt der Erneuerung im Einzelfall kann er auch durch einen "Sammelberichtsbeschluß" alle "alten" Berichtsbeschlüsse in toto erneuern. Auch dieser Beschluß bindet die Regierung für die laufende Wahlperiode. Ebenso allerdings bindet er auch den Bundestag in seiner Parlamentsarbeit. Das Parlament lädt sich mit diesen Berichten Arbeit auf, die im Einzelfall aufgrund

des möglicherweise zwischen dem "alten" und dem "neuen" Bundestag differierenden Informationsbedürfnisses überflüssig sein kann.

- Als Zwischenstufe kann der Bundestag auch eine Anzahl ausgewählter Berichtsbeschlüsse erneuern. Damit besteht die Möglichkeit, im Einzelfall zu prüfen, ob der Bericht auch für den "neuen" Bundestag notwendig ist[55].

- Schließlich kann das Parlament von vornherein statt der Beschluß- die von der Diskontinuität unberührte Gesetzesform zur Anforderung des Berichts wählen. Durch das vergleichsweise längere Gesetzgebungsverfahren besteht die Möglichkeit, sorgfältig zu prüfen, ob der Bericht auch für spätere Bundestage notwendig ist. Allerdings hat sich das zur Anforderung eines Berichts praktizierte Gesetzgebungsverfahren dem bei der Fassung eines Berichtsersuchens stark angenähert, so daß die sorgfältige Prüfung nicht immer gewährleistet ist. Um die Rechtsbindung des Gesetzes wieder zu beseitigen, wäre ein Aufhebungsgesetz erforderlich.

In zwei Normen der Geschäftsordnungen der Landtage der Bundesländer ist bereits versucht worden, die Diskontinuität der Berichtsbeschlüsse in der eben geschilderten Weise zu umgehen, so in § 95 Abs.3 der Geschäftsordnung des hessischen Landtages[56] und § 105 der Geschäftsordnung des Landtags Rheinland-Pfalz[57]. Mit diesen Regelungen übernimmt der jetzige Land-

---

55 Vgl. dazu die Entschließung des Berliner Abgeordnetenhauses Ds 7/44:
"Antrag der Fraktionen der CDU, der SPD und der F.D.P. (v.24.4.1975)
über Beschlüsse des Abgeordnetenhauses der 6.Wahlperiode, insbesondere zum Haushaltsplan 1975.
Das Abgeordnetenhaus wolle beschließen:
Der Senat wird beauftragt, für die Durchführung der in der Anlage aufgeführten Beschlüsse des Abgeordnetenhauses der 6.Wahlperiode, die sich insbesondere auf den Haushaltsplan 1975 beziehen, Sorge zu tragen.
Begründung:
Das Abgeordnetenhaus der 6.Wahlperiode hat im Rahmen der Beratung des Haushaltsplans 1975 eine Reihe von Aufträgen und Ersuchen an den Senat gerichtet, die in der Drucksache 6/1626 enthalten waren. Diese Beschlüsse hat der frühere Senat zum überwiegenden Teil noch nicht durchführen können. Der Antrag hat zum Ziel, diese unerledigt gebliebenen Beschlüsse wegen ihrer grundsätzlichen Bedeutung gegenüber dem jetzigen Senat zu erneuern.
In der Beschlußübersicht (Anlage) werden zugleich auch die dem Rechnungshof erteilten Sonderprüfungsaufträge noch einmal wiederholt." Es folgen in der Anlage die erneuerten Beschlüsse.

56 HessGOLT v.31.1.1973, GVBl.I 63: "Noch nicht erledigte Berichtsersuchen an die Landesregierung und Beschlüsse, zu denen ein Bericht der Landesregierung erwartet wird, bleiben für die nächste Wahlperiode in Kraft."; vgl. dazu auch LT-Ds 7/2655, S.5.

57 "Die Landesregierung erstattet dem Landtag über die Ausführung seiner Beschlüsse...Bericht... . Dies gilt auch für Beschlüsse aus einer früheren Wahlperiode; durch einstimmigen Beschluß des Ältestenrats kann auf die Berichterstattung zu einem

tag grundsätzlich die Berichtsersuchen aus den früheren Legislaturperioden. Auch hier ist davon auszugehen, daß zu Beginn jeder Wahlperiode die Geschäftsordnung insgesamt zur freien Disposition des Parlamentes steht, so daß dem Parlament auch die Entscheidung bleibt, die Bestimmungen der §§ 95 Abs.3 hessGOLT und 105 GOLT Rh.-Pf. zu übernehmen. Die Freiheit, "alte" Berichtsersuchen *nicht* zu übernehmen, ist daher gewahrt. Den erforderlichen "Sammelberichtsbeschluß" stellt die durch Beschluß erfolgte Bestätigung der Geschäftsordnung zu Beginn jeder Legislaturperiode dar.

Auch andere Parlamente wären demnach nicht gehindert, eine derartige Regelung in ihre Geschäftsordnungen aufzunehmen.

Beschluß aus einer früheren Wahlperiode verzichtet werden." Eingef. durch die Änderung der Geschäftsordnung vom 30.6.1983, LT-StenoB 10/5/30.6.1983, S.207; LT-Ds 10/65; vorher galt eine den §§ 115f. GOBT a.F. ähnliche Form, vgl. LT-Ds 9/2120. Zur Änderung führten offensichtlich Überlegungen des Landtages in der 9.Wahlperiode, vgl. das "Landesgesetz zur Aufhebung und Änderung von (gesetzlichen) Berichtspflichten gegenüber dem Landtag und zur Änderung des Landesdatenschutzgesetzes" v.14.5.1982, GVBl.129; vgl. auch den entsprechenden Beschluß zur Aufhebung und Änderung von Berichtsbeschlüssen in LT-StenoB 9/52/7.5.1982, S.2962 sowie LT-Ds 9/2017 (Begründung), 2018, 2238, 2239, 2240. Interessant ist hier die Parallele des in den §§ 105f. zum Ausdruck gekommenen Verständnisses des Diskontinuitätsgrundsatzes mit den von J.Linck (Mitglied der rheinl.-pfälz. Landtagsverwaltung) in DÖV 1979, S.121ff. und DÖV 1983, S.959 FN 12 vertretenen Ansichten.

11.Teil: Rechtsschutz

Die Frage des Rechtsschutzes muß sowohl aus der Sicht desjenigen, der den Bericht angefordert hat - hier also nur der Bundestag -, als auch aus der Warte des Berichterstatters - in Frage kommen die Bundesregierung, unabhängige Gremien und Hilfsorgane des Bundestages - untersucht werden.

I. Bundestag vs. Bundesregierung

Kommt die Bundesregierung einer Berichtsanforderung des Bundestages durch Gesetz oder Beschluß nicht nach, ist von Interesse, ob der Bundestag seinen "Berichtsanspruch" auch gerichtlich durchsetzen kann.

Im Verhältnis von Bundesregierung zu Bundestag kommt ein Organstreitverfahren vor dem Bundesverfassungsgericht nach Art.93 Abs.1 Nr.1 GG i.V.m. § 13 Nr.5 BVerfGG in Betracht. Beide Staatsorgane sind nach § 63 BVerfGG parteifähig, wobei auf Seiten des Bundestages nicht die jeweilige Mehrheit, die das Berichtsersuchen bzw. -gesetz gefaßt hat, Partei ist, sondern "der Bundestag" selbst, da der Mehrheitswille auch "der Wille des Bundestages" ist[1].

Gegenstand des Streits muß die Verletzung eines dem Bundestag durch das Grundgesetz übertragenen Rechts durch die Bundesregierung sein, vgl. Art.93 Abs.1 Nr.1 GG i.V.m. § 64 Abs.1 BVerfGG. Als rechtsverletzendes Verhalten kommt das Unterlassen der Berichterstattung trotz der Berichtspflicht in Frage. Da lediglich "die Auslegung des Grundgesetzes" Verfahrensgegenstand sein kann, muß Streit über bestimmte Folgerungen aus einem zwischen den Parteien bestehenden verfassungsrechtlichen Rechtsverhältnis herrschen[2]. Das unbeachtet gebliebene Berichtsersuchen bzw. -gesetz selbst scheidet damit als Anknüpfungspunkt zunächst aus[3], es sei denn, es handelte

1 BVerfGE 2, 143, 159ff. betr. Generalvertrag und Vertrag zur Gründung der Europäischen Verteidigungsgemeinschaft.

2 BVerfGE 2, 143, 155ff.

3 So auch Stern in: Stern/Münch/Hansmeyer, StabG, S.75f., der die Möglichkeit eines Organstreits verneint, da die Berichtsanforderungen im StabG lediglich einfachgesetzlichen Rang hätten. Den Rechtsweg zum Verwaltungsgericht nach § 40 VwGO sieht er ebenfalls nicht als eröffnet an, da nur Interorganbeziehungen in Rede stünden. Pflichten

sich ausnahmsweise um eine konkrete Berichtspflicht auf Verfassungsebene. Wie aber bereits dargelegt wurde, besteht im Verhältnis zwischen der Bundesregierung und dem Bundestag ein verfassungsrechtlicher Informationsanspruch des Bundestages aus Art.43 Abs.1 GG. Die Berichtsanforderungen des Bundestages machen diesen verfassungsrechtlichen Anspruch lediglich im Einzelfall geltend. Die Verletzung dieses so konkretisierten Informationsanspruches kann daher im Organstreitverfahren gerügt werden.

Das Bundesverfassungsgericht spricht gemäß § 67 BVerfGG die Feststellung aus, daß die Nichterstattung des Berichts den verfassungsrechtlichen Informationsanspruch des Bundestages verletzt hat.

II. Bundesregierung vs. Bundestag

In der umgekehrten Situation ist es konsequenterweise auch der Bundesregierung möglich, vom Bundesverfassungsgericht im Organstreitverfahren feststellen zu lassen, daß ein Berichtsersuchen bzw. -gesetz dadurch unzulässig ist, daß es die Grenzen des Informationsanspruchs des Parlaments überschreitet, z.B. Berichte über bestimmte Tatsachen verlangt, die den Kernbereich exekutiver Eigenverantwortung betreffen.

III. Parlamentsplenum vs. Hilfsorgan

Sofern Hilfsorgane des Bundestages ihrer Berichtspflicht gegenüber dem Plenum des Bundestages nicht nachkommen, kommt wiederum ein Organstreitverfahren in Betracht. Zunächst steht die Parteifähigkeit des Hilfsorgans in Frage. Die Parteifähigkeit (des Plenums) des Bundestages ist ebenso wie im ersten Fall gegeben. Auf der Seite des Berichterstatters handelt es sich beim Wehrbeauftragten gemäß Art.45b GG um einen mit eigenen Rechten ausgestatteten Teil des Bundestages, Art.93 Abs.1 Nr.1 GG, § 63 BVerfGG. Das gleiche gilt auch für den Petitionsausschuß, so daß auch hier die Parteifähigkeit gegeben ist.

Zwischen den Hilfsorganen des Bundestages und dem Plenum besteht außerdem ein verfassungsrechtliches Über-/ Unterordnungsverhältnis[4]. Beim Wehrbeauftragten findet dies seine Grundlage direkt in Artikel 45b GG ("Hilfsorgan des Bundestages"); für andere Ausschüsse ist dies aus Art.43

und Rechte zwischen den höchsten politischen Organen gehörten aber nicht vor die Verwaltungsgerichte, sondern blieben rechtswegfrei.

4 Vgl. für den Wehrbeauftragten Hernekamp in v.Münch, Art.45b, Rdnr.9, 20ff.

Abs.1 GG ("der Bundestag und *seine* Ausschüsse") abzuleiten. Kraft dieses Verhältnisses ist es dem Plenum möglich, Weisungen zu erteilen und damit etwa auch Berichtspflichten festzulegen, so daß auch das geforderte verfassungsrechtliche Rechtsverhältnis vorliegt[5].

Demnach wäre auch in diesem Fall ein Organstreitverfahren möglich, das mit dem oben erwähnten Feststellungstenor zu enden hätte.

IV. Bundestag vs. unabhängige Gremien

Handelt es sich bei dem jeweiligen Berichterstatter um unabhängige Gremien, ist die Rechtslage komplizierter. Ein Organstreitverfahren ist in der Regel unzulässig, da es sich bei diesen Berichterstattern nicht gemäß Art.93 Abs.1 Nr.1 GG um oberste Bundesorgane oder andere Beteiligte handelt, die im Grundgesetz oder in der Geschäftsordnung eines obersten Bundesorgans mit eigenen Rechten ausgestattet sind.

Etwas anderes könnte nur für den Bundesrechnungshof gelten, wenn man der im Vordringen begriffenen Meinung folgt, die ihn wegen seiner unabhängigen Stellung Verfassungsorganen gleichstellt und im Organstreitverfahren als beteiligtenfähig ansieht[6]. Dafür spricht seit der Neufassung des Art.114 Abs.2 Satz 2 GG der Verfassungstext. Sofern seine jährliche Berichtspflicht nach dieser Vorschrift im Streit steht, liegt auch das erforderliche verfassungsrechtliche Rechtsverhältnis vor. Der Bundestag kann in diesem Fall das Organstreitverfahren beschreiten.

Anderen unabhängigen Gremien, wie dem Datenschutzbeauftragten, fehlt es im Organstreitverfahren jedoch schon an der Parteifähigkeit. Für den Bundestag kommt in diesen Fällen als Rechtsweg nur der zum Verwaltungsgericht gemäß § 40 Abs.1 VwGO in Betracht.

Fraglich ist allerdings, ob es sich in diesen Fällen nicht um eine verfassungsrechtliche Streitigkeit handelt und damit der Rechtsweg auch zu den Verwaltungsgerichten nach § 40 VwGO ausgeschlossen ist. Jedoch sind die jeweiligen Gremien erstens keine Verfassungsorgane; zweitens hat auch ihre jeweilige Berichtspflicht keinen Verfassungsrang, so daß kein Verfassungsrechtsverhältnis gegeben ist. Alleine die Beteiligung des Bundestages als Verfassungsorgan reicht für eine Verfassungsstreitigkeit nicht aus[7].

---

5 Vgl. BVerfGE 2, 160.

6 Kisker in: HdBStR IV, § 89 Rdnr.128f. m.w.N.; Stern, Staatsrecht II, § 34 IV 5 b α m.w.N.

7 Vgl. BVerfGE 42, 112.

Der Bundestag könnte also die Erfüllung von Berichtspflichten von unabhängigen Gremien - mit Ausnahme der jährlichen Prüfungsbemerkungen des Rechnungshofes - vor den Verwaltungsgerichten einklagen.

In der umgekehrten Situation ist es aber auch dem jeweiligen Gremium möglich, sich vor den Verwaltungsgerichten gegen unzulässige Berichtsanforderungen zur Wehr zu setzen.

12.Teil: Vorstellungen zu Verbesserungen im Berichtswesen

I. Die Vorschläge der interministeriellen Arbeitsgruppe "Berichte der Bundesregierung" 1970

Die interministerielle Arbeitsgruppe "Berichte der Bundesregierung" hat 1970 das Berichtswesen zum ersten Mal und bisher am eingehendsten systematisch untersucht und Verbesserungsvorschläge gemacht. Sie sollen im folgenden kurz dargestellt werden:

Das (1970) bestehende Berichtswesen wird als ein "Wirrwarr" bezeichnet. Es seien deshalb Zweifel entstanden, ob die Berichte den in sie gesetzten Erwartungen auf breite öffentliche Wirksamkeit und Resonanz genügten. Die Vielfalt der vorgelegten Berichte sei verwirrend. Selbst innerhalb der Bundesregierung und -verwaltung sei der Überblick nicht mehr gewährleistet. Die sich zwangsläufig durchdringenden Themen und Probleme der einzelnen Berichte und Berichtsteile seien oft unzulänglich abgegrenzt, abgestimmt und miteinander verbunden; daraus ergäben sich Unklarheiten, Widersprüche, Auslassungen und überflüssige Überschneidungen. Wirkten mehrere Ressorts an einem Bericht zusammen, gelinge es oft nicht, ihre Beiträge und Aspekte zu einem Ganzen zusammenzufügen. Es müsse befürchtet werden, daß Charakter, Aufbau, Umfang und äußere Gestaltung mancher Berichte dem anzustrebenden Zweck, der Öffentlichkeit ein schlüssiges Gesamtbild der Politik der Bundesregierung zu vermitteln, entgegenwirkten[1].

Um diesen Unzulänglichkeiten abzuhelfen, schlug die Arbeitsgruppe ein differenziertes, sorgfältig abgestimmtes *Verbundsystem von Berichten* vor. Dazu komme es darauf an, 1. eine übersichtliche Ordnung und 2. eine bessere Gestaltung der Berichte selbst herzustellen[2].

1. Zur Herbeiführung der übersichtlichen Ordnung unterschied die Arbeitsgruppe zunächst das bestehende Berichtswesen nach der Breite der Berichtsmaterie in Gesamt-, Schwerpunkt- und Spezialberichte[3]. Die künftigen Berichte sollten aufeinander und zuvorderst auf der Regierungserklärung zum Amtsantritt der Bundesregierung ("Antrittserklärung") aufbauen und

---

1 Bericht, S.6, 2.

2 Bericht, S.6.

3 Vgl. 1.Teil, III. 2.

zugleich eine Grundlage für die jeweils nächste Regierungserklärung sein[4]. Die Antrittserklärung wurde dabei selbst nicht als parlamentarischer Bericht erachtet - vermutlich wegen ihrer mündlichen Form.

Als Gesamtberichte faßte man hingegen den seit 1952 jährlich vom Bundespresseamt herausgegebenen "Jahresbericht der Bundesregierung" sowie den "Bericht zur Lage der Nation"[5] auf. Als Schwerpunktberichte stellte die Arbeitsgruppe 14 Berichte zur Diskussion, deren Themen im wesentlichen den Ministerressorts entsprachen. Zurückgegriffen werden sollte auf 10 vorhandene sowie auf 4 neu zu erstattende Berichte[6]. Die Berichte sollten dabei weniger im Sinne eines Rechenschaftsberichtes Vergangenes mitteilen sondern mehr als bisher Planungscharakter haben. Mindestens einmal in jeder Legislaturperiode sollten Schwerpunktberichte abgegeben werden.

Die Spezialberichte sollten für die Gesamtpolitik der Bundesregierung wichtige Gegenstände behandeln.

2. Die Anforderungen an die Gestaltung der Berichte bestimmte die Arbeitsgruppe nach Inhalt und Aufbau sowie nach der äußeren Form der Darstellung getrennt[7]:

a) Jeder Bericht der Bundesregierung sollte in Zukunft in folgende Punkte gegliedert werden:

- Darstellung und Analyse der Ausgangssituation sowie Erfolgskontrolle der bisherigen Maßnahmen
- Prognose der Entwicklung (kurzfristige und langfristige Vorausschau)
- Festlegung der Ziele
- Zielkonforme Ausrichtung der Maßnahmen.

b) Zur äußeren Form der Darstellung machte die Arbeitsgruppe 12 detaillierte Vorschläge, die u.a. einen einheitlichen Titel und ein einheitliches Druckformat, bei periodisch vorzulegenden Berichten die Nennung aller vorangegangenen Berichte, ein obligatorisches Inhalts- und Abkürzungsverzeichnis sowie eine Zusammenfassung, außerdem die Darstellung des Berichtsauftrags oder des Anlasses der Berichterstattung umfaßten.

Schließlich enthielt der Bericht noch Vorstellungen zum Verfahren bei der Erstellung von Berichten, bei der Fragenkataloge als Hilfe angeboten wurden.

---

4 Vgl. das Schaubild in Anhang III.

5 Dabei ließ man im Titel den Zusatz "im geteilten Deutschland" einfach weg, um den Charakter als Gesamtbericht zu veranschaulichen.

6 Außenpolitischer Bericht, Deutschlandbericht, Verfassungs- und Verwaltungsbericht und Rechtsbericht.

7 Bericht, S.15ff.

Die Arbeitsgruppe "Berichte der Bundesregierung" hat mit ihren weitreichenden Ausführungen eine brauchbare Hilfe für die Erstellung und Koordinierung von Berichten der Bundesregierung erstellt. Insbesondere zur äußeren Gestaltung sind die Hinweise wichtig und sollten beachtet werden. So ist es etwa zu bemängeln, daß auch heute einige Berichte nicht einmal mit einem Inhaltsverzeichnis versehen sind, weswegen viele Berichte immer noch eine "mühsame und zeitraubende Lektüre"[8] darstellen.

Nur am Rande werden jedoch die Gründe für das damalige "Wirrwarr" des Berichtswesens gestreift. Nicht so sehr der unterschiedliche Aufbau oder die verschiedene Form der Berichte dürften dafür maßgebend gewesen sein, sondern - aus der Sicht des Bundestages - vielmehr die mangelnde Abstimmung der Berichts*anforderungen* durch Beschluß oder Gesetz. Da die Bundesregierung oft lediglich die Berichtsaufträge des Parlamentes erfüllt, sind Überschneidungen und Wiederholungen von Themen nicht erst durch die Berichte selbst, sondern schon durch deren Anforderung bedingt. Zur Vereinheitlichung des Berichtswesens müßte daher besonderer Wert auf die Koordinierung der Berichtspflichten gelegt werden.

Die Vorstellung eines auf der Antrittserklärung basierenden Berichtssystems ist auf den ersten Blick einleuchtend. In der späteren Praxis konnte sich der Vorschlag jedoch nicht durchsetzen. Eine ständige Rückkoppelung der Berichte untereinander hätte ein hohes Maß an Koordination der federführenden Ministerien erfordert[9], was einen besonderen Aufwand bei der Erstellung des Berichts bedeutet hätte. Eine solche intensive Abstimmung hätte die nicht nur mit der Erstellung von Berichten beschäftigten Ministerien wohl überfordert. Allenfalls bei einer zentralen Stelle der Bundesregierung, die alleine Berichte anfertigte, wäre dies einfacher zu praktizieren gewesen.

Der von der Arbeitsgruppe vorgeschlagene einheitliche Aufbau aller Berichte ist abzulehnen. Vielmehr muß sich die Gliederung eines Berichts an dessen unterschiedlichen Funktionen orientieren, die der Berichtspflicht oder dem Anlaß für die Berichterstattung entnommen werden kann. Es wäre unangemessen etwa einen Bericht über über- und außerplanmäßige Ausgaben ebenso wie den Unfallverhütungsbericht aufzubauen. Maßgebend muß für die jeweilige Gliederung die Berichtspflicht sein, wobei deren Funktion das entscheidende Kriterium darstellt. Sofern verschiedene Berichtspflichten in Inhalt und Funktion allerdings identisch sind, empfiehlt sich ein einheitlicher Aufbau, der jedoch dem von der Arbeitsgruppe vorgeschlagenen nicht

---

8 Ismayr, ZParl 1990, 558.

9 Auf eine Frühkoordinierung der Berichte legte die Arbeitsgruppe deshalb auch besonderen Wert, Bericht, S.4, 20ff.

entsprechen muß. Für die zahlreichen Berichte zur Erfolgsbewertung von Gesetzen ist etwa ein einheitlicher Aufbau sinnvoll. Ebenso könnten Ressortberichte einheitlich aufgebaut werden.

II. Vereinheitlichung und Systematisierung

Über formale Vereinheitlichungen hinaus haben die Vorschläge der Arbeitsgruppe "Berichte der Bundesregierung" zu keinem weiteren Erfolg geführt. Vielmehr hat die Zahl der Berichtspflichten und Berichte erheblich zugenommen, ohne daß diese aufeinander abgestimmt wären. Gegenüber den in der 5.Legislaturperiode (1965-69) bestehenden ca. 35 Berichtspflichten, die regelmäßige Berichte von der Bundesregierung verlangten, waren dies zum Anfang der 12.Legislaturperiode (1991) schon insgesamt 78 Berichtspflichten[10]. Die Zahl der Berichtspflichten, die einmalige Berichte verlangten, ist von 54 Berichtspflichten in der 5.Wahlperiode auf 84 in der 10.Wahlperiode angestiegen.

Auch auf Seiten der Landtage hat der ständige Anstieg der Zahl der Berichte zu Überlegungen geführt, auf bestimmte Berichte zu verzichten, sie inhaltlich zu ändern oder sie in größeren Zeitabständen zu erstatten[11].

Es fragt sich, ob tatsächlich derart viele Berichte notwendig sind und noch in sinnvolle Parlamentsarbeit umgesetzt werden können.

Durch eine Vereinheitlichung und Systematisierung ließe sich der Erkenntniswert des Berichtswesens steigern. Überschneidungen der Themenbereiche verschiedener Berichte könnten vermieden, auf einige Berichte könnte auch ganz verzichtet werden.

Eine Vereinheitlichung müßten die Parlamente im Hinblick auf die *Berichtspflichten* anstreben, während die Regierung als hauptsächlich in An-

---

10 Aufgrund einer gesetzlichen Vorschrift und der Diskontinuität unterfallenden "schlichten" Parlamentsbeschlüsse; die Zahl der allein rechtlich bindenden Berichtsgesetze beträgt 42; vgl. auch Ismayr, ZParl 1990, 554.

11 Vgl. dazu folgenden Beschluß des baden-württembergischen Landtags in LT-Ds 9/938:
Die Landesregierung wird ersucht,
"zu prüfen und zu berichten,
1. welche selbständigen periodischen Berichte die Landesregierung dem Landtag - jeweils in welchen Zeitabständen und mit welchem wesentlichen Inhalt - zu erstatten hat und
2. welche dieser Berichte aus der Sicht der Landesregierung verzichtbar erscheinen, thematisch eingeengt, mit anderen Berichten zusammengefaßt bzw. in größeren Zeitabständen erstattet werden könnten."

spruch genommener Berichterstatter Wert auf einheitliche *Berichte* zu legen hätte.

1. Veröffentlichung zusammenfassender Listen oder Gesetze

Die bisher in verschiedenen Gesetzen und Beschlüssen verstreuten Berichtspflichten sollten regelmäßig zusammengefaßt veröffentlicht werden - auch unter Abdruck des Wortlauts. Dadurch wäre auf Bundestags- und -regierungsseite ein Überblick einfach gewährleistet und künftige Überschneidungen und Wiederholungen könnten vermieden werden. In der Praxis des Bundestages wäre es dazu denkbar, die entsprechende, bisher nicht veröffentlichte Liste der Bundestagsverwaltung als Bundestagsdrucksache herauszugeben.

Als weitere Alternative wäre es stattdessen auch möglich, die verstreuten gesetzlichen Berichtspflichten in einem umfassenden "Inter-Organ-Gesetz" zusammenzufassen und dieses im Bundesgesetzblatt zu veröffentlichen. Dieses Verfahren wäre sicherlich aufwendiger, trüge aber zur Vereinheitlichung bei. Außerdem bereinigte man durch die Aufhebung der verschiedenen einzelnen Berichtspflichten die bisherigen "Muttergesetze", die nicht dazu dienen, dem Bundestag Informationen zu verschaffen.

2. Allgemeine Berichtspflicht zur nachträglichen Gesetzesüberprüfung

Auch die vielen Berichtspflichten, die von der Bundesregierung einen Bericht über die Erfahrungen mit bestimmten Gesetzen verlangen, könnten durch eine allgemeine Norm ersetzt und damit "institutionalisiert" werden[12].

Diese Norm müßte zunächst den verschiedenen verfassungsrechtlichen Verpflichtungen, bestimmte Gesetze überprüfen zu müssen, Rechnung tragen. Es wurde zwar dargelegt, daß der Bundestag ein Ermessen hat, welches Informationsmittel er zur Gesetzesüberprüfung einsetzt[13], so daß eine Überprüfung durch eine Berichtspflicht nicht zwingend ist. Jedoch haben sich Berichtspflichten dadurch, daß sie bereits bei der Verabschiedung des jeweiligen Gesetzes gefaßt werden und deshalb eine ständige, begleitende Kontrolle ermöglichen, als in der Praxis am geeignetsten zur Gesetzesüberprüfung erwiesen. Eine solche Berichtspflicht wäre also angebracht.

---

12 Zu der "Entlastungsfunktion" genereller Normen gegenüber Einzelfallregelungen vgl. Herzog, Allgemeine Staatslehre, S.303ff.

13 Vgl. 6.Teil, II. 2.

Der verfassungsrechtliche Mindestinhalt einer solchen Bestimmung ginge dahin, Gesetze darauf hin zu überprüfen, ob die mit ihnen verbundenen Grundrechtseingriffe noch weiter notwendig sind. Außerdem muß eine Wirtschaftlichkeitskontrolle durchgeführt werden[14].

Hinsichtlich der Sonderabgaben erscheint eine zusätzliche Berichtspflicht angebracht, die die jährliche Mitteilung der Einnahmen und Ausgaben des jeweiligen Fonds fordert - möglicherweise zur Zustimmung durch ein Feststellungsgesetz[15]. Die "Grundrechtsüberprüfung", insbesondere zur weiter bestehenden besonderen Finanzverantwortlichkeit der belasteten Gruppe, muß ebenfalls regelmäßig, jedoch in größeren Abständen erfolgen[16].

Die allgemeine Norm sollte als Gesetz festgelegt werden. Die bloße Übernahme in die Geschäftsordnung ist wegen ihrer fraglichen Außenwirkung und ihrer Diskontinuität nicht zu empfehlen.

Der erste Bericht könnte nach der bisherigen Handhabung in der Praxis nach 3 Jahren erstattet werden. Andere Werte sind aber rechtlich selbstverständlich zulässig.

Denkbar wäre ein Aufbau der jeweiligen Berichte in Form einer "Erfolgskommentierung" der jeweiligen Tatbestände. Damit ließen sich Schwachstellen des Gesetzes feststellen. Denkbar wäre folgende Gliederung:

1. Inhaltsverzeichnis
2. Wiedergabe des Berichtsauftrags
3. Vorbemerkungen zum allgemeinen Zweck des Gesetzes (insbesondere an Hand der Gesetzesmotive)
4. "Erfolgskommentierung" nach den einzelnen Tatbeständen gegliedert:
   a) Inhalt der (einzelnen) Neuregelung
   b) Konkreter Zweck der einzelnen Vorschrift (insbesondere an Hand der Gesetzesmotive)
   c) Erfahrungen in der praktischen Durchführung der Vorschrift, Veränderungen der praktischen Verhältnisse
   d) Bewertung des Erfolges der Vorschrift und mögliche Verbesserungsvorschläge
5. Bewertung des Gesetzes insgesamt
6. Zusammenfassung der Änderungsvorschläge

Anhang: Mitteilungen der durchgeführten Erhebungen und möglicher Einzeluntersuchungen durch unabhängige Institute etc.

Der Aufbau kann nicht zwingend verstanden werden und soll lediglich einen Vorschlag darstellen. Wenn etwa besondere Schwerpunkte betont wer-

---

[14] 6.Teil, II. 3.

[15] Vgl. 8.Teil, III.

[16] Vgl. dazu 8.Teil, III.

den sollen, sind Abweichungen erforderlich. Der Umfang des Berichts sollte - abhängig von Umfang und Bedeutung des zu untersuchenden Gesetzes - eher gering und auf das Wesentliche konzentriert ausfallen. Sofern sich zu einzelnen Punkten danach noch offene Fragen ergeben, können die Parlamentarier die erforderlichen Informationen durch ihre üblichen parlamentarischen Informationsinstrumente, insbesondere den Anfragen, nachholen.

3. *Berichtspflicht zur Überprüfung "schlichter" Parlamentsbeschlüsse*

Die Mitteilung der Regierung darüber, was sie auf die an sie gerichteten "schlichten" Parlamentsbeschlüsse veranlaßt hat, ist, wie ausgeführt wurde[17], früher in der Zeit des Kaiser-Reichs und der Weimarer Republik und heute noch in den meisten Bundesländern "institutionalisiert". Aufgrund der dort vorhandenen Bereitschaft der Regierungen, regelmäßig gesammelt zu berichten, haben sich die Bestimmungen bewährt und den Entschließungen der Parlamente höheres Gewicht zukommen lassen. Die Regierung muß sich zumindest in jedem Fall mit den Beschlüssen auseinandersetzen, in positiver oder negativer Weise auf sie reagieren und das Ergebnis den Parlamenten mitteilen. Ohne eine entsprechende generelle Berichtspflicht ist kein "Kontrollautomatismus" gewährleistet. Vielmehr muß in jedem Einzelfall mit den vorhandenen Informationsmitteln, insbesondere den Anfragen, Kontrolle ausgeübt werden. Mit einer solchen generellen Berichtspflicht wäre daher die Entlastung von der Nachfrage im Einzelfall verbunden.

Diese generelle Berichtspflicht sollte, um Zweifel an ihrer Verbindlichkeit auszuschließen, als Gesetz verabschiedet werden.

Sie könnte eine regelmäßige gesammelte Beantwortung der Entschließungen vorsehen - ein moderner "Bundestagsabschied" -, aber auch die Übermittlung der Reaktion im Einzelfall.

Inhaltlich sollten alle, an die Regierung gerichteten Beschlüsse beantwortet werden, etwa Beschlüsse, die die Regierung um die Vorlage eines bestimmten Gesetzesentwurfs ersuchen oder sie zu bestimmtem politischen Handeln auffordern[18].

---

17 Dazu 4.Teil, I. 3.

18 Zahlreiche Beispiele dazu bei Sellmann, Der schlichte Parlamentsbeschluß, S.18ff. Bei Schindler, Datenhandbuch 1980-84, S.408ff., 1980-87, S.422ff., sind z.B. alle Ersuchen an die Bundesregierung um Vorlage eines Gesetzentwurfs aufgeführt.

III. Einbeziehung unabhängiger Beratungsgremien

Es wäre denkbar, jedem Geschäftsbereich der Ministerressorts ein unabhängiges Beratungsgremium zuzuordnen. Dieses hätte statt der Bundesregierung dieser, aber auch dem Bundestag gegenüber Berichte anzufertigen. Bei näherer Betrachtung sind derartige Beratungsgremien in gewissem Umfange schon vorhanden, so etwa der Bundesrechnungshof im Bereich des Finanz- und Haushaltswesens, der Sachverständigenrat zur Begutachtung der gesamtwirtschaftlichen Entwicklung beim Wirtschafts-, der Sachverständigenrat für Umweltfragen beim Umweltminister, die Jugendberichtskommission für den Minister für Jugend und Frauen, der Sozialbeirat und die Konzertierte Aktion im Gesundheitswesen für den Arbeitsminister und mit gewissen Einschränkungen auch der dem Bundestag zugeordnete Wehrbeauftragte. All diese Institutionen könnten mehr als bisher statt der Bundesregierung Berichte anfertigen. Damit wäre ein weiterer Bedeutungszuwachs der Berichte verbunden, da derartige Gremien in der Regel objektiver berichten als die oft "befangene" Bundesregierung, und den Berichten deshalb größere Aufmerksamkeit geschenkt werden wird. So läßt sich schon heute beobachten, daß die Berichte derartiger Gremien in der Öffentlichkeit in höherem Maße beachtet werden als die Berichte der Bundesregierung.

Zu fordern ist jedoch, daß derartige Gremien rechtlich unabhängig gestellt werden, und außer der Exekutive auch das Parlament das Recht auf direkte Inanspruchnahme der Institution erhält.

IV. Funktionsgerechte Berichtspflichtenform

Künftig sollten Berichtspflichten in unterschiedlicher Form festgelegt werden, je nachdem, ob sie einmalige oder regelmäßige Berichte verlangen.

Für einmalige Berichte ist der "schlichte" Parlamentsbeschluß die angemessene Form. Diese Berichtspflichten erledigen sich mit dem jeweiligen Bericht; eine Aufnahme in das auf unbegrenzte Geltung angelegte "Muttergesetz" und eine Veröffentlichung im Bundesgesetzblatt ist nicht notwendig.

Berichtspflichten, die zeitlich unbegrenzt regelmäßige Berichte fordern, sollten hingegen in Gesetzesform festgeschrieben werden. Diese Berichtspflichten haben Bedeutung über den Einzelfall eines Berichts hinaus. Außerdem sind sie, wenn in Gesetzesform festgelegt, nicht vom Grundsatz der sachlichen Diskontinuität betroffen.

Die bisherige Praxis, auch durch "schlichte" Parlamentsbeschlüsse regelmäßige Berichtspflichten festzulegen, sollte daher aufgegeben werden, ebenso wie die Fassung gesetzlicher Berichtspflichten, die lediglich einen einmaligen Bericht verlangen.

Etwas anderes gilt allerdings in den seltenen Fällen, in denen die Berichtspflicht Grundrechte berührt. Insoweit gilt der Vorbehalt des Gesetzes[19]; aus diesem Grunde muß in der Regel ein Gesetz zur Anforderung des Berichtes verwendet werden, sofern keine gesetzliche Ermächtigung vorliegt.

V. Regelung der sachlichen Diskontinuität von Berichtsersuchen

Für Berichtsersuchen ist das Bedürfnis anzuerkennen, auch in der folgenden Legislaturperiode Berichte zu verlangen. Oft wird ein Bericht zu einem Gegenstand angefordert, der erst nach längerer Zeit sicher beurteilt werden kann. So könnte etwa die Bundesregierung beauftragt werden, über den Erfolg bestimmter exekutiver Maßnahmen, etwa Rechtsverordnungen, in der nächsten Legislaturperiode berichten zu müssen. Für diese nur einmalig notwendigen Berichte ist jedoch die Gesetzesform aus den eben erwähnten Gründen nicht angebracht. Da Berichtsersuchen grundsätzlich der Diskontinuität unterfallen, ist eine Regelung erforderlich. Wie bereits erläutert wurde, sind drei Möglichkeiten denkbar, 1. ein möglicherweise in der Geschäftsordnung festgelegter "Sammelberichtsbeschluß" zu Beginn jeder Wahlperiode, 2. ein "begrenzter Sammelberichtsbeschluß", der eine Anzahl ausgewählter Berichtsersuchen durch einen Beschluß erneuert und 3. die Erneuerung von Berichtsersuchen im Einzelfall durch einen neuen Beschluß[20].

VI. Deklaratorische Regelung der Informationspflicht der Bundesregierung

Zur Beendigung des Streits, ob die Bundesregierung dem Bundestag zu Informationen verpflichtet ist, sollte in das Grundgesetz eine dies klarstellende Norm aufgenommen werden[21]. Nach der hier vertretenen Ansicht ist diese Informationspflicht zwar schon in Art.43 Abs.1 GG enthalten. Trotzdem erscheint wegen dessen engen, aus dem Konstitutionalismus stammenden

19 Vgl. 9.Teil, III.

20 Vgl. 10.Teil, III.

21 So etwa auch v.Einem, Auskunftspflicht, S.138ff., der jedoch die Bundesregierung nicht aus Art.43 Abs.1 GG als zur Information verpflichtet sieht.

Wortlauts eine deklaratorische Bestimmung notwendig, wie dies mittlerweile auch in einigen Bundesländern, insbesondere in Schleswig-Holstein, geschehen ist[22].

In dieser Untersuchung hat sich gezeigt, daß, obwohl auf der Ebene der Geschäftsordnung zahlreiche neue Informationsmittel hinzugekommen sind (Kleine Anfragen, Fragestunde, Aktuelle Stunde, Enquete-Kommissionen, "Hearings", Befragung der Bundesregierung), die Informationsbeziehungen zwischen Bundestag und Bundesregierung auf Verfassungsebene nur das Zitierrecht in Art.43 Abs.1 GG und das Recht nach Art.44 GG, Untersuchungsausschüsse einzusetzen, kennen. Damit hat sich seit den preußischen Verfassungen von 1848/50 nichts Wesentliches geändert[23]. Eine Anpassung der Verfassung an die veränderten rechtlichen Verhältnisse in der parlamentarischen Demokratie, aber auch den tatsächlichen Veränderungen in einer immer komplexer werdenden, technisierten Gesellschaft, die eine gute informatorische Zusammenarbeit der Staatsorgane innerhalb klar bestimmter Grenzen als besonders notwendig erscheinen lassen, sollte deshalb ernsthaft erwogen werden.

Die Norm sollte daher die umfassende Informationspflicht der Bundesregierung gegenüber dem Bundestag klarstellen. Die hier entwickelten Grenzen parlamentarischer Berichtspflichten[24] könnten als Konkretisierungen der allgemeinen Informationspflicht entsprechend der Amtshilfe in den §§ 4ff. VwVfG auf einfachgesetzlicher Ebene festgelegt und in das vorgeschlagene "Inter-Organ-Gesetz" aufgenommen werden[25].

---

22 Art.22 und 23 der Landesverfassung von Schleswig-Holstein v.13.6.1990, vgl. dazu den Zwischenbericht v.1.11.88 (LT-Ds 12/85) und den Schlußbericht v.7.2.89 (LT-Ds 12/180) der Enquete-Kommission "Verfassungs- und Parlamentsreform"; vgl. außerdem Art.32 der hamburgischen LV sowie Art.76 saarl. LV; aus den neuen Bundesländern: § 6 Abs.1 Vorläufige Landessatzung Thüringen v.7.11.90, GBl.1: "Der Landtag und seine Ausschüsse können die Anwesenheit jedes Mitglieds der Landesregierung verlangen, das grundsätzlich zur Erteilung von Auskünften verpflichtet ist."

23 Vgl. Art.60 Abs.2; Art.82 preuß.Verf. von 1850.

24 Vgl. den 9.Teil.

25 11.Teil, II. 1.

Anhang I: Verzeichnis aller Berichtspflichten, die regelmäßige Berichte verlangen

Stand: März 1991.

In der Übersicht sind alle Berichtspflichten aufgeführt, die regelmäßige Berichte an den Bundestag verlangen. Weitere Angaben sind enthalten bei Schindler, Datenhandbuch 1980-87, S.379ff. Rechtsverordnungen, die dem Bundestag zur bloßen Kenntnisnahme, Zustimmung etc. vorgelegt werden müssen, sind in der Aufstellung nicht enthalten, vgl. dazu Schindler, Datenhandbuch 1980-87, S.586ff.

Rechtsgrundlage	Kurzbezeichnung	Adressat	Berichtsfrequenz	Berichtszeitpunkt

I. Berichtspflichten der Bundesregierung und ihrer Mitglieder

1. Gesetzliche Berichtspflichten

Ressort: Bundesminister für Arbeit und Sozialordnung

Rechtsgrundlage	Kurzbezeichnung	Adressat	Berichtsfrequenz	Berichtszeitpunkt
1. §§ 1273 RVO, 50 AVG, 71 RKG, 129, 579, 1383 RVO[1]	Rentenanpassungsbericht	BReg	jährlich	bis zum 15.Dez.
2. § 154 Abs.1, 2, 3 SGB VI	Rentenversicherungsbericht, einmal in jeder WP ergänzt durch umfassenden Bericht betr. Altenversicherungssysteme	BReg	jährlich bzw. einmal in jeder WP	bis zum 31.7. (ab '92 bzw.'97)
3. §§ 722 Abs.1 RVO, 139b Abs.3 GewO, 51 Abs.3 JArbSchG	Unfallverhütungsbericht Statistischer Teil	BReg	jährlich	bis zum 31.Dez.

1 Aufgehoben durch Art.6 Nr.24 Rentenreformgesetz 1992 v.18.12.1989, BGBl.I 2261, zum 31.12.1991.

4.				
§ 141 Abs.4 SGB V	Bericht üb.Beitragssatzentwicklung und Umsetzung d.Empfehlungen d.Konz.Aktion	BMA	3 Jahre	erstmals 1991

Ressort: Bundesminister für Bildung und Wissenschaft

5.				
§ 35 S.3 BAföG	Bericht zur Überprüfung d. Bedarfssätze, Freibeträge etc nach § 21 Abs.2 BAföG	BReg	2 Jahre	–

Ressort: Bundesminister für Ernährung, Landwirtschaft und Forsten

6.				
§§ 4, 5 LWG, 41 Abs.3 BWaldG Beschl.v. 26.6.68, Ds V/2952	Bericht über die Lage der Landwirtschaft (Agrarbericht), Auswirkungen d. EG-Marktorganisationen auf dem Agrargebiet	BReg	jährlich	bis zum 15.Febr.
7.				
§ 16d TierschG	Tierschutzbericht	BReg	2 Jahre	erstmals zum 1.1.89

Ressort: Bundesminister der Finanzen

8.				
Art.110 GG, §§ 28-30 BHO	Entwurf des Haushaltsplanes	BReg	jährlich	spätestens in der 1.Sitzungswoche nach dem 1.Sept.
9.				
Art.114 Abs.1 GG, § 114 BHO	Jahreshaushaltsrechnung	BMF	jährlich	im Laufe d.nächsten Rechnungsjahres
10.				
§ 9 StabG, § 50 HGrG	Finanzplan	BReg	jährlich	spät. mit HaushaltsG

11. § 31 BHO	Finanzbericht	BMF	jährlich	mit HPl. u.HG
12. § 10 StabG, § 50 HGrG	Investititonsprogramme	–	jährlich	mit FPl.
13. § 12 StabG	Subventionsbericht	BReg	2 Jahre	mit HPl.
14. § 37 Abs.4 BHO	Bericht über über- und außerplanmäßige Ausgaben	BMF	viertel-jährlich od. unverzüglich	–
15. § 32 BHO	Ergänzungsvorlagen	BReg	–	–
16. § 33 BHO	Entwürfe für Nachtrags-haushaltsgesetze	BReg	–	–
17. Art.113 Abs.1 S.4 GG	Stellungnahme zu ausgaben-erhöhenden od. -mindernden Gesetzen	BReg	–	–
18. § 50 Abs.3 S.2 HGrG	Alternativrechnungen zum Finanzplan	BReg	–	nach An-forderung
19. § 10 Abs.2 BHO	Bericht über Änderungen der Haushaltsentwicklung	BReg	–	–
20. § 64 BHO	Veräußerung von bundes-eigenen Grundstücken	BReg	–	–
21. § 65 BHO	Veräußerung von Anteilen an Unternehmen	BReg	–	–

22. § 10 Abs.1 BHO	Überblick über Auswirkungen v.Gesetzesvorlagen auf Haushaltswirtschaft und Finanzplanung	BReg	–	mit jeder Gesetzes-vorlage
23. § 22 S.2 HG 1990	Änderung von EG-relevanten Abschnitten des HPl.	BMF		unver-züglich
24. BVerfGE 45, 1 (aus Art.110, 112 GG)	Konsultation zum Zwecke der Bewilligung von über- und außerplanmäßigen Ausgaben	BMF	–	unver-züglich

Ressort: Bundesminister für Frauen und Jugend

25. § 84 Abs.2 S.2 SGB VIII	Stellungnahme zum Bericht d.Jugendberichtskommission	BReg	einmal in jeder LP	–

Ressort: Bundesminister des Innern

26. § 96 BVertrG, Beschl. zul.v. 5.10.89, Ds 11/5082	Bericht über die Pflege des Kulturgutes der Vertriebenen u.Flüchtlinge und die Förderung der wissenschaftlichen Forschung	BReg	2 Jahre	zu Anfang und Mitte der WP
27. § 5 Abs.3 BStatG	Bericht über die nach § 5 Abs.2 und § 7 BStatG angeordneten Statistiken	BReg	2 Jahre	erstmals 1988
28. Art.17 BeamtVGÄndG BGBl.'89, I 2218, Beschl.v. 9.11.89, Ds 11/5537	Versorgungsleistungen im öffentlichen Dienst (Versorgungsbericht)	BReg	4 Jahre	zu Beginn jeder WP

29. Art.115f Abs.2 GG	Unterrichtung über Maßnahmen nach Art.115f Abs.1 GG im Verteidigungsfall	BReg	–	unverzüglich

Ressort: Bundesminister für Post und Telekommunikation

30. § 26 PostVerfG	Bericht über die Entwicklung auf dem Gebiet des Postwesens und der Telekommunikation	BMP	einmal in jeder WP	–

Ressort: Bundesminister für Raumordnung, Bauwesen und Städtebau

31. § 8 Abs.7 WohngeldG	Wohngeld- und Mietenbericht	BReg	2 Jahre	–
32. § 11 BROG	Raumordnungsbericht	BReg	4 Jahre	–

Ressort: Bundesminister für Umwelt, Naturschutz und Reaktorsicherheit

33. § 5 Abs.2 StrSchVG	Bericht über die Entwicklung der Radioaktivität i.d.Umwelt	BMU	jährlich	–
34. § 61 BImSchG	Immissionsschutzbericht	BReg	einmal in jeder LP	ein Jahr n.d.ersten Zusammentreten

Ressort: Bundesminister für Verkehr

35. § 7 Fernstraßenausbau G	Straßenbaubericht	BMV	jährlich	–

36. § 30 Abs.4 BBahnG	Wirtschaftsplan der BBahn	BReg	jährlich	–

Ressort: Bundesminister für Wirtschaft

37. Art.2 ZustG RömV	EG-Vorlagen	BReg	laufende Unterrichtung	
38. § 2 StabG, § 6 SVR-WirtschaftG	Jahreswirtschaftsbericht, Stellungnahme zum Jahres-gutachten des SVR-Wirtschaft	BReg	jedes Jahr	im Januar
39. § 24b Abs.5 S.3 GWB	Stellungnahme zum Gut-achten d. Monopolkomm.	BReg	2 Jahre	in ange-messener Frist nach Gutachten
40. § 50 Abs.2 GWB	Stellungnahme zum Gut-achten d. Bundeskartellamts	BReg	2 Jahre	unverzüg-lich mit Gutachten
41. § 2 Abs.4 AltölG v. 11.12.79, BGBl.I 2113	Tätigkeit des Rückstel-lungsfonds nach dem AltölG	BReg	3 Jahre	31.3., erstmals 1972

Je nach Zuständigkeit

42. Art.76 Abs.3 Satz 2 GG	Stellungnahme zu Gesetzes-vorlagen des Bundesrates	BReg	–	–

2. Berichtsbeschlüsse, die zu regelmäßigen Berichten auffordern:

Ressort: Bundesminister für Arbeit und Sozialordnung

43. Beschl.v. 4.11.49, Ds I/131, zul.v. 16.10.64	Übersicht über die Beschäftigung Schwerbehinderter bei den Bundesdienststellen	BReg	jährlich	nach dem Stand v. 1.10.
44. Beschl.v. 8.12.66, Ds V/117, zul.v. 27.10.77, Ds 8/1002	Bericht über die Anwendung des Art. 119 EWG-V	BReg	3 Jahre	erstmals Anfang 1980
45. Beschl.v. 1.7.76, Ds 7/5380	Unfallverhütungsbericht Textteil	BReg	jede WP	
46. Beschl.v. 25.6.82, Ds 9/1753, v.10.12.86, 10/6705	Bericht über die Lage der Behinderten und die Entwicklung d.Rehabilitation	BReg	einmal in jeder WP	–
47. Beschl.v. 21.6.72, Ds VI/3505, zul.v. 12.11.81, Ds 9/975	Bericht über die Erfahrungen bei der Anwendung des Arbeitnehmerüberlassungsgesetzes - AüG- u.d.Gesetzes zur Bekämpfung der illegalen Beschäftigung	BReg	4 Jahre	erstmals 30.6.84
48. Beschl.v. 10.12.86, Ds 10/6704	Sozialbericht	BReg	–	–

Ressort: Auswärtiges Amt

49. Beschl.v. 22.2.67 Ds V/1010, v.28.4.67, Ds V/1653, v.25.1.90, Ds 11/4877, v.12.3.90, Ds 11/6632	Bericht über die Tätigkeit des Europarates und der WEU (getrennte Berichte)	BReg	halbjährlich	erstmals 1.10.67
50. Beschl.v. 30.10.90, Ds 11/7729	Stand d.Arbeiten zur Stärkung d.Europ.Parlamentes i.d.Reg.-Konferenzen zur Wirtschafts-u.Währungsunion u.z.politischen Union	BReg	halbjährlich	erstmals Juli '91
51. Beschl.v. 15.6.89, Ds 11/4751	Schritte d.BReg. zur Stärkung d.gesetzgeberischen Befugnisse d.Europ.Parlamentes u.Stand d.Beratungen zwischen d.Mitgliedstaaten	BReg	jährlich	erstmals Ende '89
52. Beschl.v. 14.1.82, Ds 9/1251, v.25.3.82, Ds 9/1464, v.10.12.86, Ds 10/6681	Bericht zum Stand der Bemühungen um Rüstungskontrolle und Abrüstung sowie der Veränderungen im militärischen Kräfteverhältnis (Jahresabrüstungsbericht)	BReg	jährlich	innerhalb der ersten 2 Monate d. Jahres
53. Beschl.v. 25.1.90, Ds 11/6074	Stand d.Unterzeichnung u. Ratifizierung europ.Abkommen, etc. mit Gründen	BReg	2 Jahre	–
54. Beschl.v. 1.12.86, Ds 10/6223	Menschenrechtsbericht	BReg	einmal in jeder WP	–

Ressort: Bundesminister für Bildung und Wissenschaft

55. Beschl.v. 17.10.85, Ds 10/3542	Entwicklung geeigneter Qualifikationsprofile d.Ausbildungsplatzangebots	BReg	regelmäßig	-

Ressort: Bundesminister für Ernährung, Landwirtschaft und Forsten

56. Beschl.v. 11.2.82, Ds 9/1235, zul.v. 13.6.85, Ds 10/3271	Bericht üb.d. künftige Gestaltung der Gemeinschaftsaufgabe "Verbesserung der Agrarstruktur und des Küstenschutzes"	BReg	jährlich	15.9.

Ressort: Bundesminister für Familie und Senioren

57. Beschl.v. 18.6.70, Ds VI/834, v.10.12.1982, Ds 9/1286	Familienbericht	BReg	jede 2.LP	beginnend mit 10.LP

Ressort: Bundesminister der Finanzen

58. Beschl.v. 4.2.82, Ds 9/1266	Vorsteuerbelastungsbericht	BReg	jährlich	–
59. Beschl.v. 4.7.58 Umdruck 156	Jahresbericht über die Beteiligungen des Bundes	BReg	jährlich	–

Ressort: Bundesminister für Forschung und Technologie

60. Beschl.v. 23.6.76,	Faktenbericht zum Bundesbericht Forschung	BReg	2 Jahre	im 1.Quartal

Ds 7/5389, v.13.10.83, StenoB S.1825				
61. Beschl.v. 23.6.76, Ds 7/5389, zul.v. 11.5.89, Ds 11/4112	Forschungsbericht üb.Ziele, Struktur, Schwerpunkte d. Forschungspolitik (Bundesbericht Forschung)	BReg	4 Jahre	im 1.Quartal

Ressort: Bundesminister für Frauen und Jugend

62. Beschl.v. 10.12.86, Ds 10/5623	Umsetzung der "Richtlinie zur beruflichen Förderung v.Frauen i.d.BVerwaltung"	BReg	3 Jahre	–

Ressort: Bundesminister für Gesundheit

63. Beschl.v. 26.6.85, Ds 10/3540	Auswertung der Recht- sprechung zum BtMG im Rahmen der Datenbank BIFOS	BReg	jährlich	–

Ressort: Bundesminister des Innern

64. Beschl.v. 13.5.71, Ds VI/2152, zul.v. 26.10.89, Ds 11/3948	Sportbericht	BReg	alle 4 Jahre	–
65. Beschl.v. 12.3.76, Ds 7/4770	Medienbericht	BReg	regelmäßig in kürzeren Abständen	–

Ressort: Bundesminister der Justiz

66. Beschl.v. 23.5.85, Ds 10/3360	Bericht zu § 54 UrhG u.a.	BReg	3 Jahre	nach Inkraft-treten d. UrhGÄndG v.24.6.85 (1.7.85)
67. Beschl.v. 25.4.90, Ds 11/6983	Auswirkungen der im BetreuungsG enthaltenen Regelungen zur Sterilisation	BReg	4 Jahre	erstmals 1.1.96

Ressort: Bundesminister für Post und Telekommunikation

68. Beschl.v. 17.4.80, Ds 8/3786, zul.v. 25.10.90, Ds 11/6109	Bericht über die Erschließung des Zonenrandgebietes im Bereich des Post- und Fernmeldewesens	BReg	2 Jahre	erstmals 1981

Ressort: Bundesminister für Umwelt, Naturschutz und Reaktorsicherheit

69. Beschl.v. 9.3.89, Ds 11/4133	Bericht betr. FCKW	BReg	jährlich	–
70. Beschl.v. 26.10.90, Ds 11/8009	Bericht betr. Tropenwalderhaltung	BReg	2 Jahre	ab 1.3.91

Ressort: Bundesminister für Verkehr

71. Beschl.v. 26.6.69, Ds V/4412,	Unfallverhütungs-bericht Straßen-verkehr	BReg	2 Jahre	30.4.

zul.v. 23.6.76, Ds 7/5318				
72. Beschl.v. 22.1.69, Ds V/3711, zul.v. 5.5.88, Ds 11/1794	Fortgang d.Verkehrs-erschließung des Zonenrandgebietes	BReg	2 Jahre	erstmals 1970
73. Beschl.v. 10.6.76, Ds 7/5242	Bericht üb.d. Kosten-unterdeckung im öffentl. Personennahverkehr	BReg	5 Jahre	–

Ressort: Bundesminister für Wirtschaft

74. Beschl.v. 22.2.67, Ds V/1010, v.28.4.67, Ds V/1653, zul.v. 25.1.90, Ds 11/4877	Bericht über die Integration in die EG	BReg	halb-jährlich	–
75. Beschl.v. 14.3.85, Ds 10/2994	Bericht üb.d. Aktivitäten usw.d. Gemeins.Fonds u.d. einzelnen Rohstoffabkommen	BReg	2 Jahre	ab Inkraft-treten d. Übereink.z. Gründung d.Gemeins. Fonds für Rohstoffe
76. Beschl.v. 12.6.80, Ds 8/4154(neu)	Bericht üb.d.Lage der freien Berufe	BReg	fort-laufend	zeitlich angemessen

77. Beschl.v. 16.10.86, Ds 10/6171	Entwicklung des Fremdenverkehrs	BReg	regelmäßig	–

Ressort: Bundesminister für wirtschaftliche Zusammenarbeit

78. Beschl.v. 28.4.71, Umdruck 171, zul.v. 30.10.90, Ds 11/8366, 7108	Bericht zur Entwicklungspolitik	BReg	2 Jahre	erstmals 1973

II. Gesetzliche Berichtspflichten anderer Berichterstatter:

Ausschuß für die Hochsschulstatistik

§ 7 Abs.2 HStatG	Arbeitsbericht	4 Jahre	–

Bundeskartellamt

§ 50 Abs.2 GWB	Tätigkeitsbericht	2 Jahre	1 Jahr nach dem Gutachten d. Monopkomm.

Bundesbeauftragter für den Datenschutz

§ 26 Abs.1 Satz 1 BDSG	Tätigkeitsbericht	alle 2 Jahre	
§ 26 Abs.2 Satz 1 BDSG	Zusatzgutachten	nach Anforderung durch den Bundestag	

Bundesrechnungshof

Art.114 Abs.2 Satz 2 GG, § 97 BHO	Prüfungsbemerkungen zur Haushaltsrechnung	jährlich	
§ 99 BHO	Sondergutachten	auf eigene Initiative	
§ 101 BHO	Rechnungslegung des Rechnungshofes	–	

Bundesschuldenausschuß

§ 35 Abs.2 ReichsschO	Tätigkeitsbericht, Bericht über Verwaltung der *Reichs*schuld	jährlich	–

Jugendberichtskommission

§ 84 SGB VIII	Jugendbericht, jeder dritter Bericht mit Überblick über die Gesamtsituation der Jugendhilfe	einmal in jeder LP	-

Monopolkommission

§ 24b Abs.5 Satz 2 GWB	Gutachten betr. Unternehmenskonzentrationen	2 Jahre	bis zum 30.Juni

Petitionsausschuß

§ 112 Abs.1 Sätze 1, 2 GOBT	Sammelübersicht über behandelte Petitionen	monatlich	
§ 112 Abs.1 Satz 3 GOBT	Jahresbericht	jährlich	–

Sachverständigenrat zur Begutachtung der gesamtwirtschaftlichen Entwicklung

§ 6 SVR-WirtschaftG	Jahresgutachten	jährlich	bis zum 15.Nov.

Sozialbeirat

bis zum 31.12.1991:

§§ 1273 RVO, 50 AVG, 71 RKG, 1383 RVO, 110 AVG, 579 RVO	Gutachten zum Rentenanpassungsbericht	jährlich	bis zum 15.Dez.

ab dem 01.01.1992:

§ 155 SGB VI,	Gutachten zum Rentenversicherungsbericht	jährlich	bis zum 31.Juli

Wahlkreiskommission

§ 3 Abs.3 Sätze 1, 2 BWahlG	Bericht zur Wahlkreiseinteilung	jede LP	eineinhalb Jahre nach Beginn d.LP
§ 3 Abs.3 Satz 3 BWahlG	Ergänzende Berichte	nach Anforderung durch den Innenminister	

Wehrbeauftragter

§ 2 Abs.1 WehrbeauftrG	Jahresbericht	jährlich	–
§ 2 Abs.3 WehrbeauftrG	Einzelberichte nach Weisung		

Anhang II: Berichtsstatistik

	Berichtsgesetz		Berichtsbeschluß		Regierungsinitiative	
	einmalig	regelmäßig	einmalig	regelmäß.	schriftl.	Reg.-Erkl.
1.LP `49-`53:	0	0	8	2	0	27
2.LP `53-`57:	0	3	11	3	0	15
3.LP `57-`61:	3	3	29	1	4	8
4.LP `61-`65:	1	4	50	8	4	10
5.LP `65-`69:	2	10	52	13	4	22
6.LP `69-`72:	1	4	36	4	17	23
7.LP `72-`76:	2	3	69	11	16	35
8.LP `76-`80:	1	0	69	5	14	19
9.LP `80-`83:	1	1	27	5	4	14
10.LP `83-`87:	1	3	83	5	11	45

Die Statistik wurde erstellt auf der Grundlage der Angaben bei *Schindler*, Datenhandbuch 1949-82, S.448ff. und 1980-87, S.379ff. In ihr sind nicht die in das Grundgesetz eingefügten Berichtspflichten enthalten; ebenso fehlen die Berichtspflichten, die anderen Berichterstattern als der Bundesregierung obliegen und dem Bundestag direkt zugeleitet werden, z.B. die des Bundesrechnungshofes, des Wehrbeauftragten und des Bundesbeauftragten für den Datenschutz.

In der Rubrik der regelmäßig zu erstattenden Berichte aufgrund eines schlichten Beschlusses des Bundestages wurde lediglich der erste zur regelmäßigen Berichterstattung führende Beschluß eingetragen. In einigen Fällen ist der erste Beschluß durch weitere Einzelbeschlüsse erneuert worden, z.B. die "Übersicht über die Beschäftigung Schwerbehinderter bei den Bundesdienststellen" gem. Beschl.v.4.11.1949, BT-Ds 131, gem.Beschl.v.8.4.1959, BT-Ds III/886, gem.Beschl.v.16.10.1964. Diese weiteren Beschlüsse wurden nicht eingetragen.

Die wenigen Berichtswünsche des Bundestages aufgrund Gesetz oder Beschluß, die zu mehreren in der Anzahl begrenzten Berichten aufforderten, sind nicht gesondert aufgeführt. Sie wurden in die Kategorie der einmaligen Berichte eingeordnet; zu nennen sind: der "Winterbaubericht" gem.Beschl.v.14.4.1972, der zu jährlichen Berichten erstmals 1973 und letztmalig 1980 aufforderte; der "Bericht darüber, wie hoch die Kosten der Erfüllung der Ansprüche auf Hauptentschädigung für Zonenschäden (§ 15a des Lastenausgleichsgesetzes) nach den bisherigen Erfahrungen anzusetzen sind" gem. § 4 des 21.Gesetzes zur Änderung des Lastenausgleichsgesetzes v.18.8.1969, BGBl.I 1232, welches zu Berichten 1972, 1974 und 1976 verpflichtete.

Die "Berichte zur Lage der Nation im geteilten Deutschland" wurden in die Rubrik der regelmäßigen Berichte aufgrund Beschlusses eingeordnet, da der Bericht zwar mündlich in Form einer Regierungserklärung abgegeben wurde, aber auf einen Beschluß vom 28.6.1967, BT-Ds V/1898, zurückzuführen ist.

Anhang III: Schema zu einem Berichtssystem nach den Vorschlägen der interministeriellen Arbeitsgruppe "Berichte der Bundesregierung" 1970

Funktion der Berichte für die Fortschreibung des Regierungsprogramms (Schematische Darstellungen)

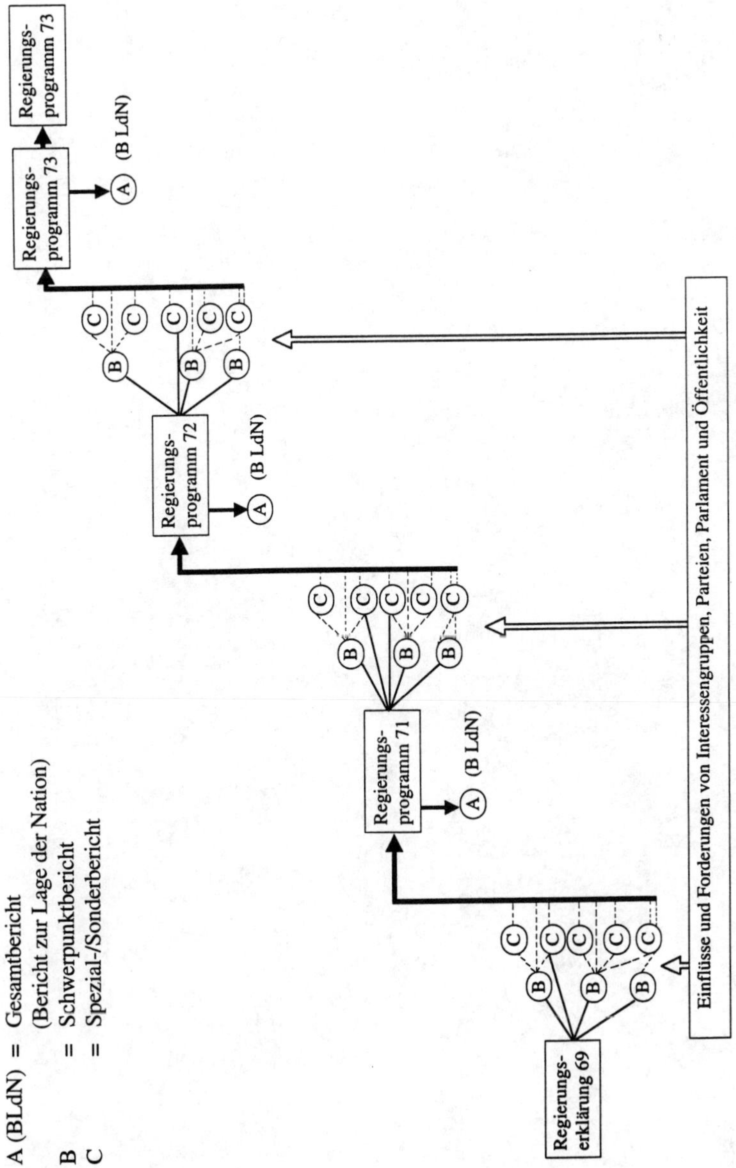

Schrifttum

Abmeier, Klaus, Die parlamentarischen Befugnisse des Abgeordneten des Deutschen Bundestages nach dem Grundgesetz, Berlin 1984

Achterberg, Norbert, Die Annexkompetenz, DÖV 1966, S.695ff.

- Parlamentsrecht, Tübingen 1984

Anschütz, Gerhard, Die Verfassung des Deutschen Reichs, 14.Aufl., Berlin 1933

- Die Verfassungsurkunde für den Preußischen Staat, Berlin 1912
- /*Thoma*, Richard (Hrsg.), Handbuch des deutschen Staatsrechts, 1.Bd., Tübingen 1930
- /*Thoma*, Richard (Hrsg.), Handbuch des deutschen Staatsrecht, 2.Bd., Tübingen 1932

Apelt, Willibald, Geschichte der Weimarer Verfassung, München 1946

Arndt, Adolf, Das Staatsrecht des Deutschen Reiches, Berlin 1901

- Die Verfassungsurkunde für den Preußischen Staat, 7.Aufl., Berlin 1911
- Verfassung des Deutschen Reiches, 5.Aufl., Berlin 1913

Arnim, Hans Herbert von, Besteuerung und Eigentum, VVDStRL 39 (1980), S.286ff.

- Gemeinwohl und Gruppeninteressen, Frankfurt a.M. 1977
- Grundprobleme der Finanzkontrolle, DVBl. 1983, S.664ff.
- Wirtschaftlichkeit als Rechtsprinzip, Berlin 1988
- (Hrsg.), Finanzkontrolle im Wandel, Berlin 1989

Aye/Bley/Göbelsmann/Gurgel/Müller/Schroeter/Schwerdtfeger, RVO-Gesamtkommentar, Bd.6, Wiesbaden Stand: Sept. 1990

Badura, Peter, Die Pflicht des Parlaments zur "Nachbesserung" von Gesetzen, in:Festschrift für Kurt Eichenberger zum 60.Geburtstag, hrsgg.v. Müller, Georg/Rhinow, René A./Schmid, Gerhard/Wildhaber, Luzius, Basel, Frankfurt a.M. 1982, S.481ff.

Bebermeyer, Hartmut, Regieren ohne Management?, Stuttgart 1974

Becker, Bernd, Öffentliche Verwaltung. Lehrbuch für Wissenschaft und Praxis, Percha am Starnberger See 1989

Becker, Walter P., Möglichkeiten einer Beteiligung der Parlamente an der staatlichen Planung, in: ZParl 1974, S.167ff.

- Synopse der bisherigen Planungskontrollgesetzentwürfe, in: ZParl 1974, S.184ff.

Belz, Reiner, Die Diskontinuität der Parlamente, Diss.Tübingen 1968

Berger, Raoul, Executive Privilege: A Constitutional Myth, Cambridge, Massachusetts 1974

Bielenberg, Walter/*Erbguth*, Wilfried/*Söfker*, Wilhelm, Raumordnungs- und Landesplanungsrecht des Bundes und der Länder, Bd.2, Bielefeld Stand: 1990

Bleicken, Jochen, Die athenische Demokratie, Paderborn, München, Wien 1986

Bodenheim, Dieter G., Kollision parlamentarischer Kontrollrechte, Hamburg 1979

Böhret, Karl/*Hugger*, Werner, Test und Prüfung von Gesetzentwürfen. Anleitungen zur Vorabkontrolle und Verbesserung von Rechtsvorschriften, Köln, Bonn 1980

Bonner Kommentar, Kommentar zum Bonner Grundgesetz (Loseblatt) Hamburg 1950ff., Zweitbearb. 1964ff.

Bracher, Karl Dietrich, Die Auflösung der Weimarer Republik, 5.Aufl., Villingen 1971

- Die nationalsozialistische Machtergreifung, Köln, Opladen 1960

Breuer, Rüdiger, Selbstbindung des Gesetzgebers durch Programm- und Plangesetze?, DVBl.1970, S.101ff.

Brorsen, W., Die Verfassungen der Erde, Tübingen 1951

Brümmerhoff, Dieter/*Wolff*, Heimfried, Erfolgskontrolle der staatlichen Aktivität,ZfdgesStR 130 (1974), S.477ff.

Brünner, Christian, Politische Planung im parlamentarischen Regierungssystem, Wien, New York 1978

Bundesakademie für öffentliche Verwaltung (Hrsg.), Praxis der Gesetzgebung, Regensburg 1984

Busse, Volker, Der Kernbereich exekutiver Eigenverantwortung im Spannungsfeld der staatlichen Gewalten, DÖV 1989, S.45ff.

Cholewa, Werner/*Dyong*, Hartmut/*Heide*, Hans-Jürgen von der/*Arenz*, Willi, Raumordnung in Bund und Ländern, Kommentar, 2.Aufl., Stuttgart 1981

Derlien, Hans-Ulrich, Die Erfolgskontrolle staatlicher Planung, Baden-Baden 1976

- Das Berichtswesen der Bundesregierung - Ein Mittel der Kontrolle und Planung, ZParl 1975, S.42ff.

Dorer, Peter/*Mainusch*, Helmut/*Tubies*, Helga, Bundesstatistikgesetz, München 1988

Dreher, Martin, Die Amtshilfe, Göttingen 1959

Dürig, Günter, Verfassung und Wohlfahrtsstaat, JZ 1953, S.193ff.

Ehmke, Horst, Planung im Regierungsbereich - Aufgaben und Widerstände, in: Bulletin des Presse- und Informationsamts der Bundesregierung 1971, Nr.187, S.2026ff.

Einem, Joachim von, Die Auskunftspflicht der Regierung gegenüber dem Parlament, Diss.Göttingen 1977

Erichsen, Hans-Uwe/*Martens*, Wolfgang (Hrsg.), Allgemeines Verwaltungsrecht, 8.Aufl., Berlin, New York 1988

Erler, Adalbert/*Kaufmann*, Ekkehard, Handwörterbuch zur deutschen Rechtsgeschichte, IV.Bd., 1990

Franz, Günther, Staatsverfassungen, 2.Aufl., Darmstadt 1964

Friauf, Karl Heinrich, Der Staatshaushaltsplan im Spannungsfeld zwischen Parlament und Regierung, Bd.1, Bad Homburg, Berlin, Zürich 1968

Fricke, Peter, Modelle zur Institutionalisierung einer Gesetzeskontrolle, Frankfurt a.M. 1983

Friesenhahn, Ernst, Parlament und Regierung im modernen Staat, VVDStRL 16 (1958), S.9ff.

Geck, Hans-Ulrich, Die Fragestunde im Deutschen Bundestag, Berlin 1986

Greifeld, Andreas, Der Rechnungshof als Wirtschaftlichkeitsprüfer. Ein Beitrag der Verwaltungslehre, München 1981

Groß, Gerhard, Das Recht auf informationelle Selbstbestimmung mit Blick auf die Volkszählung 1987, das neue Bundesstatistikgesetz und die Amtshilfe, in: AöR 113 (1988), S.161ff.

Grupp, Klaus, Zur Mitwirkung des Bundestages bei dem Erlaß von Rechtsverordnungen, DVBl. 1974, S.177ff.

Gusy, Christoph, Diskontinuität der Parlamentsarbeit - pro und contra, Rezension zu: Jürgen Jekewitz, Der Grundsatz der Diskontinuität der Parlamentsarbeit im Staatsrecht der Neuzeit und seine Bedeutung unter der parlamentarischen Demokratie des Grundgesetzes, 1977, in: ZParl 1978, S.567f., 568.

Hatschek, Julius, Das Interpellationsrecht im Rahmen der modernen Ministerverantwortlichkeit, Leipzig 1909

- Deutsches und preußisches Staatsrecht, 2.Bd., 1.Aufl., Berlin 1923
- Englisches Staatsrecht, Bd.1, Tübingen 1905

Heck, Karl, Das parlamentarische Untersuchungsrecht, Stuttgart 1925

Hellstern, Gerd-Michael/*Wollmann*, Hellmut (Hrsg.), Handbuch zur Evaluierungsforschung, Bd.1, Opladen 1984

- Wirksamere Gesetzesevaluierung. Wo könnten praktikablere Kontrollverfahren und Wirkungsanalysen bei Parlament und Rechnungshof ansetzen?, ZParl 1980, S.547ff.

Hensen, Hartmut, Der Sozialbeirat und seine Aufgabe, in: Zeitschrift für Sozialreform 1958, S.297ff.

Herzog, Roman, Allgemeine Staatslehre, Frankfurt a.M. 1971

Heun, Werner, Staatshaushalt und Staatsleitung. Das Haushaltsrecht im parlamentarischen Regierungssystem des Grundgesetzes, Baden-Baden 1989

Hill, Hermann, Einführung in die Gesetzgebungslehre, Heidelberg 1982

- Gesetzesgestaltung und Gesetzesanwendung im Leistungsrecht, VVDStRL 47 (1989), S.172ff.
- (Hrsg.), Zustand und Perspektiven der Gesetzgebung, Berlin 1989

Hömig, Dieter/Stoltenberg, Klaus, Probleme der sachlichen Diskontinuität, DÖV 1973, S.689ff.

Huba, Hermann, Das Grundgesetz als dauerhafte gesamtdeutsche Verfassung, Der Staat 30 (1991), S.367ff.

Huber, Ernst Rudolf, Dokumente zur deutschen Verfassungsgeschichte, Bd.1, 3.Aufl., Stuttgart, Berlin, Köln, Mainz 1978

- Dokumente zur deutschen Verfassungsgeschichte, Bd.2, 3.Aufl., Stuttgart, Berlin, Köln, Mainz 1986
- Verfassungsrecht des Großdeutschen Reiches, 2.Aufl., Hamburg 1939

Hufen, Friedhelm, Gesetzesgestaltung und Gesetzesanwendung im Leistungsrecht, VVDStRL 47 (1989), S.142ff.

Hugger, Werner, Gesetze - ihre Vorbereitung, Abfassung und Prüfung, Baden- Baden 1983

Isensee, Josef/*Kirchhof*, Paul (Hrsg.), Handbuch des Staatsrechts, Band I: Grundlagen von Staat und Verfassung, Heidelberg 1987

- Handbuch des Staatsrechts, Band II: Demokratische Willensbildung - Die Staatsorgane des Bundes, Heidelberg 1987
- Handbuch des Staatsrechts, Band III: Das Handeln des Staates, Heidelberg 1988
- Handbuch des Staatsrechts, Band IV: Finanzverfassung - Bundesstaatliche Ordnung, Heidelberg 1990
- Handbuch des Staatsrechts, Band VI: Freiheitsrechte, Heidelberg 1989

Ismayr, Wolfgang, Berichte der Bundesregierung im Prozeß parlamentarischerWillensbildung, ZParl 1990, S.553ff.

Jekewitz, Jürgen, Der Grundsatz der Diskontinuität in der parlamentarischen Demokratie, in: JöR 27 (1978), S.75ff.

- Der Grundsatz der Diskontinuität der Parlamentsarbeit im Staatsrecht der Neuzeit und seine Bedeutung unter der parlamentarischen Demokratie des Grundgesetzes, Berlin 1977

Jescheck, Hans-Heinrich/*Ruß*, Wolfgang/*Willms*, Günther, Strafgesetzbuch, Leipziger Kommentar, Großkommentar, Bd.5, 10.Aufl., Berlin, New York 1989

Kindermann, Harald (Hrsg.), Studien zu einer Theorie der Gesetzgebung 1982, Berlin, Heidelberg, New York 1982

Kisker, Gunter, Zur Reaktion von Parlament und Exekutive auf "unerwünschte" Urteile, NJW 1981, S.889ff.

Kirchhof, Paul, Besteuerung und Eigentum, VVDStRL 39 (1980), S.213ff.

- Die Steuerung des Verwaltungshandelns durch Haushaltsrecht und Haushaltskontrolle, NVwZ 1983, S.505ff.
- Verwalten durch "mittelbares" Einwirken, Köln, Berlin, Bonn 1976
- Rechtsquellen und Grundgesetz, in: Bundesverfassungsgericht und Grundgesetz: Festgabe aus Anlaß des 25jährigen Bestehens des Bundesverfassungsgerichts, 2.Bd., Tübingen 1976, S.50ff.

Kleinknecht, Theodor/*Meyer*, Karlheinz, Strafprozeßordnung, 39.Aufl., München 1989

Klemmt, Rainer, Die Verantwortlichkeit der Minister in Großbritannien, Diss.Tübingen 1983

König, Klaus, Zur Evaluation eines Verwaltungshilfeprojektes im Nordjemen, VerwArch 71 (1980), S.265ff.

Krause, Peter, Rechtsverhältnisse in der Leistungsverwaltung, VVDStRL 45 (1987),S.212ff.

Krebs, Walter, Kontrolle in staatlichen Entscheidungsprozessen, Heidelberg 1984

Kröger, Klaus, Die Ministerverantwortlichkeit in der Verfassungsordnung der Bundesrepublik Deutschland, Frankfurt a.M. 1972

Laband, Paul, Das Staatsrecht des Deutschen Reiches, 1.Bd., 1.Aufl., Tübingen 1876

- Das Staatsrecht des Deutschen Reiches, 1.Bd., 5.Aufl., Tübingen 1911
- Das Staatsrecht des Deutschen Reiches, 2.Bd., 5.Aufl., Tübingen 1911

Landmann, Robert von/*Rohmer*, Gustav, Kommentar zur Gewerbeordnung für das deutsche Reich, 2.Bd., 2.Teil, 8.Aufl., München, Berlin 1932

Lechner, Hans/*Hülshoff*, Klaus, Parlament und Regierung, 1.Aufl., München, Berlin 1953

Leinemann, Wolfgang, Die parlamentarische Diskontinuität und ihre Wirkung im Gesetzgebungsverfahren, JZ 1973, S.618ff.

Leisner, Walter, Regierung als Macht kombinierten Ermessens, in: JZ 1968, S.727ff.

Lemke, Helmut (Hrsg.), Parlamentspraxis des schleswig-holsteinischen Landtags,mit Kommentierungen zur Geschäftsordnung, Kiel 1982

Linck, Joachim, Berichte der Regierung an das Parlament, DÖV 1979, S.116ff.

- Untersuchungsausschüsse und Privatsphäre, ZRP 1987, S.11ff.
- Zur Informationspflicht der Regierung gegenüber dem Parlament, DÖV 1983, S.957ff.

Loeser, Roman, Das Berichtswesen der öffentlichen Verwaltung. Öffentliche Verwaltung im Rahmen unterschiedlicher Rechtsformen, Baden-Baden 1991

Loewenstein, Karl, Staatspolitik und Verfassungsrecht in den Vereinigten Staaten 1933 bis 1954, in: JöR n.F. 4 (1955), S.1ff.

- Staatsrecht und Staatspraxis von Großbritannien, Bd.1, Berlin, Heidelberg, New York 1967

- Verfassungsrecht und Verfassungspraxis der Vereinigten Staaten, Berlin, Göttingen, Heidelberg 1959

Löwe/Rosenberg, Die Strafprozeßordnung und das Gerichtsverfassungsgesetz, Großkommentar, 24.Aufl., Berlin, New York 1988

Lutterbeck, Bernd, Parlament und Information, München, Wien 1977

Maassen, Hermann, Zur Einschränkung des Grundsatzes der Diskontinuität, in: Hubert Schorn zum 75.Geburtstag, Frankfurt a.M. 1966, S.68ff.

Magiera, Siegfried, Parlament und Staatsleitung in der Verfassungsordnung des Grundgesetzes, Berlin 1979

Mangoldt, Hermann von/*Klein*, Friedrich, Das Bonner Grundgesetz, Kommentar, Bd.2 (Art.29-78 GG), 2.Aufl., Berlin, Frankfurt a.M. 1964

Mangoldt, Hermann von/*Klein*, Friedrich/*Starck*, Christian, Das Bonner Grundgesetz, Kommentar, Bd.1 (Präambel, Art.1-5), 3.Aufl., München 1985

Mangoldt, Hermann von/*Klein*, Friedrich/*Achterberg*, Norbert/*Schulte*, Martin, Das Bonner Grundgesetz, Bd.6 (Art.38-49), 3.Aufl., München 1991

Mangoldt, Hermann von/*Klein*, Friedrich/*Campenhausen*, Axel Frhr. von, Das Bonner Grundgesetz, Bd.14 (Art.136-146), 3.Aufl., München 1991

Maunz, Theodor/*Dürig*, Günther/*Herzog*, Roman/*Scholz*, Rupert, Grundgesetz. Loseblattkommentar in 4 Bänden, 6.Aufl., München 1985

Meier, Heinz-Wilhelm, Zitier- und Zutrittsrecht im parlamentarischen Regierungssystem, Berlin 1982

Mengel, Hans-Joachim, Auskunftsverweigerung der Exekutive und Informationanspruch des Kongresses in den Vereinigten Staaten von Amerika, in: JöR n.F. 33 (1984), S.367ff.

Meyer, Georg/Anschütz, Gerhard, Lehrbuch des deutschen Staatsrechts, 6.Aufl., Leipzig 1905

Model, Otto/*Müller*, Klaus, Grundgesetz für die Bundesrepublik Deutschland, 10.Aufl., Köln, Berlin, Bonn, München 1987

Moeser, Ekkehard, Die Beteiligung des Bundestages an der staatlichen Haushaltsgewalt. Eine Untersuchung zur rechtlichen und tatsächlichen Stellung des Bundestages im haushaltswirtschaftlichen Entscheidungsprozeß, Diss.Augsburg 1978

Mößle, Wilhelm, Regierungsfunktionen des Parlaments, München 1986
Müller, Klaus, Kontinuierliche oder intervallierte Gesetzgebung?, DÖV 1965, S.505ff.
Müller-Henneberg, Hans/*Schwartz*, Gustav/*Benisch*, Werner, Gesetz gegen Wettbewerbsbeschränkungen und Europäisches Kartellrecht, 4.Aufl., Köln, Berlin, Bonn, München 1981
Münch, Ingo von (Hrsg.), Grundgesetz-Kommentar, Band 1 (Präambel bis Art.20), 3.Aufl., München 1985
- Grundgesetz-Kommentar, Band 2, (Artikel 21 bis Artikel 69), 2.Aufl., München 1983
- Grundgesetz-Kommentar, Band 3 (Artikel 70 bis 146 und Gesamtregister), 2.Aufl., München 1983
Mußgnug, Reinhard, Der Haushaltsplan als Gesetz, Göttingen 1976
Neumark, Fritz, Der Reichshaushaltsplan, Jena 1929
- Theorie und Praxis der Budgetgestaltung in: Handbuch der Finanzwissenschaft, Bd.1, 2.Aufl., Tübingen 1952, S.554ff.
Oetting, Ulf, Bundestag und Bundesrat im Willensbildungsprozeß der Europäischen Gemeinschaften. Die Unterrichtung der gesetzgebenden Körperschaften nach Art.2 des Zustimmungsgesetzes zu den Römischen Verträgen, Diss.Hamburg 1973
Perels, Kurt, Das autonome Reichstagsrecht, Berlin 1903
Pestalozza, Christian, Gesetzgebung im Rechtsstaat, NJW 1981, S.2081ff.
Pfeiffer, Gerd (Hrsg.), Karlsruher Kommentar zur Strafprozeßordnung, 2.Aufl., München 1987
Piduch, Ernst Adolf, Bundeshaushaltsrecht, Bd.1, Stuttgart, Berlin, Köln Stand: Nov.1991
- Bundeshaushaltsrecht, Bd.2, Stuttgart, Berlin, Köln Stand: Nov.1991
Poetzsch-Heffter, Fritz, Handkommentar der Reichsverfassung vom 11.8.1919, 3.Aufl., Berlin 1928
Presse- und Informationsamt der Bundesregierung (Hrsg.), Jahresbericht der Bundesregierung 1989, Bonn, ohne Datum
Pritchett, C.Herman, The American Constitution, 3.Aufl., New York, St.Louis, San Francisco u.a. 1977
Puvogel, Curt, Der Weg zum Landwirtschaftsgesetz, Bonn, München, Wien 1957
Püttner, Günter/*Kretschmer*, Gerald, Die Staatsorganisation, Bd.1, München 1978
Quaritsch, Helmut, Die wissenschaftlichen Dienste des Deutschen Bundestages, in: Festschrift für Ernst Forsthoff zum 70.Geburtstag, hrsgg.v. Roman Schnur, München 1972, S.303ff.

Reichard, Christoph, Betriebswirtschaftslehre der öffentlichen Verwaltung, 2.Aufl., Berlin, New York 1987

Reinermann, Heinrich, Wirtschaftlichkeitsanalysen, in: Ulrich Bekker/Werner Thieme (Hrsg.), Handbuch der Verwaltung, Heft 4.6, Köln, Berlin, Bonn, München 1974

Ridder, Wigand, Die Einteilung der Parlamentswahlkreise und ihre Bedeutung für das Wahlrecht in rechtsvergleichender Sicht (Deutschland, Großbritannien, USA), Göttingen 1976

Ritzel, Heinrich G./*Bücker*, Joseph, Handbuch für die parlamentarische Praxis, Loseblattkommentar, Frankfurt a.M. Stand: Jan.1990

Rönne, Ludwig von, Das Staatsrecht des Deutschen Reiches, 1.Bd., 2.Aufl., Leipzig 1876

Rosegger, Hans Ludwig, Das parlamentarische Interpellationsrecht, Leipzig 1907

Ruch, Alexander, Das Berufsparlament, Basel, Stuttgart 1976

Rürup, Bert/*Seidler*, Hanns, Von der fiskalischen Haushaltskontrolle zur politischen Erfolgskontrolle, Die Verwaltung 14 (1981), S.501ff.

Salmen, Rudolf, Das Wirtschaftlichkeitsprinzip in der kommunalen Finanz- und Haushaltsplanung, Berlin 1980

Schäfer, Friedrich, Der Bundestag, 4.Aufl., Opladen 1982

Schenke, Wolf-Rüdiger, Die Verfassungsorgantreue, Berlin 1977

Scheuner, Ulrich, Vom Nutzen der Diskontinuität zwischen Legislaturperioden, DÖV 1965, S.510ff.

Schindler, Peter, Datenhandbuch zur Geschichte des Deutschen Bundestages 1949 bis 1982, 3.Aufl., Baden-Baden 1984

- Datenhandbuch zur Geschichte des Deutschen Bundestages 1980 bis 1984, Baden-Baden 1986
- Datenhandbuch zur Geschichte des Deutschen Bundestages 1980 bis 1987, Baden-Baden 1988

Schlink, Bernhard, Datenschutz und Amtshilfe, in: NVwZ 1986, S.249ff.

- Das Recht der informationellen Selbstbestimmung, in: Der Staat 25 (1986), S.253ff.

Schmidt, Walther W., Informationsanspruch des Abgeordneten gegenüber der Bundesregierung, DÖV 1986, S.236ff.

Schmidt-Aßmann, Eberhard, Planung unter dem Grundgesetz, DÖV 1974, S.541ff.

- Verwaltungsorganisation zwischen parlamentarischer Steuerung und exekutivischer Organisationsgewalt, in: Stödter, Rolf/Thieme, Werner (Hrsg.), Hamburg, Deutschland, Europa. Festschrift für Hans Peter Ipsen zum siebzigsten Geburtstag, Tübingen 1977, S.332ff.

Schmidt-Bleibtreu, Bruno/*Klein*, Franz, Kommentar zum Grundgesetz, 7.Aufl., Neuwied, Frankfurt 1990

Schnapp, Friedrich E., Der Verwaltungsvorbehalt, in: VVDStRL 43 (1985), S.172ff.

Schneider, Hans, Das Ermächtigungsgesetz vom 24.März 1933. Bericht über das Zustandekommen und die Anwendung des Gesetzes, in: Vierteljahreshefte für Zeitgeschichte 1953, S.197ff.

- Gesetzgebung, 2.Aufl., Heidelberg 1991

Schneider, Hans-Peter/*Zeh*, Wolfgang (Hrsg.), Parlamentsrecht und Parlamentspraxis in der Bundesrepublik Deutschland, Berlin, New York 1989

Schneider, Uwe-Helmut, Die Pflicht der Behörden zur Aktenvorlage im Strafprozeß, Diss.Freiburg 1970

Scholz, Rupert/*Pitschas*, Rainer, Informationelle Selbstbestimmung und staatliche Informationsverantwortung, Berlin 1984

Schreckenberger, Waldemar (Hrsg.), Gesetzgebungslehre, Stuttgart, Berlin, Köln, Mainz 1986

- Sozialer Wandel als Problem der Gesetzgebung, VerwArch 68 (1977), S.28ff.

Schreiber, Wolfgang, Handbuch des Wahlrechts zum Deutschen Bundestag, Kommentar zum Bundeswahlgesetz, 4.Aufl., Köln, Berlin, Bonn, München 1990

Schürmann, Martin, Grundlagen und Prinzipien des legislatorischen Einleitungsverfahrens nach dem Grundgesetz, Berlin 1987

Schulze-Fielitz, Helmuth, Theorie und Praxis parlamentarischer Gesetzgebung - besonders des 9.Deutschen Bundestages - Berlin 1988

Schwartz, Bernard, American Constitutional Law, Neudruck New York 1969

Sellmann, Klaus-Albrecht, Der schlichte Parlamentsbeschluß, Berlin 1966

Seydel, Max von, Bayerisches Staatsrecht, 1.Bd., 2.Aufl., Freiburg, Leipzig 1896

- Der deutsche Reichstag, in: Hirths Annalen des Deutschen Reiches 1880, S.352ff.

Simons, Wolfgang, Das parlamentarische Untersuchungsrecht im Bundesstaat, Berlin 1991

Steffani, Winfried, Funktion und Kompetenz parlamentarischer Untersuchungsausschüsse, in: PVS 1960, S.153ff.

Steinberg, Rudolf, Evaluation als neue Form der Kontrolle final programmierten Verwaltungshandelns, in: Der Staat 15 (1976), S.185ff.

- Verfassungsgerichtliche Kontrolle der "Nachbesserungspflicht" des Gesetzgebers, in: Der Staat 26 (1987), S.161ff.

Stern, Klaus, Das Staatsrecht der Bundesrepublik Deutschland, 1.Bd., 2.Aufl., München 1984

- Das Staatsrecht der Bundesrepublik Deutschland, 2.Bd., München 1980
- Das Staatsrecht der Bundesrepublik Deutschland, 3.Bd., 1.Halbband, München 1988
- /*Münch*, Paul/*Hansmeyer*, Karl-Heinrich, Gesetz zur Förderung der Stabilität und des Wachstums in der Wirtschaft, 2.Aufl., Stuttgart, Berlin, Köln 1972

Stettner, Rupert, Die Verpflichtung des Gesetzgebers zu erneutem Tätigwerden bei fehlerhafter Prognose, DVBl.1982, S.1123ff.

Stier-Somlo, Fritz, Deutsches Reichs- und Landesstaatsrecht, 1.Bd., Berlin, Leipzig 1924

Thieme, Werner, Verwaltungslehre, 4.Aufl., Köln 1984

Tiemann, Susanne, Die staatsrechtliche Stellung der Finanzkontrolle des Bundes, Berlin 1974

Tipke, Klaus/*Kruse*, Heinrich Wilhelm, Abgabenordnung, 13.Aufl., Köln Stand: Juli 1991

Tomuschat, Christian, Verfassungsgewohnheitsrecht?, Heidelberg 1972

Triepel, Heinrich, Die Kompetenzen des Bundesstaates und die geschriebene Verfassung, in: Staatsrechtliche Abhandlungen, Festgabe für Paul Laband, 2.Bd., Tübingen 1908, S.247ff.

Troßmann, Hans, Parlamentsrecht des Deutschen Bundestages, Kommentar zur Geschäftsordnung des Deutschen Bundestages unter Berücksichtigung des Verfassungsrechts, München 1977

- Der Bundestag: Verfassungsrecht und Verfassungswirklichkeit, in: JöR n.F. 28 (1979), S.1ff.
- /*Roll*, Hans-Achim, Parlamentsrecht des Deutschen Bundestages, Ergänzungsband, München 1981

Vogel, Klaus, Begrenzung von Subventionen durch ihren Zweck, in: Stödter, Rolf/Thieme, Werner (Hrsg.), Hamburg, Deutschland, Europa. Festschrift für Hans Peter Ipsen zum siebzigsten Geburtstag, Tübingen 1977, S.539ff.

Vogelgesang, Klaus, Die Verpflichtung der Bundesregierung zur Antwort auf parlamentarische Anfragen, ZRP 1988, S.5ff.

Vonderbeck, Hans-Josef, Parlamentarische Informations- und Redebefugnisse, Berlin 1981

Wassermann, Rudolf (Hrsg.), Kommentar zum Grundgesetz für die Bundesrepublik Deutschland, Reihe Alternativkommentare, Bd.2 Art.38-146, 2.Aufl., Neuwied, Frankfurt a.M. 1989

Weis, Hubert, Parlamentarisches Fragerecht und Antwortpflicht der Regierung, DVBl.1988, S.268ff.

Wintrich, Bernd, Rechtspflicht zu Erfolgskontrollen bei der Vergabe staatlicher Mittel, NVwZ 1988, S.895ff.

Witte-Wegmann, Gertrud, Recht und Kontrollfunktion der Großen, Kleinen und mündlichen Anfragen im Deutschen Bundestag, Berlin 1972

Wolff, Hans J./*Bachof*, Otto, Verwaltungsrecht I, 9.Aufl., München 1974

\- Verwaltungsrecht II, 4.Aufl., München 1976

Würtenberger, Thomas, Staatsrechtliche Probleme politischer Planung, Berlin 1979

Zeh, Wolfgang, Vollzugskontrolle und Wirkungsbeobachtung als Teilfunktion der Gesetzgebung, in: Jahrbuch für Rechtssoziologie und Rechtstheorie 13 (1988), S.194ff.

Zeidler, Wolfgang in: Verfassungsgerichtsbarkeit, Gesetzgebung und politische Führung. Freiherr-vom-Stein-Gesellschaft, Cappenberger Gespräche, Bd.15, Köln, Berlin 1980

Zschucke, O.Th.L., Die Geschäftsordnungen der deutschen Parlamente, Berlin 1928

Zweig, Egon, Die parlamentarische Enquete nach deutschem und österreichischem Recht, Zeitschrift für Politik 1913 (Bd.VI), S.265ff.

Unveröffentlichte Materialien:

Interministerielle Arbeitsgruppe "Berichte der Bundesregierung", Vorschläge, Arbeitsunterlage Nr.38, 1970, inzwischen archiviert.

Verlag Peter Lang · Frankfurt a.M. · Berlin · Bern · New York · Paris · Wien
Auslieferung: Verlag Peter Lang AG, Jupiterstr. 15, CH-3000 Bern 15
Telefon (0041 31) 9411122, Telefax (0041 31) 9411131